새롭게 해석한 광개토왕릉비문

새롭게 해석한
광개토왕릉비문

이도학

서경문화사

머리말

1

필자는 「광개토왕릉비문」과 관련한 첫 논문을 1988년에 발표하면서 광개토왕이 영락 6년인 396년에 백제로부터 빼앗은 58성 가운데 일부가 남한강 상류 지역에 소재했음을 밝혔다. 아울러 고구려가 이 무렵 충주에 설치한 國原城은 國內城과 동일한 의미의 행정지명이요, 그 성격은 別都라고 갈파했다. 당시 고구려와 백제의 戰線을 예성강~임진강 선, 기껏해야 한강 하류쯤으로 운위하던 대다수의 논자들에게는 상상할 수도 없는, 그야말로 허를 찌르는 신설이었다. 이후 영락 10년인 400년에 낙동강유역으로 출병한 고구려의 신라 구원전 성격을 비롯하여 숱한 논문들을 쏟아냈다. 이러한 연구는 전쟁의 성격과 지명 비정에 중점을 두었다.

이후 필자는 「광개토왕릉비문」 자체에 관심을 투사했다. 그 결과 일본에서의 先行 연구를 후에 알았지만, 능비문에는 儒經에 근거한 구절이 많다는 사실을 포착하였다. 儒經에 근거하여 한 구절 한 구절 모두 深長한 의미가 담겼다는 사실을 깨달았다. 거침없는 야심만만한 정복군주로서의 광개토왕은 아니었다. 능비문에 보이는 광개토왕은 儒經의 王道政治를 구현하는 德化君主像이었다. 능비문에서 발견하는 광개토왕은 恩赦로 상징되는 仁義의 구현자였다.

능비문에서는 단 2곳의 세력만 멸칭으로 일컬었다. 百殘과 倭寇·倭賊으로 표기된 百濟와 倭였다. 儒經에는 義와 仁에 대척된 세력으로 殘과 賊을 지칭했다. 百殘과 倭賊은 단순한 멸칭이 아니었다. 儒經을 빌어와 광개토왕의 王道 구현을 저해하는 惡의 兩大軸으로 설정한 것이었다. 고구려인들이 노련하게 구사하는 통치 철학의 일단을 발견하였다.

2

논자들은 광개토왕이 惡의 兩大軸 가운데 倭에 대한 膺懲 의식이 더 컸던 것으로 지목하였다. 그러나 왜의 경우는 고구려에 대적할 때만 '寇'나 '賊'이 붙었다. 반면 백제는 시종 '百殘'이라는 멸칭으로 일컬어졌다. 그럼에도 논자들은 광개토왕은 倭와는 달리 백제에 대해서는 시종 은혜를 베풀어주었다고 믿었다. 그러나 백제와의 전쟁으로 드러난 영락 17년 조의 전쟁에서 步騎五萬이 출동한 고구려군은 백제군을 "斬煞蕩盡"했다. 적개감이 충만한 섬찟한 표현을 구사하여 백제군을 屠戮한 것이다. 그 이유를 찾는 일은 그다지 어렵지 않았다. 영락 6년에 광개토왕은 백제 아화왕의 항복을 받고 용서해 주었다. 그러나 능비문 영락 9년 조에서 "百殘違誓與倭和通"라고 했듯이 백제가 서약을 어기고 倭와 화통했기 때문이었다.

많은 논자들은 능비문에서 倭는 백제와 달리 차별된 세력으로 지목했다. 과연 그럴까? 능비문을 보면 영락 14년에 왜는 고구려 영역인 대방계를 급습했다. 이를 일러 '倭不軌'라고 하였다. 주지하듯이 '不軌'는 모반을 가리킨다. 따라서 '不軌'는 고구려 통치권 안에 倭가 소재했음을 웅변하는 문자였다. 백제와는 달리 왜가 고구려 통치권 밖에 존재했다면 굳이 '不軌'라는 용어를 붙일 이유가 없었다. 倭 역시 백제처럼 "王幢要截盪刺 倭寇潰敗 斬煞無數"라고 하듯이 무자비한 응징을 받았다. 그 이유는 고구려가 왜를 백제보다 더 미워했기 때문만은 아니었다. 고구려 법에서 가장 잔혹한 처벌이 모반죄였다. 倭 역시 모반을 하였기에 '끊어버리고, 흔들어서 절단하여'라는

殘虐한 처벌을 받았음을 布告한 것이다.

능비문에는 '王'은 단 한 명, 고구려 太王뿐이었다. 백제나 신라의 최고통수권자는 王 대신 '主'나 '寐錦'으로 각각 일컬어졌다. 이와 연동하여 능비문에서 백제나 신라 등은 국가로 인정하지 않았다. 대신 고구려 통치 질서 내의 일개 '屬民' 집단으로 취급했을 뿐이다. 그랬기에 고구려군은 '官軍'으로 일컬어졌다. 官軍은 정당한 公的 武力을 가리킨다. 이에 반해 倭賊은 중국의 後漢末에 관군에 대적하는 黃巾賊을 연상하면 된다. 이렇듯 고구려가 설정한 통치 질서에 속하지만 거역하는 집단이나 세력을 '寇'·'賊'으로 규정하는 일은 자연스러운 일이었다. 따라서 광개토왕대의 통치 질서에 倭도 포함되었던 것이다. 그랬기에 영락 10년의 신라 구원전은 官軍 對 倭賊·倭寇로 일컬어진 拒逆 집단에 대한 膺懲 구조로 짜여졌다.

능비문에 보이는 광개토왕대의 통치 질서는 천하관으로만 막연히 설명할 수 없다. 능비문에 엄연히 적시되어 있듯이 통치 행정의 구심인 '官'과 公的 무력인 '官軍'으로 짜여졌다. 이러한 官的秩序는 소수림왕대에 반포한 律令의 구현으로 해석되었다.

3

필자는 능비문을 반추할 때마다 고도의 정치선전문이라는 인상을 절로 받았다. 능비문의 전쟁 기사는 오스트레일리아 출신 역사학자 데이비드 데이(David Day, 1949~)가 저술한 『정복의 법칙(Conquest : A New History of Modern World)』에 보이는 '정복의 공식'과 사뭇 부합하는 상징조작이 많았다. 데이비드 데이는 "남의 영토를 차지하는 것을 합리화하려면 약탈 행위에 보다 근사하고 그럴듯한 옷을 입혀서 이런 행위가 법적으로나 도덕적으로 정당하게 보이도록 만들어야 했다"고 설파했다.

그리고 16세기 明에서 간행된 『投筆膚談』에는 "대저 전쟁이란 그 지도리[樞]를 장악한 것 보다 큰 것이 없다. 전쟁의 主軸은 名과 義일 뿐이다. 나는 그 名을 잡고 敵에게는 惡名을 더해주어라. 나는 그 義에 의지하고 敵에게는 不義를 보탠 즉 三軍은 매우 사납게 뜨거워져 위로는 하늘에 통하고, 아래로는 우물을 뚫고, 가운데로는 천하의 旌旗가 있는 곳을 가로질러 휘하 병사들의 사기를 떨치게 해서 敵들의 위세를 꺾을 것이다"고 한 구절과도 일치하였다. 이와 관련해 버나드 로 몽고메리(Bernard Law Montgomery, 1887~1976)는 "전쟁이 내린 판결은 정의보다 힘에 기초한 것이었다"고 했다. 이 말은 역설적으로 "힘이 정의도 만든다"고 해석할 수 있다. 그런데 중요한 사실은 정의관이 발현된 능비문은 이보다 훨씬 앞선 시기의 전쟁을 수단으로 한 통치 철학이었다.

4

주지하듯이 능비문은 건국설화+전쟁 기사+守墓人 烟戶라는 3단락으로 짜여져 있다. 논자들 가운데는 당초 3개의 각각 다른 비문을 조합하여 하나로 완성한 것으로 간주하는 시각도 있었다. 얼핏 그럴듯해 보이지만 수긍하기 어렵다. 3개의 단락은 유기적인 연관을 맺고 있기 때문이다. 즉 건국설화는 광개토왕대에 펼친 聖戰의 명분이자 근거였다. 그리고 성전의 결산으로서 '廣開土境'과 더불어 점령지에서 차출한 주민들로 묘지기를 삼았음을 천명했다. 게다가 1775字로 구성된 능비문의 맨 마지막 글자는 종결 어미인 '之' 字로 마무리하였다. 그것도 한 치의 여백도 없이 딱 들어맞게 새긴 것이다. 이러한 점에 비추어 보더라도 능비문은 처음부터 치밀하게 기획한 문장으로 판단된다.

능비문에서 비중이 지대한 단락이 마지막의 수묘인 연호 조였다. 수묘인 연호의 공간적 비중으로 인해 守墓碑說이 나온 것도 결코 우연하지 않다고 본다. 그런데 특이하게 광개토왕릉에는 일반적인 30戶 정도의 왕릉 수묘 호보다 월등히 많은 330家가 투입되었다. 게다가 수묘인은 國烟과 看烟의 2종류로 나누어졌다. 여기서 國烟은 '國都의 烟'이 분명하다. 이와는 상대적 의미를 지닌 看烟은 '지방의 烟'을 가리킨다. 國烟은 國都에 소재한 광개토 왕릉을 수묘하는 烟戶였다. 看烟의 역할에 대해서는 구구한 해석이 제기되어 왔다. 그런데 국연의 舊民 출신지를 놓고 볼 때 고구려 邊境에 위치하였다. 간연은 광개토왕이 점령한 지역의 주민인 韓穢로 짜여졌다. 그런데 新民이 대상인 간연 가운데는 백제로부터 점령한 이외의 지역, 가령 '百殘南居韓'과 같은 백제 영역 바깥, 그것도 백제 남쪽에 소재한 馬韓 주민까지도 차출되었다. 이러한 경우라면 '지방의 烟'으로 看烟의 역할 수행은 현실적으로 어렵다.

결국 300家에 이르는 방대한 규모의 간연은 실제 수묘역은 아니었다. 광개토왕릉에 수묘했던 대상은 국연 30家에 국한된다는 사실을 밝혔다. 그러나 법제적인 看烟 輪上을 통한 광개토왕릉에 대한 守直은 새로운 官的 秩序의 발로였다. 광개토왕대의 官的秩序는 舊民과 새로 복속된 韓穢의 新民은 물론이고, 屬民과 그 이상의 대상까지도 미쳤기 때문이다. 이상은 본서에서 새롭게 밝힌 내용들이었다.

필자가 광개토왕릉비를 연구한지 숱한 星霜이 흘렀다. 2006년에는 그 간의 관련 논문을 정리하여 『고구려 광개토왕릉비문 연구』題下의 저서를 출간했었다. 그로부터 14년의 세월이 흐르는 동안 필자의 광개토왕릉비문 연구는 그치지 않았다.

2012년 2월에 필자는 한국고대사학회에서 개최한 광개토왕 서거 1600 주년기념 국제학술대회에서 논문을 발표하였다. 그리고 동일한 해 12월에 는 경희대학교 혜정박물관에 소장된 혜정본 原石精拓本을 최초로 조사하 는 기회를 얻었다. 능비문의 절반만 전하는 혜정본에는 다행히 신묘년 조 가 남아 있었다. 이를 토대로 연구사가 150년에 육박하는 신묘년 조에 대 한 도전을 다시하였다. 그 결과 새로운 해석을 제기했다. 이로 인해 필자가 『한국고대사연구』와 『박물관학보』에 각각 수록한 판독문이 서로 다를 뿐 아니라 해석도 동일하지 않았다. 그렇지만 두 편의 논문은 주어진 상황에서 최선을 다하고자 한 노력의 산물인 관계로 본서에서는 모두 수록하였다.

본서가 광개토왕릉비 연구에 미력이나마 보탬이 되기를 바라면서 이만 줄인다.

2020년 7월 2일
동네 투썸플레이스 카페에서
이도학

목차

11

제1장

광개토왕의 시대와 「광개토왕릉비문」에 대한 기본 이해

1. 광개토왕릉비의 발견과 광개토왕

현재 중국에서 東北三省이라고 부르고 우리에게는 만주라고 일컫는 곳 가운데 하나인 吉林省 集安市의 通溝 平原에는 높다란 비석이 한 개 우뚝 서 있다. 萬古風霜을 맞아 가면서 풍운의 만주 대륙 역사의 부침을 묵묵히 지켜보았던 이 비석은 고구려 옛 도성인 국내성의 동쪽 國罡이라는 언덕 위에 자리 잡았다. 1447년에 제작된 『龍飛御天歌』에서 "평안도 江界府 서쪽으로 강을 건너 140리쯤에 큰 벌판이 있다. 그 가운데 옛 城이 있는데 세상에서는 大金皇帝城이라고 일컫는다. 성 북쪽으로 7里 쯤에는 비석이 있다. 또 그 북쪽에는 石陵 2基가 있다"라고 하면서 이 비석의 존재를 언급했다. 여기서 '비석'의 존재는 1487년에 평안 감사로서 압록강변 만포진을 시찰했던 成俔이 지은 '望皇城郊'라는 詩에서 다시금 거론되었다. 그는 "우뚝하게 千尺碑만 남아 있네"라고 읊었지만 압록강변에서 아스라히나마 이 비석의 존재를 肉眼으로 목격하는 일은 쉽지 않다. 누구도 직접 확인하지 않은 미지의 비석인 것 같지만 『동국여지승람』과 이수광의 『지봉유설』 등에서는 金 皇帝碑로 단정하였다. 만포진에 잇댄 압록강 너머에 자리잡은 城과 무덤 그리고 비석, 모두 12세기에 불길처럼 솟아올라 북중국을 점유하면서 동북아시아를 요동치게 만들었기에 훗날 정복왕조라고 불린 여진족이 세운 金의 숨결이 잡초 덤불 속에서 고요히 永眠하고 있는 장소쯤으로 여겼던 것 같다.

집안 일대는 동일한 여진족이 세운 淸이 들어선 17세기 이후에는 청 황실의 발상지라는 명목으로 주민들이 거주하지 못하게 하는 封禁令에 묶여 역시 깊은 잠에 빠졌다. 그러나 봉금령이 풀려 주민들이 이 곳으로 이주해 간 19세기 후엽인 1877년 어느 때 푸른 이끼가 잔뜩 끼어 있는 이 비석의 존재가 현지 주민들에 의해 다시금 발견되었다. 두텁게 끼인 이끼를 제거하기 위해 비석 겉면에 牛馬糞을 바르고는 불을 질렀다. 타닥타닥 작열하는 사이에 불기운을 이기지 못하고 비면에 균열이 생기기까지 했다.

이 비석은 전통적인 신앙의 대상인 선돌 형태의 巨石에다가 사면에 예서체로 글자를 새겨 놓았다. 곁에서 비석을 보면 비면이 다듬어지지 않았다. 마치 물결처럼 굴곡 져 있었다. 쑥 파여진 부분에도 글씨는 둥지 틀듯 또렷하게 자리 잡았다. 돌을 다루는 데는 가히 천부적 재능을 지녔다는 고구려인들이었다. 그러나 이 비석의 겉면을 반듯하게 다듬지 않은 이유는 여전히 수수께끼로 남아 있다. 어쨌든 이렇게 해서 글자를 드러낸 '대금황제비'는 고구려의 저명한 정복군주인 제19대 광개토왕의 陵과 관련된 陵碑로 새롭게 밝혀졌다.

광개토왕릉비(이후 줄여서 '능비'로 표기한다)는 몇 가지 독특한 특징을 지녔다. 첫째, 높이가 6.39m로서 宏大한 규모를 자랑한다. 우리나라의 석비 가운데 능비가 제일 규모가 크다. 이에 걸맞게 비석의 무게는 대략 37t으로 추정되었다. 둘째, 현재 남아 있는 한국인이 만든 비석으로는 가장 연대가 올라간다. 그리고 고구려에서 왕릉과 관련된 비석으로는 최초의 사례에 속한다. 셋째, 화산암에 새겨진 글자 역시 12cm에 이를 정도로 크다. 요컨대 능비는 우리나라 역사에서 제일 거대한 비석이요 왕릉과 연계된 최초의 비석이고, 글씨마저도 제일 크다는 특징을 지녔다.

「광개토왕릉비문」(이후 줄여서 '능비문'으로 표기한다)은 무덤 주인의 공식적인 시호를 '國罡上廣開土境平安好太王'이라고 표기하였다. 이처럼 길게 열거된 광개토왕의 공식 시호를 통해 여러 가지 정보를 얻게 되었다. 첫째, 광개토왕릉이 '국강상'에 소재하였음과 더불어, 능비가 세워진 일대가 국상상이라는 사실을 알 수 있었다. '널리 영토를 개척하여 (백성들을) 평안하게 해주었다'라는 구절은 광개토왕의 治績이 영토 확장임을 알려준다. 여기서 '호태왕'은 광개토왕 뿐 아니라 고구려 왕들에게 일반적으로 부여되는 美稱이었다. 요컨대 광개토왕의 12字에 걸친 시호는 능묘의 소재지와 치적 그리고 고구려 왕에게 붙는 미칭으로 구성되었다.[1]

시호에 응결되어 있는 광개토왕의 치적은 "나면서부터 (체격이) 우람하고 훌륭했으며 활달한 뜻을 가졌었다"[2]라고 한 性情과도 잘 연결된다. 백제 진사왕이 "담덕(광개토왕)이 用兵에 능하다는 말을 듣고는 나가

---

1) 李道學, 「광개토대왕릉비'를 세운 목적은 무엇일까?」 『다시 보는 고구려사』, 고구려연구재단, 2004, 207~209쪽.

2) 『三國史記』 권18, 광개토왕 즉위년 조.

서 대항하지 못하여 한강 북쪽의 부락들을 많이 빼앗겼다"[3]고 했을 정
도로 그의 군사적 능력은 탁월했다. 비록 광개토왕에게 壓氣되기는 했
지만 "사람됨이 굳세고 용감했으며 총명하며 지략이 많았다"라는 평을
받는 진사왕이었기 때문이다. 따라서 광개토왕은 용병술을 비상하게
구사하는 걸출한 군인 왕이었다.

그러한 광개토왕의 능이 분명한 장군총과 연계된 능비의 성격에 대
해서는 여러 견해가 제기되었다. 그러나 무덤 주인인 광개토왕의 치적
과 일대기를 담고 있는 비석임은 재론의 여지가 없다. 즉 "이에 비석을
세워 勳績을 銘記하노니 후세에 보여라"고 하였듯이 능비문은 광개토
왕의 공적을 기록하였다. 이 점만 본다면 능비는 勳績碑인 것이다. 그런
데 능비는 고구려 왕릉과 관련해 최초로 세워진 비석이었다. 게다가 능
비에는 守墓人 烟戶에 관한 규정이 상당히 많은 비중을 점하고 있다. 그
런 관계로 능비는 훈적비를 넘어 왕릉비로서의 성격까지 지녔다. 따라
서 능비는 광개토왕릉비로 일컫게 된다.

2. 「광개토왕릉비문」을 통해 새롭게 밝혀진 사실

1) 광개토왕릉비의 건립 배경과 광개토왕 이미지

능비문은 문헌 자료와는 달리 당대에 작성된 사료이다. 1차 사료인
관계로 후대에 편찬된 문헌자료보다 증거 능력이 단연 앞서고 있다. 이
는 객관적인 평가에 속한다. 그러면 능비문을 통해 새롭게 밝혀진 사실

---

3) 『三國史記』 권25, 진사왕 8년 조.

은 무엇일까? 이 점에 대해 몇 가지로 나누어서 살펴보고자 한다.

총 44행, 1,775자에 3개 문단으로 구성된 능비문은 건국설화와 정복 전쟁 기사, 그리고 묘지기인 守墓人에 관한 규정으로 구성되었다. 여기서 정복 전쟁 기사는 '전쟁 명분+전쟁 과정+전쟁 결산'이라는 구조로 짜여 있다. 정복 전쟁 기사 앞에 적혀 있는 건국 설화는 광개토왕이 무력을 행사하는 배경과 근거를 제공해 준다. 그리고 능비문 마지막 문단에는 무려 330家나 되는 수묘인들의 출신 지역이 낱낱이 기재되었다. 국내성에 거주하는 고구려인들이 직접 목격할 수 있는 광개토왕릉의 수묘인 가운데 3분의 2는 백제 영역에서 차출하였다. 이들은 광개토왕 대에 기세를 올린 정복 사업의 현현한 성과물이기도 했다.

광개토왕릉이 분명한 장군총[4] 앞에 세워진 광개토왕릉비의 성격에 대해서는 여러 견해가 제기되었다.[5] 그렇지만 능비문에서 '이에 비석을 세워 勳績을 銘記하노니 후세에 보여라'고 했듯이 광개토왕의 공적을 기록한 훈적비이다.

당시 고구려는 거듭된 전란으로 인해 주민들의 심성과 국토가 황폐화된 상황이었다. 부역을 비롯한 끊임없는 징발은 주민들을 고통스럽게 하였다. 그리고 전란에 대한 공포는 厭戰 의식을 유발했다. 이러한 상황을 정확히 읽은 고구려 지배층은 능비문 형식을 빌려 국면을 일거에 해결해 준 聖王의 등장을 반추하였다. 또 그러한 성왕이 통치하던 시기와 영역에 대한 절대성을 강조하고 싶었다. 해서 광개토왕이야말

---

4) 李道學, 「太王陵과 將軍塚의 被葬者 問題 再論」 『高句麗研究』 19, 2005 ; 『고구려 광개토왕릉비문 연구』, 서경문화사, 2006, 305~351쪽.

5) 수묘인비 · 송덕비 · 신도비 등의 견해가 제기되었다.

로 절대적 聖人의 품덕을 갖춘 이상적 덕화군주였음을 선포하면서 당대에 준비된 계획의 이행을 호소하고 있다. 암묵적으로 평양성 천도의 이행은 말할 것도 없다.[6] 그리고 추모왕의 건국 설화를 능비문의 첫머리에 기재함으로써 넓어진 영역과 확대된 주민을 기반으로 하는 帝國 고구려에서 창업주의 존재를 환기시켰다. 그럼으로써 왕실의 정당성과 절대성을 강조하고자 했다. 비록 영역과 주민은 광대해졌고 불어났지만, 어디까지나 이 나라는 천제의 아들인 추모왕 후손의 나라임을 선포하고 있다. 능비문에는 이례적으로 광개토왕의 父祖에 대한 언급이 없다. 그럼에도 그를 시조인 추모왕의 17세손으로 명기한 것은 필시 이러한 연유에서였을 것이다.

2) 천하관과 官的秩序의 표명

주지하듯이 능비문에는 고구려 중심의 천하관이 담겨있다. 가령 '永樂'이라는 독자적인 연호를 사용하여 중국과 대등한 입장임을 과시하면서 "(광개토왕의) 威武는 四海에 떨쳤노라!"라고 자랑하였다. 여기서 '四海'는 온 세상을 가리키는데, 그 중심국은 고구려를 가리키고 있다. 그래서 자국 시조에 대해 '天帝의 아드님'·'皇天의 아드님'과 같은 최고 최상의 수식어를 총동원하여 시조 임금의 존엄성을 기렸다. 그러한 선상에서 '王', 그것도 '太王'으로 호칭한 대상은 광개토왕뿐이었다. 반면 백제와 신라 국왕은 '主' 또는 '寐錦'으로 각각 폄훼시키거나 차별하여 표기하였다. 그리고 고구려는 주변 국가들과 上下 朝貢關係를 구축하였

---

6) 李道學, 「廣開土王陵碑의 建立 背景」『白山學報』 65, 2002 ; 『고구려 광개토왕릉비문 연구』, 서경문화사, 2006, 197~205쪽.

던 사실을 명기했다. 이는 말할 나위없이 황제 체제의 선포였다. 그랬기에 광개토왕의 즉위를 天子의 즉위를 가리키는 登極이나 踐祚와 동일한 뜻을 지닌 '登祚'로 표현했다.[7]

능비문에는 고구려 중심의 천하관과 더불어 행정과 통치 질서의 구심인 '官'과 그러한 '官'을 합법적으로 뒷받침해주는 公的 무력인 '官軍'의 존재가 확인된다. 이러한 '官'과 일체인 고구려는 주변에 동부여나 백제와 신라 같은 '屬民'을 설정했다. 이들 諸國을 屬國이 아니라 '屬民'으로 간주했다. 즉 국가로 인정하지 않았다. 그렇기 때문에 '官'의 통치 공간은 당연히 이들 3國에 미치는 양 상정해 놓았다. '官軍'이 이들 국가에 출동한다고 해서 결코 주권국가에 대한 침공이 될 수 없다. 고구려만이 합법성을 지닌 官的秩序에서는 동부여나 백제와 신라는 고구려 통치권 내 가장 자리에 속한 일개 '屬民' 집단에 불과할 뿐이었다.[8]

종전에는 이러한 사실을 천하관과 결부지었지만, 이는 막연하고도 추상적인 개념에 불과했다. 고구려의 천하관이 법제적 구속력과 실행력을 갖추게 된 것은 소수림왕대 율령의 반포와 맞물려 있다고 본다. 곧 고구려의 官的秩序에 천하관이 구체적으로 발현된 것이다. 아울러 능비문에는 국가의 법을 지키지 않거나 모반을 꾀함을 가리키는 '不軌'라는 표현을 倭에게 구사했다. 광개토왕은 고구려의 관적질서에 倭까

---

7) 朴時亨, 『광개토왕릉비』, 사회과학원출판사, 1966, 141~144쪽.
    朴眞奭, 『호태왕비와 고대조일관계연구』, 연변대학출판사, 1933, 75쪽.
8) 李道學, 「廣開土王代 南方 政策과 韓半島 諸國 및 倭의 動向」 『고구려 광개토왕과 동아시아』, 한국고대사학회 제25회 합동토론회, 2012, 115~142쪽 ; 『韓國古代史研究』 67, 2012, 159~199쪽.

지 편제하였던 것이다.[9]

능비문에는 관적질서와 짝을 이루며 자국 중심으로 세상을 재편하기 위한 이데올로기가 작동한다. 『맹자』의 王道政治 사상에 따르면 "仁을 해치는 것을 賊이라 이르고, 義를 해치는 것을 殘이라 이른다"고 했다. 이와 결부지어 고구려는 왜와 백제를 '倭賊'과 '百殘'으로 각각 폄훼시켜 호칭하였다. 여기에는 仁義의 화신인 광개토왕이 백제와 왜를 征討할 수밖에 없다는 논리가 깔려있다. 이와 관련해 광개토왕은 항시 은혜와 자비를 발휘하여 용서하고 구원해 주는 따뜻한 德化君主의 모습으로 설정되었다. 광개토왕의 이름도 이와 무관하지 않은 '談德'이었다. 그랬기에 영락 6년 백제 원정에서 승리했지만 광개토왕은 '恩赦'로써 백제왕을 용서하였다. 동부여 정벌 후에도 용서하고 회군했고, '恩慈'로써 신라 구원을 결행했다. 이렇듯 광개토왕의 '恩澤'은 광대하게 미쳤다. 광개토왕의 은택을 입은 국가는 조공으로 보답해야 하였다. 반면 은택을 배반하는 행위에 대해서는 "斬煞蕩盡"이나 "斬煞無數"와 같은 무자비한 응징으로 답했다. 광개토왕은 따스한 '은택'과 날 시퍼런 '참살'이라는 양단책으로써 자국 중심의 세계를 확대시켜 나갔다.[10] 이러한 관적질서는 소수림왕대에 반포된 律令의 이념을 반영한다고 보겠다.

3) 守墓制의 확립

守墓制와 관련해 상당한 연구 업적이 축적되었지만, 여전히 해결해

---

9) 李道學, 「廣開土王代 南方 政策과 韓半島 諸國 및 倭의 動向」『韓國古代史研究』67, 2012, 168~169쪽.

10) 李道學, 「廣開土王陵碑文의 思想的 背景」『韓國學報』106, 2002 ; 『고구려 광개토왕릉비문 연구』, 서경문화사, 2006, 211~232쪽.

야 할 사안도 적지 않다. 우선 능비문에 보이는 國烟은 '國都의 烟'이라는 의미로 밝혀졌다. 반면 看烟은 국연과 대응 관계에 있는 '지방의 연'을 가리키는 개념으로 간주되었다. 간연은 '현재 거주하는 그곳의 호구'를 가리키는 見戶와 동일한 뜻을 지녔다. 그런데 수묘인 연호를 '△△城國烟△ 看烟△'라고 한데서 알 수 있듯이 동일한 지역에서 국연과 간연이 한꺼번에 차출되고 있다. 여기서 국연은 고구려가 정복한 지역민 가운데 국도로 이주시킨 호이고, 간연은 원래 지역에 그대로 거주하는 호를 가리킨다. 국연과 간연은 현상적으로는 피정복민의 거주 지역의 차이를 뜻한다. 그렇지만 본질적으로는 신분적 관계를 암시하고 있다.[11]

국도로 이주시킨 국연은 고구려의 피정복 지역에서 지배층이었다. 이로써 고구려의 피정복 지역에 대한 지배 방식의 일단을 확인할 수 있다. 그런데 국도로 옮겨 거주하게 된 국연층은 5部民과 구분되었다. 국연층은 그 출신 지역에 거주하는 간연과 더불어 여전히 △△성 출신으로서 그와 관련된 국역 대상이었다. 요컨대 능비문에 보이는 고구려의 피정복민 지배 방식은 국도로 이주시킨 계층과 출신 지역 거주층으로 이원화되었음을 알려준다. 守墓制의 구체적인 運用 방식에 대해서는 더욱 많은 논의가 필요할 것 같다.[12]

광개토왕릉 守墓制에서 비롯된 國烟과 看烟의 성격 구명은 여전히 과

---

11) 李道學, 「廣開土王陵碑文의 國烟과 看烟의 性格에 대한 再檢討」『韓國古代史研究』28, 2002, 81~106쪽.
12) 李道學, 「廣開土大王的領土擴張與廣開土大王陵碑」『高句麗的政治與社會』, 香港社會科學出版社有限公司, 2010, 192~194쪽.
李道學, 「廣開土王の領域擴大と廣開土王陵碑」『高句麗の政治と社會』, 明石書店, 2012, 169~171쪽.

제로 남아 있었다. 그런데 國烟은 '國都의 烟'이 분명하다. 이와는 상대적인 의미를 포함한데다가 중국의 覓戶와 동일하게 지목할 수 있는 존재가 看烟이었다. 看烟은 '지방의 烟'을 가리킨다고 정리된다. 따라서 國烟은 國都에 소재한 광개토왕릉을 수묘하는 家戶를 가리킨다. 문제는 看烟의 역할이다. 이에 대해서는 구구한 해석이 제기되어 왔다. 여기서 국연의 舊民 출신지를 놓고 볼 때 고구려 邊境에 위치하고 있다는 공통점을 제시할 수 있었다. 간연의 경우는 광개토왕이 점령한 지역의 주민인 韓穢로 짜여졌다. 그런데 新民이 대상인 간연 가운데는 백제로부터 점령한 이외의 지역이 보이고 있다. 가령 '百殘南居韓'과 같은 백제 영역 바깥, 그것도 백제 남쪽에 소재한 馬韓 주민까지도 차출되었다. 이러한 경우라면 '지방의 烟'으로서의 看烟의 역할 수행은 현실적으로 어렵다.

국연으로서 國都로 이주된 구민의 출신 지역이 고구려가 팽창할 때 점령한 변경 지역이었다. 이 점은 간연의 성격에 대한 示唆를 준다. 무엇보다 중요한 사실은 고구려 영역이 아닌 지역 출신의 수묘인이 되겠다. 이들은 간연으로서 광개토왕릉 수묘역으로 나타나고 있다. 이는 간연의 수묘역이 현실적이지 않음을 암시해주는 명증이 된다. 사실 국연과 간연의 출신지를 놓고 본다면 고구려의 광대한 영역을 펼쳐놓은 것이나 진배없다. 당초 광개토왕 자신이 점령한 지역의 주민들만 차출하여 수묘하게 했다는 것은, 자신의 功績을 과시하려는 선전 효과를 염두에 둔 발상이었다. 결국 300家에 이르는 방대한 규모의 간연은 실제 수묘역은 아니었다. 광개토왕릉에 수묘했던 대상은 국연 30家에 국한된다는 사실을 밝혔다. 그러나 법제적인 看烟 輪上을 통한 광개토왕릉에 대한 '守直은 새로운 官的秩序의 발로였다. 광개토왕대의 官的秩序는 舊民과 새로 복속된 韓穢의 新民은 물론이고, 屬民과 그 밖의 대상까지도

미쳤다.[13]

4) 王室 교체 與否 구명의 관건

능비문은 크게 건국설화와 정복전쟁, 그리고 수묘인 연호라는 3개의 문단으로 구성되었다. 여기서 첫 문단인 다음의 건국설화를 통해 고구려 왕실의 起源과 世系를 읽을 수 있다.

> 惟昔始祖鄒牟王之創基也 出自北夫餘 天帝之子 母河伯女郎. 剖卵降世 生 [而]有聖△△△△△△命駕巡幸南下 路由夫餘奄利大水 王臨津言曰 我是皇天 之子 母河伯女郎 鄒牟王 爲我連葭浮龜 應聲卽爲連葭浮龜 然後造渡 於沸流 谷 忽本西 城山上而建都焉 不樂世位 因遣黃龍來下迎王 王於忽本東罡 [履]龍 頁昇天 顧命世子儒留王 以道興治 大朱留王紹承基業 遝至十七世孫國罡上廣 開土境平安好太王二九登祚號爲永樂太王[14]

그런데 3세기 후반에 쓰여진 『삼국지』 동이전 고구려 조에 따르면 고구려 왕실은 소노부(연노부)에서 계루부로 교체되었다고 했다. 즉 "본래 五族이 있었는데 涓奴部·絶奴部·順奴部·灌奴部·桂婁部이다. 본래는 涓奴部가 王이 되었는데, 점점 微弱하여 지금은 桂婁部가 이것을 대신하였다"고 했다. 그 시점을 '太祖'라는 시호를 사용하는 제6대 태조왕 대부터 소노부에서 계루부로 왕실이 교체되었다는 견해가 제기된 바

---

13) 李道學, 「廣開土王陵 守墓制 論議」 『東아시아古代學』 41, 2016, 35~61쪽.

14) 韓國古代社會硏究所, 『譯註 韓國古代金石文 I』, 가락국사적개발연구원, 1992, 7~8쪽.

있다.[15] 이와 관련해 능비문에는 시조인 추모왕부터 2대 유류왕과 3대 대주류왕까지 언급되었다. 그러한 世系는 위의 능비문 기록에서 보듯이 추모왕의 17世孫인 광개토왕까지 이어졌다.

따라서 시조왕부터 광개토왕대까지 왕통의 변화가 없었음을 알게 된다. 능비문을 통해 시조인 추모왕부터 광개토왕, 나아가 보장왕에 이르기까지 단일 왕통으로 승계되었다. 결국 태조왕대나 혹은 그 이전 유리왕대의 왕실 교체설은 사실상 효력을 잃었다. 이 점은 전적으로 능비문이 기여한 바였다.

3. 「광개토왕릉비문」의 釋文과 해석

본서에서의 능비문 1,775字는 한국고대사회연구소의 석문에 따랐다.[16] 그러나 '太王'을 '大王'으로 적은 誤讀이나 誤字는 訂正하였음을 밝혀둔다. 다음은 그 전문에 대한 轉載와 해석이다.

a. 惟昔始祖鄒牟王之創基也 出自北夫餘 天帝之子 母河伯女郞 剖卵降世 生
   [而]有聖△△△△△△命駕 巡幸南下路由夫餘奄利大水 王臨津言曰 我是

---

15) 池內宏, 「高句麗の五族及び五部」 『東洋學報』 16-1, 1926 ; 『滿鮮史研究(上世篇1)』, 1951, 379~380쪽.
   金哲俊, 「高句麗・新羅의 官階組織의 成立過程」 『李丙燾博士回甲紀念論叢』, 1956 ; 『韓國古代社會研究』, 知識産業社, 1975, 119~125쪽.
   金龍善, 「高句麗 琉璃王考」 『歷史學報』 87, 1980, 61쪽.

16) 韓國古代社會研究所, 『譯註 韓國古代金石文Ⅰ』, 가락국사적개발연구원, 1992, 7~16쪽.

皇天之子 母河伯女郎 鄒牟王 爲我連葭浮龜 應聲卽爲連葭浮龜 然後造渡 於沸流谷 忽本西 城山上而建都焉 不樂世位 因遣黃龍來 下迎王 王於忽本 東罡 [履]龍頁昇天

옛적에 始祖 鄒牟王이 基業을 시작했다. 北夫餘에서 나오셨으며, 天帝의 아들이고, 어머니는 河伯의 女郎이시다. 알을 쪼개고 세상에 내려오셨는데, 태어나시면서 성스러운 데가 있었다. △△△△ (황천이) 御駕(추모왕)에게 남쪽으로 순행하라고 命하여 내려가는 길에 부여 엄리대수에서[17] 왕이 나루에 임하여 말하기를 "나는 皇天의 아들이고, 어머니는 河伯의 女郎이신 鄒牟王이다. 나를 위하여 갈대를 연결하고 거북이들은 떠 올라라!" 소리에 응한 즉, 갈대가 연결되고 거북이가 떠 오른 연후에 (다리를) 만들자 건넜다. 沸流谷 忽本 西쪽에서 산 위에 성을 쌓고 도읍을 세웠다. 世位를[18] 좋아하지 않으셔서 (天帝께서) 황룡을 보내 내려와 왕을 맞았다. 왕은 忽本 東쪽 언덕에서[19] 龍의 머리를 밟고 하늘로 올라갔다.

惟 :

능비문 맨 앞에 나오는 '惟'는 '維'와 더불어 일반 왕릉비문의 맨 앞에 적혀 있는 경우가 제법 확인된다. 그 의미는 시점을 명시하기 보다는

---

17) "由夫餘奄利大水"는 '부여 엄리대수에서'의 뜻이다. 여기서 '由'는 처소격으로 사용되고 있다. 능비문에는 추모왕의 탄생지인 '북부여', 남하로에서 맞딱뜨린 '부여', 그리고 광개토왕이 정토한 '동부여' 모두 3개의 부여가 등장한다. 방위명 부여의 기준점이 북부여에서 남하한 추모왕이 밟은 '부여'임을 알 수 있다.

18) 世位는 대대로 물려받은 지위를 가리킨다. 능비문에서는 王位를 뜻한다.

19) 해가 뜨는 동쪽에서 황룡이 맞으러 왔기에 추모왕은 홀본 동쪽 언덕에서 기다렸던 것이다.

발어사적인 성격을 지녔다. 그러니 특별한 의미를 부여하기는 어렵다. 일반 왕릉비문에 보면 첫 글자를 '夫' 字로 적는 경우도 보인다. '維' 字 역시 문장의 시작과 관련하여 사용될 뿐, 특별한 의미는 없다.

昔 :

구체적으로 국가의 창건 시점을 명시하지는 않았다. '昔' 자를 사용한 것은 고구려 국가의 유구함 즉 장구함을 드러내기 위한 정서가 깔린 것이다.

始祖 :

왕실 시조와 국가 시조를 가리킨다. 周 시조를 "대저 강원은 帝嚳의 妃이며 后稷의 母입니다. 周는 후직을 높여서 始祖로 삼았은즉(『己卯錄補遺』 권上, 李淸傳)"라고 했다.

鄒牟王 :

중국 문헌 『魏書』와 그것을 인용한 『삼국사기』에는 朱蒙으로 표기하였다. 朱蒙에는 '난장이'의 뜻과 '어린아이/어리석을'과 같은 부정적인 뜻이 담겨 있다. 주몽은 '난장이 애'라는 卑稱이었다. 그러나 능비문과 「모두루묘지」를 비롯한 금석문과 국내 전승 문헌에는 '鄒牟' 혹은 '中牟'로 표기하였다. 고구려인들이 자국 시조를 호칭한 鄒牟가 올바른 표기였다.

創基 :

기초를 세우다의 뜻으로 사용되고 있다. "太祖創基 迄終魏業(『삼국지』 권3, 魏志, 賈逵傳 評)"에 보인다. "태조가 기업을 시작해서 魏의 대업을 마치는데 이르렀다"에서 시작과 끝 곧 완성의 뜻으로 사용했다. 그러므로

'創'은 '시작'의 뜻으로 해석된다. 시조인 추모왕이 基業을 시작했다. 여기서 '開國'이라는 표현을 사용하지 않았다. 국가의 기초를 열었다고 보았기에 創基라는 표현을 사용한 것 같다. 추모왕이 건국한 국가와 광개토왕대의 영역은 비교가 어려울 정도로 비약적인 발전이 있었다. 그런 관계로 후대에도 변동 없는 고정적인 영토를 물려 준 경우와는 사뭇 다른 것이다. 따라서 開國보다는 기초를 열어 시작했다는 의미의 '創基'를 사용한 것으로 보인다.

剖卵降世 :

"알을 쪼개고 세상에 오셨다"는 天上을 나는 鳥類의 생산 매체인 알을 깨고서 세상에 내려왔다는 의미이다. 천상의 존재가 지상에 모습을 드러낼 수 있는 수단으로 천상과 지상을 이어주는 존재인 조류에 착목한 것이다. 그 조류의 생산 매체인 알이라는 모티브를 채용하여 탄생을 알렸다.

生△有聖△△△△△△ :

태어나면서부터 신이한 점이 있었음을 알리는 내용이었을 것이다. 성스러운 품성을 말하고 있다. '聖△'는 '聖德'으로 보인다. 『史記』 五帝本紀에서 "生高陽 高陽有聖德焉"라는 용례가 있다.

△△命駕巡幸南 :

'命駕'의 경우는 전후 문맥상 "왕의 수레 즉 駕를 命하여"라는 의미가 된다. 이는 추모왕이 자신의 수레에 명을 내려서 어떤 방향으로 나가게 하는 구절이다. 그러나 '乘輿'가 황제가 타는 수레를 말하지만 황제를 지칭하는 경우도 있다. 가령 『자치통감』 권61, 효헌제 흥평 2년 조에 보면 "이날 이각은 다시 승여를 옮겨서 북쪽에 있는 塢로 갔으며(是日 催復移乘輿幸北塢)"라는 구절에서 승여는 황제를 지칭한다. 이러한 용례에 비추어 보면 "(황천이) 御駕(추모왕)에게 남쪽으로 순행하라고 命하여"로 해석할 수 있다. 『삼국유사』에 인용된 「가락국기」에도 "또 말하기를 황천이 나에게 명하기를 이곳에 와서 나라를 새롭게 하여 임금이 되라고 하였으므로 일부러 이곳에 내려 왔다(又曰 皇天所以命我者 御是處 惟新家邦爲君后 爲玆故降矣)", "왕이 가로되 내가 여기 내려 온 것은 하늘의 명령이요(朕降于玆 天命也)"라는 구절이 참고된다.

  b. 顧命世子儒留王 以道興治 大朱留王紹承基業

    (추모왕의) 遺詔를 받은 世子 儒留王은 道로서 일으켜 다스렸고, 大朱留王은 基業을 받아 이었다.

  顧命世子儒留王:
  後嗣를 보호하기 위한 목적의 顧命大臣은 자주 보인다. "(추모왕의) 유언으로 뒷일을 부탁받은 세자 유류왕"의 의미이다. 그런데 太子가 아닌 世子로 표기한 이유는 무엇일까? 『진서』 권109, 모용황재기에서 "以其妻段氏爲王后 世子儁爲太子"라고 하였다. 모용황이 참람되게 왕위에 오른 직후의 일이다. 그러니 "유언으로 뒷일을 부탁받은 태자가 아닌 세자에 불과했던 유류왕은"이라는 의미가 된다. 세자에 불과했던 유류가 즉위했음을 암시한다.

  c. 遝至十七世孫國罡上廣開土境平安好太王二九登祚號爲永樂太王 恩澤[洽]于皇天 威武[振]被四海 掃除△△ 庶寧其業 國富民殷 五穀豊熟 昊天不弔

卅有九 晏駕棄國 以甲寅年九月卄九日乙酉遷就山陵 於是立碑 銘記勳績
以示後世焉 其詞曰

17世孫에 이르러 國罡上廣開土境平安好太王이 18세에 登祚하셨는데,
號하여 永樂太王이라고 했다. 恩澤은 皇天에까지 두루 미쳤고, 威武는
四海에 떨쳤다. △△을 掃除하여, 基業을 살찌우고 편안하게 하였고, 나
라는 부유해 지고 백성은 잘 살고, 五穀이 잘 영글었다.[20] 昊天이 가엽
게 여기지 않아 39세에 임금께서[21] 나라를 버리셨다. 甲寅年(414년) 9
월 29일 乙酉에 옮겨서 山陵에 나갔다. 이에 碑를 세워 勳績을 銘記하
여 後世에 보이노라. 그 글은 다음과 같다.

이 구절의 끝에 적힌 "於是立碑 銘記勳績 以示後世焉 其詞曰"는 「북한
산진흥왕순수비문」에서 "돌에 새겨 알리고 적는다(刻石誌辭)"라고 한 구
절이나 「마운령진흥왕순수비문」의 "돌을 깎아 기록을 새겼다(刊石銘記
也)"와 연관된다. 그러므로 '詞'와 '辭'·'記'는 본질적으로 동일한 의미로
사용되었다.

   d. 永樂五年歲在乙未 王以稗麗不△△ [人]躬率往討 過富山[負]山 至鹽水上
     破其三部洛六七百營牛馬群羊 不可稱數 於是旋駕 因過襄平道 東來△城
     力城 北豊 五備△ 遊觀土境 田獵而還

   永樂 5년[22] 乙未에 왕은 稗麗가 (朝貢을 하지 않자 怒하여) 몸소 이끌

---

20) 天孫인 광개토왕이 天命에 부응하는 통치를 했음을 뜻한다.

21) '駕'는 임금을 가리킨다.

22) 광개토왕대의 연호이다. 391년 신묘년이 영락 1년이다. 참고로 後燕의 慕容
    盛의 연호가 長樂(399~401)이다. 장락은 영락과 의미가 동일하다. 고구려를

고 가서 富山을 지나 山을 등지고 鹽水 가에 이르러 그 3部落 600~
700營을 격파하고, (노획한) 牛馬와 뭍 羊들은 숫자를 일컬을 수 없었
다. 이에 수레를 돌려 襄平道 東쪽 來△城·力城·北豊·五備△을 지나
土境을 遊觀²³⁾하고 田獵한 후 (國都로) 돌아 왔다.

패려가 조공을 하지 않자 태왕이 몸소 가서 가축을 약취한 상황을 기
술했다. 이 구절의 "王以稗麗不△△[人]"는 "王以稗麗不朝貢"으로 推讀
된다. 물론 패려가 거란을 가리킨다면, 고구려 주민들을 납치한 사실과
결부지어 '不還國人'으로 推讀할 수 있다. 만약 이 구절이 붙잡혀 간 고
구려 주민의 쇄환을 가리킨다면, 戰果에 적시되어 있어야 한다. 그러나
보이지 않는다. 대신 전리품으로 가축을 노획하여 개선했다. 오히려 조
공에 대한 의무를 이행하지 않은 패려에 대한 응징전이었기에, 가축으
로 보상받았다면 무리가 없다. 이와 관련해 '王以稗麗不△△[人]躬率往
討'의 '[人]'은 '怒'로 추독하는 게 문리상 친정의 동기로서 적합하다. 즉
"王以稗麗不朝貢 [怒]躬率往討"로 추독한다.

e. 百殘新羅 舊是屬民由來朝貢 而倭以辛卯年 來渡△破百殘△△[新]羅以爲
臣民

백잔과 신라는 옛적부터 속민이었기에 와서 조공하였다. 그런데 왜가 신
묘년(391)에 건너와서 백잔과 △△[新]羅를 격파하여 臣民으로 삼았다.

집요하게 침공했던 모용성의 후연 연호가 영락과 의미가 동일하다는 것은 흥
미롭다. 그런데 모용성의 '樂'은 짧았다. 長樂이 아니라 短樂이었다.

23) 두루 돌아 다니며 구경함.

능비문 연구의 압도적인 대상이 신묘년 조였다. 石灰塗付說을 비롯하여 논란이 가장 많았고 또 증폭되었던 구절이다. 즉 "來渡△破百殘"의 '△'는 '海'로 판독했었다. 그러나 周雲臺 탁본이 등장한 이후 시각이 달라졌다. 縱線에 '海' 字의 'ㆍ'이 종선에 걸려 있었기 때문이다. '海' 字의 첫 劃인 'ㆍ'이 종선에 걸려 있다는 것은, 變造 가능성을 높여주었다. 그 대안으로 'ㆍ'을 떼고 '每'로 판독하기도 했다. 그리고 '[新]羅'의 '斤' 方邊도 加墨本에서나 등장할 뿐이었다.

신묘년 조는 고구려가 백제를 침공하는 정벌의 동기 즉 명분을 적어 놓은 구절이다. 종전의 해석대로 한다면, 고구려의 속민인 백제와 신라를 침공하여 자국의 신민으로 삼은 왜의 존재가 애매해진다. 고구려가 왜를 징벌하기는커녕 피해자인 백제를 침공한 게 되기 때문이다. 게다가 고구려는 백제처럼 신라를 응징하기는커녕 오히려 400년에는 구원전을 펼쳤다. 고구려는 속민을 점령한 왜는 배제하고, 백제는 征討하였고, 신라는 구원했다. 치밀한 구조문인 능비문의 논리상 모순이 빚어진 것이다. 능비문의 본래 문장이 이러지 않았을 것이라는 심증을 굳혀 주고도 남는다.

이러한 제반 요소를 염두에 두고 원석탁본인 혜정본의 신묘년 조를 살펴보았다. 먼저 '[新]羅'의 '斤' 方邊은 판독불능인 '△'에 가깝다. 이 구절은 문맥상 '新羅'보다는 '任那加羅'일 가능성이 더 높다. 그리고 '海' 字는 혜정본을 면밀히 검토한 결과 '是' 字로 새롭게 판독할 수 있었다. 그렇다면 이 구절은 "百殘新羅 舊是屬民由來朝貢 而倭以辛卯年來渡 是破百殘任那加羅以爲臣民"라고 석문된다. 신묘년 조는 그 앞의 구절에 적혀 있는 백제와 신라가 조공을 해 왔던 상황이 轉變되는 계기를 가리킨다. 여기서 "百殘任那加羅以爲臣民"는 백제와 임나가라를 실제 신민으로 삼았다는 결과를 가리키지 않는다. 영락 9년 조에서 고구려의 奴客인 신라를 倭가 자국의 '民'으로 삼으려고 한다는 미래형 가정이 등장한다. 더불어 능비문에 보이는 '是'의 용례는 "我是皇天之子(건국설화 조)"·"百殘新羅 舊是屬民(신묘년)"·"東夫餘舊是鄒牟王屬民(영락 20년)"라고 보인다. 여기서 '是'는 字典的 의미에 따르면, 신묘년 조는 "그런데 왜가 신묘년 이래로 건너오자 격파했고, 백제와 임나가라를 臣民으로 삼고자 했다"는 뜻이다.

"백잔과 신라는 옛적부터 속민이었기에 와서 조공하였다. 그런데 왜가 신묘년 이래로 건너오자 (고구려는) 격파했고, 백잔과 임나가라를 臣民으로 삼고자 했다."

f. 以六年丙申 王躬率△軍討伐殘國 軍△△[首]攻取寧八城 臼模盧城 各模盧城 幹氐利[城]△△城 閣彌城 牟盧城 彌沙城 △舍蔦城 阿旦城 古利城 △利城 雜珍城 奧利城 勾牟城 古[模]耶羅城 [頁]△△△△城 △而耶羅[城][瑑]城 於[利]城 △△城 豆奴城 沸△△利城 彌鄒城 也利城 太山韓城 掃加城 敦拔城 △△△城 婁賣城 散[那]城 [那]旦城 細城 牟婁城 于婁城 蘇灰城 燕婁城 析支利城 巖門△城 林城 △△△△△△△[利]城 就鄒城 △拔城 古牟婁城 閏奴城 貫奴城 彡穰城 [曾]△[城] △△盧城 仇天城 △△△△△其國城 殘不服義 敢出百戰 王威赫怒 渡阿利水 遣刺迫城△△[歸穴]△便[圍]城而殘主困逼 獻出男女生口一千人 細布千匹 跪王自誓 從今以後 永爲奴客 太王恩赦△迷之愆 錄其後順之誠 於是得五十八城村七百 將殘主弟幷大臣十人 旋師還都

6년 丙申에 왕은 몸소 △軍을 이끌고 殘國을 토벌하였다. 軍이 … 먼저 寧八城·臼模盧城·各模盧城·幹氐利[城]·△△城·閣彌城·牟盧城·彌沙城·△舍蔦城·阿旦城·古利城·△利城·雜珍城·奧利城·勾牟城·古[模]

耶羅城 · [頁]△△△△城 · 而耶羅[城] · [瑑]城 · 於[利]城 · △△城 · 豆奴城 · 沸△△利城 · 彌鄒城 · 也利城 · 太山韓城 · 掃加城 · 敦拔城 · △△△城 · 婁 · 賣城 · 散[那]城 · [那]旦城 · 細城 · 牟婁城 · 于婁城 · 蘇灰城 · 燕婁城 · 析支利城 · 巖門△城 · 林城 · △△△△△△[利]城 · 就鄒城 · △拔城 · 古牟婁城 · 閏奴城 · 貫奴城 · 彡穰城 · [曾]△[城] · △△盧城 · 仇天城을 공취하고, 그 國城으로 … 殘이 義에 복종하지 않고 감히 나와 숱하게 싸우자, 왕께서 크게 노하시어 威武로써 阿利水를 건너 刺를[24] 보내 國城을 압박했다. … 즉각 城을 포위하자 殘主가 困逼하여 男女 生口 1천 人과 細布 1천 匹을 바치면서 왕에게 무릎을 꿇고 스스로 맹세하기를, 지금부터 이후로는 영원히 奴客이 되겠다고 했다. 太王은 은혜로써 (먼저의) 미혹한 허물을 용서해 주었고, 그 뒤 순종하는 정성을 살폈다. 이에 58城과 村 700을 얻고, 殘主 아우와 大臣 10인을 함께 데리고 군대를 돌려 國都로 돌아왔다.

신묘년 조가 영락 6년 조의 전치문임은 '討伐殘國'라고 한데서도 헤아릴 수 있다. 영락 6년 조만 본다면 '殘國'을 한눈에 간파하기는 어렵다. 신묘년 조에 '百殘'이 2회나 등장하기 때문에 '殘國'은 '百殘國'의 略稱임을 알 수 있다. 이 사실은 최초로 등장하는 '百殘'이 처음에는 '屬民'으로, 그 뒤에는 '臣民'으로 보인다. 百殘의 성격이 前後가 다르기 때문에 모두 표기한 것으로 짐작된다. 광개토왕은 阿利水를 건너 刺를 보내 城을 압박하였고, 결국 항복을 받아냈다.

△迷之愆錄其後順之誠:
『周易』坤卦彖 "먼저하면 혼미하여 도를 잃고, 뒤에 하면 순하여 떳떳

---

24) 偵伺를 가리킨다.

함을 얻는다(先迷失道後順得常西南得朋乃與類行東北喪朋乃終有慶)"는 구절에서 취한 것이다. 능비문에는 왕도정치사상의 구현과 관련해 유학 경전 적용이 많다. 능비문에 보이는 百殘과 倭賊의 '殘'·'賊' 개념 모두 儒經의 仁義思想에서 출원하였다.

g. 八年戊戌 教遣偏師 觀帛愼土谷 因便抄得莫△羅城加太羅谷 男女三百餘人 自此以來 朝貢論事

8년 戊戌에 教하여 偏師를 보내 帛愼土谷을 觀하고는 곧 莫△羅城 加太羅谷의 男女 三百餘人을 빼앗았다. 그 후로 朝貢의 사리를 論하였다.

帛愼土谷 :
帛愼을 肅愼과 결부 짓는 견해가 많았다. 그러나 능비문의 '帛' 字가 '帛' 字와 동일한 글자임은 柳公權의 神策軍碑에서도 확인된다.[25] 게다가 '△羅城加太羅谷'의 '城谷' 체제는 숙신의 후신인 읍루와는 연관이 없다. 따라서 帛愼은 고구려와 인접한 세력으로 지목하는 게 타당하다. 이후는 '帛愼'으로 표기한다.

h. 九年己亥 百殘違誓與倭和通 王巡下平穰 而新羅遣使白王云 倭人滿其國境 潰破城池 以奴客爲民 歸王請命 太王[恩慈] 矜其忠[誠] △遣使還告以△計

9년 己亥에 百殘이 誓約을 어기고 倭와 더불어 和通하자, 王이 순행하여 平穰으로 내려왔다. 그런데 신라가 사신을 보내 왕께 아뢰어 이르기를 "왜인이 그 국경에 그득하며 城池를 파괴하여 노객을 民으로 삼고

---

25) 劉建,『五體漢字彙編(下)』, 文物出版社, 2004, 1388쪽.

자 하니, 왕에게 귀의하여 命을 청합니다"고 했다. 태왕은 은혜와 자비로써 그 충성을 불쌍히 여겨 … 사신을 보내 돌아가서 어떤 계책을 알리게 했다.

위의 구절에서 "百殘이 誓約을 어기고 倭와 더불어 和通하자"는, "왕에게 무릎을 꿇고 스스로 맹세하기를, 지금부터 이후로는 영원히 奴客이 되겠다"는 件과 걸려 있다. 광개토왕은 백제와 왜가 다시금 손을 잡는 상황을 포착했기에 평양으로 내려왔다는 것이다. 아니나 다를까 신라 사신이 찾아와 왜군의 침공으로 경각을 다투는 상황을 청취했다. 왜군의 신라 침공 배후에 백제가 버티고 있음을 암시하는 구절이다. 이구절은 영락 10년 신라 구원전이 고구려=신라 : 백제=왜의 대결과 戰場인 임나가라 그리고 기습 공격을 한 後燕의 개입 등 복잡하게 얽힌 국제전의 前奏였다.

i. 十年庚子 教遣步騎五萬 往救新羅 從男居城 至新羅城 倭滿其中 官軍方至 倭賊退△△背急追至任那加羅從拔城 城卽歸服 安羅人戍兵△新[羅]城△城 倭[寇大]潰 城△△△盡△△△安羅人戍兵[新]△△△△[其]△△△△△△△ 言△△△△△△△△△△△△△△△△△辭△△△△ △△△△△△△△△潰△△△△安羅人戍兵 昔新羅寐錦未有身來[論事] △ [國罡上廣]開土境好太王△△△△△寐[錦]△△[僕]勾△△△△朝貢

10년 庚子에 教를 내려 步騎 5만을 보냈다. 신라를 구원하러 갔는데, 男居城부터 新羅城에 이르자, 倭가 그 가운데 가득 찼다. 官軍이 바야흐로 이르자 倭賊은 물러났는데, … 배후를 급히 추격하여 任那加羅 從拔城에 이르자 城이 곧 歸服했다. 任那加羅人 戍兵을 배치했다. (관군이) 新[羅]城과 △城을 … 倭寇가 大潰하였고, 城이 … 하고 (왜적이) 盡滅하자

任那加羅人 戍兵을 배치했다. … (왜적이) 潰滅하자 任那加羅人 戍兵을
배치했다. 옛적에 신라 매금이 몸소 와서 … 한 적이 없었는데, 국강상
광개토경호태왕 때에는 … 매금이 … (몸소 와서) 조공했다.

歸服 :

귀순하여 복종함의 뜻으로 사용되고 있는데, "東路兵馬使가 奏하기
를 '東蕃의 大齊者, 古河舍 等 部落 蕃長이 (우리나라의) 州縣이 되기를 원
하고 있습니다. 蕃族들이 살고 있는 곳은 아주 멀어서 옛적에도 朝覲한
적이 없었는데 지금 모두 歸服하니, 嶺 바깥의 諸蕃이 모두 (우리나라의)
州縣으로 삼은 후에 그 강역을 정하소서'라고 하자 이를 허락하였다"[26]
라는 등 주변의 蕃國에 대한 복속을 가리키는 용어로 사용되었다. 귀복
은 고구려의 천하관과 관적질서 속에서 사용되어 왔다.

倭寇大潰 :

'寇'의 용례는 曹植의 「東征賦」에 따르면 "建安十九年 王師東征吳寇"라
는 구절에서 확인된다.[27] 건안 19년인 214년 당시 魏人들의 東吳人에
대한 적개감이 어려 있다.

> j. 十四年甲辰 而倭不軌 侵入帶方界 △△△△△石城△連船△△△ [王躬]率
> △△ [從]平穰△△△鋒相遇 王幢要截盪刺 倭寇潰敗 斬煞無數
>
> 14년 甲辰에 倭가 不軌하여 帶方界를 침입하자 △△△△△石城△ 船이
> 연달아 △△△ 王이 몸소 거느리고△△ 平穰으로부터△△△ 선두가 서

---

26) 『高麗史節要』 권5, 文宗 27년 6월 조.
27) 이치수 外 譯, 『曹子建集』, 소명출판사, 2010, 37쪽.

로 맞닥뜨리자 王幢이 끊어버리고, 흔들어서 절단하여, 왜구가 무너져서 패하니, 베어서 죽인 게 셀 수 없었다.

위에 보이는 '不軌'는 "이자겸이 이미 王楷를 세웠는데, 仲父 帶方公 俌가 그 왕위를 탈취하려고 하여 드디어 門下侍郎 韓繳如·樞密使 文公美와 더불어 不軌를 도모하니"[28]라는 구절을 비롯하여 전통시대의 史書에 무수히 등장하는 '叛逆'의 뜻이었다. 영락 14년 조는 왜가 반역을 도모하여 대방계를 침공했다는 것이다. 이 구절은 고구려가 왜를 자국의 질서 안에 설정한 존재임을 알려준다. 그렇지 않고 외국이었다면 '侵'으로 기재했어야 마땅하다.

고구려 국법에서 가장 무섭게 처리하는 罪가 모반 즉 반역이었다. 이에 대한 응징이었기에 "끊어버리고, 흔들어서 절단하여"라는 표현을 구사한 것으로 보인다. 능비문에서 이렇게까지 섬찟할 정도로 매섭게 적군을 섬멸한 표현은 없었다. 고구려에서 모반죄에 대한 혹독한 처벌과 결부 지어 본다면 이해가 쉽다.

> k. 十七年丁未 教遣步騎五萬 △△△△△△△△△△師△△合戰 斬煞蕩盡 所獲 鎧鉀一萬餘領 軍資器械不可稱數 還破沙溝城 婁城 △[住]城 △城 △△△ △△△城
>
> 17년 丁未에 教하여 步騎 五萬을 보내어[29] … 合戰해서 목을 베어 죽

---

28) 『宣和奉使高麗圖經』 권8, 人物, 守太師尙書令李資謙.

29) 영락 10년 조도 전치문이 없고, 영락 17년 조도 전치문이 없다. 이 경우 영락 10년 조는 영락 9년 조에서 출병의 동기가 적혀 있다. 이와 마찬 가지로 영락 17년 조는 영락 14년 조의 倭와의 전쟁이 이어진 것으로 보아야 한다. 그러

여 모두 없애고, 鎧鉀 1만여 벌을 노획하였고, 軍資器械는 셀 수도 없었다. 돌아오면서 沙溝城 婁城 … 城들을 격파했다.

△師 :
'王師'로 추독되고 있다. 王師의 용례는 曹植의 「東征賦」에 따르면 "建安十九年 王師東征吳寇"라는 구절에서 확인된다.[30]

영락 17년에 고구려군이 격파한 대상에 대해서는 결락자가 많아 해석이 용이하지 않았다. 그런 관계로 후연을 비롯해 倭,[31] 그리고 백제 심지어 加羅까지 지목되었다. 여기서 분명한 사실은 영락 17년인 407년에 후연은 멸망하고 北燕이 들어섰다. 고구려와 후연과의 전쟁일 가능성은 희박하다. 그리고 '婁城'과 같은 '婁' 字 성들은 능비문에 보이는 고모루성처럼 백제 성에 많이 보인다. 게다가 이 때 고구려군이 격파한 성의 숫자는 6城이 분명하다. 이러한 성의 숫자는 영락 6년에 백제로부터 빼앗은 58성과 영락 17년 조의 6성을 합치면 광개토왕대의 총 점령 숫자인 64성과 부합한다. 따라서 영락 17년 조는 백제와의 전쟁으로 지목할 수 있다.

결락자가 많은 "教遣步騎五萬 △△△△△△△△△師△△合戰"은, "教遣步騎五萬 往討百殘至△△城 王師與殘合戰"으로 복원이 가능해진다.

나 돌아오는 길에 격파한 6城은 백제로부터 빼앗은 城이었다.

30) 이치수 外 譯, 『曹子建集』, 소명출판사, 2010, 37쪽.

31) 백제가 5만의 병력으로서 왜군의 근거지를 습격하여 승리를 얻었음을 말하고 있다(今西龍, 『朝鮮古史の硏究』, 近澤書店, 1937, 469쪽).

l. 卄年庚戌 東夫餘舊是鄒牟王屬民 中叛不貢 王躬率往討 軍到餘城 而餘△
國駭△△△△△△△△△王恩普覆 於是旋還 又其慕化隨官來者 味仇婁鴨
盧 卑斯麻鴨盧 椯社婁鴨盧 肅斯舍[鴨盧] △△△鴨盧 凡所攻破城六十四
村一千四百

20년 경술, 동부여는 옛적에 추모왕 속민이었는데 중간에 배반하고 조
공하지 않았다. 왕이 몸소 이끌고 가서 토벌하여 군대가 부여성에 이르
자 餘城과 나라가 놀랬다. … 王恩이 두루 널리 덮었다. 이에 개선하여
돌아왔다. 또 그 慕化로[32) 官을 따라 온 者는 味仇婁鴨盧 · 卑斯麻鴨盧 ·
椯社婁鴨盧 · 肅斯舍[鴨盧] · △△△鴨盧였다.
무릇 공파한 성이 64요, 村은 1,400이었다.

위의 구절에 보이는 "凡所攻破城六十四 村一千四百"라고 한 전과를
동부여 정벌과 결부 짓는 경우도 있었다. 능비문에서 광개토왕의 동부
여 친정은 영톡 확장전이 아니었다. 출병 동기인 '中叛不貢'에 대한 응징
에 불과했다. 그랬기에 '王恩'과 '慕化', 그리고 '官을 따라 온 者'라는 수
식이 등장하였다. 영역 점령이라면 이러한 광개토왕의 德性 관련 文字
가 표출되기는 어렵다.

m. 守墓人烟戶 賣句余民國烟二看烟三 東海賈國烟三看烟五 敦城民四家盡爲
看烟 于城一家爲看烟 碑利城二家爲國烟 平穰城民國烟一看烟十 訾連二
家爲看烟 俳婁人國烟一看烟卌三 梁谷二家爲看烟 梁城二家爲看烟 安夫
連卄二家爲看烟 [改*]谷三家爲看烟 新城三家爲看烟 南蘇城一家爲國烟
新來韓穢 沙水城國烟一看烟一 牟婁城二家爲看烟 豆比鴨岑韓五家爲看烟

32) 德을 사모하여 教化에 따름.

勾牟客頭二家爲看烟 求底韓一家爲看烟 舍蔦城韓穢國烟三看烟廿一 古[模*]耶羅城一家爲看烟 [炅*]古城國烟一看烟三 客賢韓一家爲看烟 阿旦城 雜珍城合十家爲看烟 巴奴城韓九家爲看烟 臼模盧城四家爲看烟 各模盧城二家爲看烟 牟水城三家爲看烟 幹氐利城國烟一看烟三 彌[鄒*]城國烟一看烟七 也利城三家爲看烟 豆奴城國烟一看烟二 奧利城國烟一看烟八 須鄒城國烟二看烟五 百殘南居韓國烟一看烟五 太山韓城六家爲看烟 農賣城國烟一看烟七 閏奴城國烟二看烟廿二 古牟婁城國烟二看烟八 琢城國烟一看烟八 味城六家爲看烟 就咨城五家爲看烟 彡穰城廿四家爲看烟 散那城一家爲國烟 那旦城一家爲看烟 勾牟城一家爲看烟 於利城八家爲看烟 比利城三家爲看烟 細城三家爲看烟

守墓人 烟戶는 賣句余民으로 國烟 2 看烟 3, 東海賈로 國烟 3 看烟 5, 敦城民 4家는 다 看烟으로 한다. 于城 1家를 看烟으로 한다. 碑利城 2家를 國烟으로 한다. 平穰城民으로 國烟 2 看烟 10, 訾連 2家를 看烟으로 한다. 俳婁人은 國烟 1 看烟 43, 梁谷 2家를 看烟으로 한다. 梁城 2家를 看烟으로 한다. 安夫連 22家를 看烟으로 한다. [改*]谷 3家를 看烟으로 한다. 新城 3家를 看烟으로 한다. 南蘇城 1家를 國烟으로 한다. 新來韓穢 沙水城은 國烟 1 看烟 1, 牟婁城 2家를 看烟으로 한다. 豆比鴨岑韓 5家를 看烟으로 한다. 勾牟客頭 2家를 看烟으로 한다. 求底韓 1家를 看烟으로 한다. 舍蔦城韓穢는 國烟 3 看烟 21, 古[模*]耶羅城 1家를 看烟으로 한다. [炅]古城 國烟 1 看烟 3, 客賢韓 1家를 看烟으로 한다. 阿旦城 雜珍城 합하여 10家를 看烟으로 한다. 巴奴城韓 9家를 看烟으로 한다. 臼模盧城 4家를 看烟으로 한다. 各模盧城 2家를 看烟으로 한다. 牟水城 3家를 看烟으로 한다. 幹氐利城은 國烟 1 看烟 3, 彌[鄒*]城은 國烟 1 看烟 7, 也利城 3家를 看烟으로 한다. 豆奴城은 國烟 1 看烟 2, 奧利城은 國烟 1 看烟 8, 須鄒城은 國烟 2 看烟 5, 百殘南居韓은 國烟 1 看烟 5, 太山韓城은 6家를 看烟으로 한다. 農賣城은 國烟 1 看烟 7, 閏奴城은 國烟 2 看

烟 22, 古牟婁城은 國烟 2 看烟 8, 琢城은 國烟 1 看烟 8, 味城 6家를 看烟으로 한다. 就咨城 5家를 看烟으로 한다. 彡穰城 24家를 看烟으로 한다. 散那城 1家를 國烟으로 한다. 那旦城 1家를 看烟으로 한다. 勾牟城 1家를 看烟으로 한다. 於利城 8家를 看烟으로 한다. 比利城 3家를 看烟으로 한다. 細城 3家를 看烟으로 한다.

n. 國罡上廣開土境好太王 存時敎言 祖王先王 但敎取遠近舊民 守墓洒掃 吾慮舊民轉當嬴劣 若吾萬年之後 安守墓者 但取吾躬巡所略來韓穢 令備洒掃 言敎如此 是以如敎令 取韓穢二百卄家 慮其不知法則 復取舊民一百十家 合新舊守墓戶 國烟卅看烟三百 都合三百卅家

國罡上廣開土境好太王이 살아계셨을 때 敎를 내려 말하기를 "祖王 先王들은 다만 敎를 내려 遠近의 舊民만을 취하여 守墓洒掃하게 했다. 나는 舊民이 점점 약하고 못해질까 걱정이다. 내가 죽은 뒤에 守墓에 배치하는 者는 단지 내가 몸소 순행하며 經略해서 取해 온 韓穢들만을 취하여 洒掃를 맡도록 하라"고 말씀하신 敎가 이와 같았다.

이 때문에 敎와 같이 令을 내려 韓穢 220家를 取하게 하였다. 그들이 法을 알지 못하는 것을 염려한 즉 다시 舊民 110家를 취했다. 新舊 守墓戶가 國烟 30, 看烟 300, 도합 330家이다.

吾萬年之後 :

"폐하의 만세가 지난 다음에(『자치통감』 권190, 武德 5년 조)"는 황제의 죽음을 가리킨다. '吾萬年之後'도 동일한 내용으로서, 광개토왕의 사망을 뜻한다.

o. 自上祖先王以來 墓上不安石碑 致使守墓人烟戶差錯 唯國罡上廣開土境好太王 盡爲祖先王 墓上立碑 銘其烟戶 不令差錯 又制 守墓人 自今以後 不得

更相轉賣 雖有富足之者 亦不得擅買 其有違令 賣者刑之 買人制令守墓之

위로부터는 祖先王 이래로 墓上에 石碑를 두지 않았기 때문에 守墓人
烟戶들이 어긋나게 되었다. 國罡上廣開土境好太王께서 모든 祖先王들
을 위해 墓上에 碑를 세워 그 烟戶를 새겨 어긋나지 않게 하라고 令하
셨다.
또 制하기를 "守墓人은 지금부터 이후로는 다시금 서로 팔아넘기지 못
한다. 비록 富足한 者가 있더라도 역시 마음대로 사들이지 못한다. 令
을 어기고 파는 자에게는 刑이 가해지고, 사는 자는 수묘하게 하라"고
정하셨다.

제2장

「광개토왕릉비문」에 보이는
征服의 法則

1. 머리말

주지하듯이 고구려 역사상 대표적인 정복군주는 광개토왕이었다. 그의 勳績을 담고 있는 「광개토왕릉비문」(이후 '능비문'으로 略記한다)은 陵碑임에도 불구하고 특이한 점이 많다. 가령 광개토왕의 직계 父祖에 대한 언급이 일체 없다. 게다가 전쟁 일변도 기사와 그 산물인 守墓人 烟戶의 배정에 관한 내용이 가장 넓은 공간을 차지하고 있다. 이렇듯 능비문은 일반 왕릉비문의 일반적인 격식과는 사뭇 달랐다. 이러한 능비문의 속성은 "이에 碑를 세워 勳績을 銘記하여 後世에 보이노라(於是立碑 銘記勳績 以示後世焉)"고 하였듯이 勳績碑文인 것이다. 勳績은 '큰 功業'을 가리키는데, 말할 나위 없이 광개토왕이 이룬 전쟁의 성과를 가리킨다. 능비문은 곧 광개토왕이 戰勝을 통해 高揚시킨 고구려 왕권의 위세를 과시하고자 한 것이다.

그런데 능비문은 종전에 알려진 바 이상의 치밀한 구조문으로서 잘 짜여진 體裁를 지닌 것으로 파악되었다. 더욱이 능비문의 전쟁 기사는 오스트레일리아 출신 역사학자 데이비드 데이(David Day)가 저술한 『정복의 법칙』에 보이는[33] '정복의 공식'과 사뭇 부합되는 면이 많았다. 그러한 능비문의 전쟁 기사를 통해 고구려인들의 전쟁 양식과 전쟁의 지향점을 살피고자 했다. 나아가 정복한 지역에 대한 지배 논리를 발견하고자 하였다. 그럼으로써 고구려인들이 전쟁의 당위성 즉 정당성을 어떻게 求했는 지가 밝혀질 것이다. 요컨대 이 작업을 통하여 광개토왕을 비롯한 고구려인들의 전쟁 논리와 전쟁 철학, 그리고 지배의 영속성 확립을 위한 지배 논리가 구명될 수 있다.[34]

2. 「광개토왕릉비문」에 보이는 전쟁의 근거

1) 능비문의 전쟁 명분

고구려 시조의 17世孫인 광개토왕의 陵碑가 고구려 역사상 최초로 세워졌다. 더구나 광개토왕릉비는 일반 능비의 형식을 닮지도 않았다. 그러면 특이한 구조의 敍事 構造로 짜여진 능비의 건립 배경은 무엇일까? 이와 관련한 시대 상황으로서 광개토왕 즉위 전의 고구려는 거듭

---

33) 데이비드 데이 著·이경식 譯, 『정복의 법칙-남의 땅을 빼앗은 자들의 역사 만들기』, human&Books, 2006, 1~484쪽.

34) 본고는 '광개토왕대에만 보이는 정복의 법칙'이 아니라 '광개토왕릉비문에 보이는 정복의 법칙'이다. 그런 관계로 광개토왕대 보다 앞선 시기는 물론이고 그 뒷 시기 뿐 아니라 신라나 백제측의 사료에 보이는 일반적인 사안 가령 도덕성에 관한 보편적인 기제를 원용하였다. 이러한 사료를 통해 「광개토왕릉비문」에 도덕성의 先占 등과 같은 침공 논리가 明瞭하면서도 정교하게 凝結되었음을 강조하고자 했다.

된 전란으로 인해 주민들의 심성과 국토가 황폐해져 있었다. 부역을 비롯한 끊임없는 징발은 주민들을 고통스럽게 하였다. 게다가 戰亂에 대한 공포는 정도의 차이는 있었겠지만 고구려인들에게 은연 중 厭戰 의식을 유발했을 것이다. 그렇지만 광개토왕이 즉위하면서 상황은 轉變하였다. 따라서 고구려 지배층은 능비문 형식을 빌어 국면을 일거에 轉換해 준 聖王의 시대를 반추하였다.[35]

그러한 능비문은 크게 3 단락으로 나누어져 있다. 건국설화와 전쟁 그리고 수묘인 연호에 관한 규정이었다. 이러한 3개의 단락은 각자 별개의 내용처럼 인식될 수 있지만 유기적인 관련을 지으며 서로 연결되어 있다. 능비문 冒頭에 적혀 있는 건국설화는 고구려 왕실의 由緒를 적어 놓은 부분이다. 즉 고구려가 현재에 이르기까지의 광활한 영역을 개척한 이유와 더불어 지배의 권리를 암시하고 있다. 그러한 목적을 관철하기 위해 능비문은 고구려 왕실의 기원이 天과 연결되며, 天 곧 皇天의 아들인 시조의 건국에 이르는 고난에 찬 路程을 서술하였다.

건국설화는 시조의 출신이 皇天과 직결된 신성한 존재임과 더불어 '江'으로 상징되는 시련을 통과함으로써 건국자로서의 능력을 입증한 것이다. 고구려 시조의 출신과 능력의 정합성을 알려준다. 그러한 시조의 17世孫이 國罡上廣開土境平安好太王인 것이다. 주지하듯이 國罡上은 능묘의 소재지를 가리키는 것이고, 廣開土境平安은 치적을 말하고 있으며, 好太王은 美稱인 것이다. 시조의 17세손이 이룩한 가장 현저한 업적은 '廣開土境平安'이었다. 광개토왕은 널리 영토를 개척해서 주민들을

---

35) 李道學, 「광개토대왕의 영토 확장과 광개토대왕릉비」『고구려의 정치와 사회』, 동북아역사재단, 2007, 183~184쪽.

평안하게 하였다고 했다. 광활한 영토를 개척한 그 17세손이 펼친 정복전쟁의 근거를 마련해 준 부분이 冒頭의 건국설화였다. 이 구절은 신성한 황천의 아들인 추모왕의 혈통을 이은 그 17세손이 치른 전쟁의 정당성에 대한 근거를 제시해 줄 목적으로 마련되었다. 이러한 맥락에서 볼 때 능비의 건립 목적은 天帝에 연원을 둔 고구려 왕가의 聖德이 광개토왕에게 계승되어 太王에 의한 聖戰의 결과 주변 여러 나라와 민족이 太王의 德에 歸順했음을 선포하는 데 있었다.[36) 고구려인들은 광개토왕대 전쟁의 정당성에 대해 면밀하게 고려했음을 알 수 있다.

이와 관련해 능비문의 건국설화와 전쟁 기사를 인용하면 다음과 같다.[37)

> a. 惟昔始祖鄒牟王之創基也 出自北夫餘 天帝之子 母河伯女郎 剖卵降世 生[而]有聖△△△△△△命駕巡幸南下 路由夫餘奄利大水 王臨津言曰 我是皇天之子 母河伯女郎 鄒牟王 爲我連葭浮龜 應聲卽爲連葭浮龜 然後造渡於沸流谷 忽本西 城山上而建都焉 不樂世位 因遣黃龍來下迎王 王於忽本東罡 [履]龍頁昇天 顧命世子儒留王 以道興治 大朱留王紹承基業

> b. [遝]至十七世孫國罡上廣開土境平安好太王二九登祚 號爲永樂太王 恩澤[洽]于皇天 威武[振]被四海 掃除△△ 庶寧其業 國富民殷 五穀豊熟 昊天不弔 卅有九 寔駕棄國 以甲寅年九月卅九日乙酉遷就山陵 於是立碑 銘記勳績 以示後世焉 其詞曰

---

36) 松原孝俊, 「神話學から見た '廣開土王碑文'」 『朝鮮學報』 145, 1992, 7쪽.

37) 韓國古代社會硏究所, 『譯註 韓國古代金石文 I』, 1992, 7~16쪽의 誤植을 교정한 후에 取하였다.

c. 永樂五年歲在乙未 王以稗麗不△△[人] 躬率往討 過富山[負]山 至鹽水上
   破其三部洛六七百營 牛馬群羊 不可稱數 於是旋駕 因過襄平道 東來△城
   力城 北豊 五備△ 遊觀土境 田獵而還

d. 百殘新羅 舊是屬民由來朝貢 而倭以辛卯年 來渡△破百殘△△[新]羅以爲
   臣民

e. 以六年丙申 王躬率△軍 討伐殘國軍△△[首]攻取寧八城 臼模盧城 各模盧
   城 幹氐利[城] △△城 閣彌城 牟盧城 彌沙城 △舍蔦城 阿旦城 古利城 △
   利城 雜珍城 奧利城 勾牟城 古[模]耶羅城 [頁]△△△△城 △而耶羅[城]
   [瑑]城 於[利]城 △△城 豆奴城 沸△△利城 彌鄒城 也利城 太山韓城 掃加
   城 敦拔城 △△△城 婁賣城 散[那]城 [那]旦城 細城 牟婁城 于婁城 蘇灰城
   燕婁城 析支利城 巖門△城 林城 △△△△△△△[利]城 就鄒城 △拔城 古
   牟婁城 閏奴城 貫奴城 彡穰城 [曾]△[城] △△盧城 仇天城 △△△△△其
   國城 殘不服義 敢出百戰 王威赫怒 渡阿利水 遣刺迫城 △△[歸穴]△便[圍]
   城 而殘主困逼 獻出男女生口一千人 細布千匹 跪王自誓 從今以後 永爲奴
   客 太王恩赦△迷之愆 錄其後順之誠 於是得五十八城村七百 將殘主弟幷大
   臣十人 旋師還都

f. 八年戊戌 教遣偏師 觀帛慎土谷 因便抄得莫△羅城加太羅谷 男女三百餘人
   自此以來 朝貢論事

g. 九年己亥 百殘違誓與倭和通 王巡下平穰 而新羅遣使白王云 倭人滿其國境
   潰破城池 以奴客爲民 歸王請命 太王[恩慈] 矜其忠[誠]△遣使還告以△計

h. 十年庚子 教遣步騎五萬 往救新羅 從男居城 至新羅城 倭滿其中 官軍方至
   倭賊退△△背急追至任那加羅從拔城 城卽歸服 安羅人戍兵△新[羅]城△城
   倭[寇大]潰 城△△△盡△△△△安羅人戍兵[新]△△△△[其]△△△△△△△
   言△△△△△△△△△△△△△△△△△△△△△辭△△△△

△△△△△△△△△潰△△△△安羅人戍兵 昔新羅寐錦未有身來[論事] △
[國罡上廣]開土境好太王△△△△寐[錦]△△[僕]勾△△△△朝貢

i. 十四年甲辰 而倭不軌 侵入帶方界 △△△△△石城△連船△△△ [王躬]率
△△ [從]平穰△△△鋒相遇 王幢要截盪刺 倭寇潰敗 斬煞無數

j. 十七年丁未 教遣步騎五萬 △△△△△△△△△師△△合戰 斬煞蕩盡 所獲
鎧鉀一萬餘領 軍資器械不可稱數 還破沙溝城 婁城△[住]城△△城△△△△
△△城

k. 廿年庚戌 東夫餘舊是鄒牟王屬民 中叛不貢 王躬率往討 軍到餘城 而餘△
國駭△△△△△△△△△△王恩普覆 於是旋還 又其慕化隨官來者 味仇婁鴨
盧 卑斯麻鴨盧 椯社婁鴨盧 肅斯舍[鴨盧] △△△鴨盧 凡所攻破城六十四
村一千四百

능비문에는 전쟁의 정당성과 관련해 고구려가 주변 諸國에 개입하거
나 침공할 수 있는 大命題를 설정해 놓았다. 이와 더불어 능비문에는 도
덕적 소유권을 확보하였다. 도덕적 소유권은 영역의 원래 소유자가 지
닌 권리보다 훨씬 강력한 힘인 것이다.[38] 그리고 이는 영역 지배의 정
당성을 제공해 주는 역할을 한다. 요컨대 이러한 두 가지 要素를 軸으로
하여 능비문은 무력 행사의 정당성을 시위하고 있다. 먼저 前者의 경우
를 살펴보자. 고구려가 가장 힘을 모아 공격한 대상은 백제였다.[39] 광

---

38) 데이비드 데이 著·이경식 譯, 『정복의 법칙-남의 땅을 빼앗은 자들의 역사
만들기』, human&Books, 2006, 27쪽.

39) 李道學, 「광개토왕릉비문에 보이는 전쟁 기사의 분석」 『高句麗硏究』 2, 1996
;『고구려 광개토왕릉비문 연구』, 서경문화사, 2006, 250~254쪽.

개토왕의 祖父인 고국원왕은 백제 근초고왕의 군대와 交戰 중 戰死했다. 그럴 정도로 백제는 고구려의 宿敵일 뿐 아니라 결단코 양국은 서로 만만치 않은 상대였다. 백제는 고구려의 손아귀에 들어오지도 못했을 뿐 아니라 오히려 고구려를 패퇴시켰다. 그럼에도 불구하고 능비문은 "百殘과 신라는 옛적부터 屬民이었기에 와서 朝貢했다(d)"고 하였다. 이 구절의 사실 여부 확인은 의미가 없다. 고구려가 백제를 침공한 이유와 근거를 조성해 놓은 大命題일 뿐이다. 백제에 대한 고구려 지배권의 근거를 명시해 둔 것이었다. 이 구절은 당장 영락 6년에 광개토왕이 백제를 기습·공격한 행위의 정당성으로 작용한다. 그러나 넓게 볼 때 능비문에 적혀 있는 백제의 군사적 행위는 어디까지나 고구려가 설정한 대명제로부터 결코 자유롭지 못함을 말하려는 것이다. 즉 백제의 군사적 행위는 고구려 屬民으로서의 조공 의무를 명백히 거역한 반역 행위 곧 不軌임을 폭로하고 있다. 게다가 고구려의 속민이었던 백제 이탈 요인으로서 倭라는 變數를 부각시켰다(g).

나아가 고구려가 倭를 응징할 수 있는 근거를 찾았다. 倭는 고구려 속민으로서 그간 고분고분했다는 백제 이탈의 主犯이므로 백제와 함께 엮어지고 있다. 능비문 영락 9년 조를 보면 "百殘이 誓約을 어기고 倭와 화통하였다(g)"고 한다. 그렇다면 백제가 倭와 和通하지 않겠다고 서약한 시점은 백제 왕이 항복한 영락 6년이 마땅하다. 바꿔 말해 이는 백제와 倭의 癒着이 영락 6년 이전에 포착되었음을 뜻한다. 능비문은 영락 9년과 영락 6년, 거슬러 올라가 영락 6년 이전에 倭가 고구려 중심의 기존 질서를 깨뜨리는 존재로 은연 중 부각시킨 것이다. 요컨대 고구려는 자국 중심의 질서를 깨뜨린 세력으로 倭의 존재를 타깃에 올렸다. 즉 고구려가 백제와 함께 싸잡아서 공격할 대상으로 倭의 존재를 水面

위로 끌어 올렸다. 결국 능비문 상에서 고구려는 백제와 倭라는 惡의 兩大軸을 설정한 것이다.

고구려는 자국이 정벌하거나 구원한 대상에 대해서는 出兵의 由緖로서 양국 간의 長久한 來歷을 밝혔다. 고구려는 영락 6년 백제 정벌과 영락 10년 신라 구원전의 명분을 백제와 신라 모두 자국의 '屬民'이라는 데 근거하였다. 그것도 "舊是屬民(d)"이라고 하여 그 연원의 유구함을 밝혔다. 영락 20년 조에는 "동부여가 추모왕의 속민이었지만 중간에 배반하고 조공하지 않았다(k)"는 데 동부여 정벌의 명분을 걸었다. 고구려는 백제와 신라 그리고 동부여를 속민이라는 일종의 거대한 관념의 拘束的 틀에 가둬넣은 것이다. 그런데 고구려는 속민 가운데 신라를 제외한 백제와 동부여를 정벌 대상으로 삼았다. 고구려가 동부여를 정벌한 동기로서 지배권의 근거를 명시하였다. 즉 고구려는 원래 자국의 속민이었던 동부여를 다시금 속민으로 회복하는 데 불과하다는 논리 제시였다. 고구려는 과거의 권리를 정당하게 돌려받는 행위로 동부여 원정의 명분을 설정했다. 요컨대 침략 전쟁이 결코 아님을 나타내고자 한 것이다. 그랬기에 고구려군이 동부여에서 회군할 때 광개토왕을 '慕化'하여 따라 온 동부여 수장층의 존재를 거론한 것으로 보인다.

여기서 고구려와 백제 그리고 동부여는 모두 부여계 국가라는 공통점을 지니고 있다.[40] 그리고 보면 고구려는 유독 부여계 국가인 백제와 동부여만 주된 정벌 대상으로 삼은 게 된다. 그러한 裏面에는 동일한

---

40) 백제가 고구려와 동일한 부여계로서 경쟁 관계임은 李道學, 「百濟 慰禮文化의 史的 性格」『東大新聞』 1981.5.14 ; 『고대문화산책』, 서문문화사, 1999, 53 쪽에서 제일 먼저 언급하였다.

부여계 공동체의 통합이라는 의도가 1차적으로 깔려 있었던 것으로 보인다.[41] 능비문에서 "북부여에서 나오셨다(a)"라고 하여 고구려 시조의 출원지를 북부여로 설정하였다. 부여와의 연고 의식을 확고하게 闡明하면서 능비문의 문장은 시작된 것이다. 백제 개로왕이 北魏에 보낸 국서에서 "저희는 근원이 고구려와 함께 부여에서 나왔습니다"[42]고 하였다. 위덕왕이 卽位前 고구려 장수와 交戰할 때 서로 姓이 동일하다고 했다.[43] 이것은 양국이 동일한 공동체 의식을 지녔음을 뜻한다.[44] 그런데 고구려 시조가 북부여에서 출원했다는 것은 북부여 지배에 대한 연고권을 심어주는 근거이기도 했다. 고구려인들이 東明의 부여 건국 설화를 뺏어 고구려 건국설화로 만든 사실도[45] 이와 무관하지 않다. 고구려인들로 하여금 시조가 출원한 북부여를 원래부터 자국의 땅으로 간주하게 하여 영역 지배에 대한 결속력을 강화시키는 기제로 작용시켰다. 요컨대 고구려는 광개토왕대에 이미 지배하고 있는 북부여에는 연고권을, 그렇지 못한 동부여에 대해서는 '屬民'이라는 명분적 지배권을 제시하였다.

---

41) 李道學,「百濟 慰禮文化의 史的 性格」『東大新聞』, 동국대학교 신문사, 1981. 5.14 ;『고대문화산책』, 서문문화사, 1999, 53쪽.

42)『魏書』권100, 百濟傳.

43)『日本書紀』권19, 欽明 14年 條.

44) 이에 대해서는 李道學,『백제고대국가연구』, 一志社, 1995, 67~72쪽에 詳述되었다.

45) 李道學,「高句麗의 夫餘 出源에 관한 認識의 變遷」『高句麗研究』27, 2007, 142쪽.

2) 도덕적 소유권의 제시

국가가 도덕적 소유권을 확보했을 때 무력적 制裁의 수단이 지닌 위력은 한층 倍加된다. 고구려는 자국이 침공한 상대국의 부당성을 호소해야만 공격의 명분이 鮮明해 질 수 있다. 능비문에 摘示된 屬民 의무의 불이행은 정치적 계약 관계의 명백한 위반이었다. 自國은 善한 반면 상대국은 惡한 것으로 補色 對比해야만 出兵의 당위성이 한층 명료해진다. 이와 관련해 16세기에 간행된 『投筆膚談』에 따르면 다음과 같은 구절이 있다.

> 대저 전쟁이란 그 지도리[樞]를 장악한 것 보다 큰 것이 없다. 전쟁의 主軸은 名과 義일 뿐이다. 나는 그 名을 잡고 敵에게는 惡名을 더해주어라. 나는 그 義에 의지하고 敵에게는 不義를 보탠 즉 三軍은 매우 사납게 뜨거워져 위로는 하늘에 통하고, 아래로는 우물을 뚫고, 가운데로는 천하의 旌旗가 있는 곳을 가로질러 휘하 병사들의 사기를 떨치게 해서 敵들의 위세를 꺾을 것이다.[46]

이러한 구체적인 사례로서 同書의 著者인 西湖逸士는 漢高祖가 義帝를 위하여 發喪한 것과 당태종이 煬帝의 過惡을 檄한 것을 제시하였다. 그러면서 그는 이와 같이 하면 "천하의 인심이 어찌 響應하지 않겠으며, 三軍의 군사들이 어찌 奮勵하지 않겠는가!"라고 했다. 이는 도덕적 명분의 先占과 그 효과에 대해 正鵠을 찌른 지적이다. 그랬기에 능비문에서 광개토왕을 가리켜 "威武는 四海에 떨쳤노라!(b)"라고 한 칭송, 곧 명성

---

46) 『投筆膚談』 권上, 本謀第一.

을 얻게 되었을 법하다. 이와 관련해 클라우제비츠는 전쟁의 요체는 정치의 한 방편이며, 전쟁의 목적은 자신들의 의지를 구현하기 위해 敵을 강요하는 폭력 행위인 것이다. 이러한 전쟁은 적대 감정 없이는 결코 진행될 수가 없다고 설파했다.[47] 실제 『삼국사기』에는 적대국에 대한 적개감인 '無道'를 다음과 같이 거론하였다.

  * 춘추가 말하기를 "지금 백제는 無道하여 긴 뱀과 큰 돼지가 되어 우리 강토를 침범하므로, 저희 나라 임금이 大國의 군사를 얻어 그 치욕을 씻고자 합니다. 그래서 신하인 저로 하여금 대왕께 명을 전하도록 하였습니다"고 했다.[48]

  * 진평왕 건복 28년 신미에 공은 나이 17세로, 고구려·백제·말갈이 국경을 침범하는 것을 보고 의분에 넘쳐 침략한 적을 평정할 뜻을 품고 홀로 中嶽 석굴에 들어가 齋戒하고 하늘에 고하여 맹세하였다. "적국이 無道하여 승냥이와 범처럼 우리 강역을 어지럽게 하니 거의 평안한 해가 없습니다. 저는 한낱 미미한 신하로서 재주와 힘은 헤아리지 않고, 禍亂을 없애고자 하오니 하늘께서는 굽어 살피시어 저에게 수단을 빌려주십시오!"[49]

  * 유신이 왕에게 고하기를 "백제는 無道하여 그 지은 죄가 桀紂보다 심하

---

47) 카를 폰 클라우제비츠 著·류제승 譯, 『전쟁론』, 책세상, 1998, 33쪽·35쪽·57쪽·119쪽.
　　이에 관한 분석적 연구로서 이종학, 『클라우제비츠와 전쟁론』, 주류성, 2004를 참고하기 바란다.
48) 『三國史記』 권5, 善德王 11年 條.
49) 『三國史記』 권41, 金庾信傳 上.

니 이 때는 진실로 하늘의 뜻을 따라 백성을 위로하고 죄인을 정벌하여야 할 때입니다”고 하였다.[50)]

    여기서 ‘無道’는 儒家的인 수식으로 포장된 것일 뿐 그 基底에는 敵愾心이 깔려 있다. 아울러 당사자에 대한 도덕적 우월감을 闡明한 것이다. 물론 위에서 인용한 문구는 신라인들의 정서였다. 그러나 고구려 역시 이와 같은 정서에서 무관하지 않았을 것으로 보인다. 실제 고구려에서도 왕을 축출할 때 ‘無道’를 언급하였다.[51)] 백제에서도 國人들이 동성왕을 축출할 때 “末多王이 無道하고 百姓에게 暴虐하여 國人이 공히 제거했다”[52)]고 하여 無道를 명분으로 삼았다. 국왕 제거의 명분인 ‘無道’는 他國에 대한 정벌을 誘引하는 명분으로서도 언급된 보편적 기제였다.

    능비문은 고구려의 정벌 활동과 관련해 무력을 과시한 적은 결코 없었다. 오히려 도덕적인 힘을 강조하였다. 恩赦(e)와 恩慈(g)로써 도덕적인 우월성을 과시한 것이다. 이 사안은 “밀려나는 사회를 포함한 모든 잠재적인 경쟁자들이 주장할 수 있는 권리보다 훨씬 강력한 것이 바로 도덕적인 소유권이다”[53)]는 구절과 부합된다. 이와 관련한 광개토왕의 이미지는 능비문에서 선명하게 드러난다. 능비문에는 일단 고구려의 천하관과 짝을 이루며 자국 중심으로 세상을 재편하기 위한 이데올

---

50) 『三國史記』 권42, 金庾信傳 中.

51) 『三國史記』 권16, 新大王 卽位年 條.
    『三國史記』 권17, 美川王 卽位年 條.

52) 『日本書紀』 권15, 武烈 4年 條.

53) 데이비드 데이 著·이경식 譯, 『정복의 법칙-남의 땅을 빼앗은 자들의 역사 만들기』, human&Books, 2006, 27쪽.

로기로서 『맹자』의 王道政治 사상이 나타난다. 『맹자』에 따르면 "仁을 해치는 것을 賊이라 이르고, 義를 해치는 것을 殘이라 이른다"[54]고 했다. 이는 능비문에서 고구려에 대적하는 공동 惡役으로 등장하는 양대 세력을 '倭賊'과 '百殘'으로 각각 폄훼시켜 호칭한 것과 무관하지 않다. 즉 仁義의 화신인 광개토왕 군대는 그에 배치되는 백제와 왜를 征討해야 된다는 정의관의 발현이기도 했다. 실제 고구려군이 백제 왕성을 압박하는 구절을 보면 "殘이 義에 복종하지 않고 감히 나와 숱하게 싸우자 왕께서 크게 노하시어(e)"라고 했다. 義를 해치는 '殘'으로 略記된 백제가 '義'의 상징인 고구려에 복종해야 할 대상으로 설정되었다. 공격하는 고구려군의 도덕적 우월성이 저변에 깔려 있는 것이다.[55]

이와 짝하여 광개토왕은 항시 은혜와 자비를 발휘해서 용서하고 구원해 주는 따뜻한 德化君主의 모습으로 설정되었다. 가령 '太王恩赦(e)'·'太王恩慈(g)'·'王恩(k)'을 구사하며 침략 이미지나 被侵國이 갖는 반감을 불식시키는 동시에, 도덕적 우위를 강조한 것이다. 즉 능비문은 광개토왕의 권위를 그가 동원할 수 있는 강력한 군사력보다는 우월한 德性에서 찾았다. 광개토왕의 이름도 결코 이와 무관하지 않은 '談德'이었다. 능비문에 따르면 광개토왕은 王道政治의 具顯者로서 도덕적인 정당성이 부여되었다. 이러한 상징 조작은 "남의 영토를 차지하는 것을 합리화하려면 약탈 행위에 보다 근사하고 그럴듯한 옷을 입혀서 이런 행

---

54) 『孟子』梁惠王 下. "… 賊仁者 謂之賊 賊義者 謂之殘 …"

55) 李道學, 「廣開土王陵碑文의 思想的 背景」 『韓國學報』106, 2002 ; 『고구려 광개토왕릉비문 연구』, 서경문화사, 2006, 211~232쪽.
    李道學, 「三國時代의 儒學 政治理念에 의한 統治 分析」 『韓國史硏究』181, 2018, 8~17쪽.

위가 법적으로나 도덕적으로 정당하게 보이도록 만들어야 했다"[56]라는 구절을 연상시킨다.

고구려의 신라 구원전과 관계된 영락 10년 조 기사도 그 완결은 광개토왕의 德性으로 귀결된다. 즉 h의 "安羅人戍兵"에 보이는 羅의 '羅'는 '新羅'가 아니라 '任那加羅'의 略稱으로 확인되었다. 그러므로 왜인의 손에서 빼앗은 성을 任那加羅에 돌려주어 수비시켰다고 바꾸어 해석해야 한다. 이 구절은 임나가라 영역 내의 고구려군이 왜군을 격파한 후 임나가라인 戍兵에게 지키게 했다는 내용으로 해석된다.[57] 이러한 해석은 임나가라와 왜가 긴밀한 관계였는데, 가능할 수 있는 논리냐는 의문을 유발할 수 있다. 그러나 당시 왜는 탁순국과 교류를 하고 있었다. 또 그에 대한 견제 차원에서 김해 세력은 고령 세력과 동맹을 결성한 바 있다.[58] 그러나 무엇보다도 능비문의 본질은 정치 선전문이다.[59] 그러므로 능비문에는 반드시 일정한 메시지가 담겨 있다고 보아야 한다. 그것은 역사적 사실 여부와는 다른 차원의 문제이다. 고구려군은 임나가라로 쫓겨간 왜군을 격파하고 또 이곳의 任那加羅 城들을 점거하여 항거하는 왜군을 격파하였다. 그런 후에 고구려군은 임나가라인들을 배치하여 임나가라를 온전히 복구시켰다는 메시지를 능비문은 담고 있

---

56) 데이비드 데이 著 · 이경식 譯, 『정복의 법칙-남의 땅을 빼앗은 자들의 역사 만들기』, human&Books, 2006, 138쪽.

57) 李道學, 「加羅聯盟과 高句麗」 『第9回加耶史國際學術會議: 加耶와 廣開土大王』, 金海市, 2003 ; 『고구려 광개토왕릉비문 연구』, 서경문화사, 2006, 450~452쪽.

58) 李道學, 「加羅聯盟과 高句麗」 『第9回加耶史國際學術會議: 加耶와 廣開土大王』, 金海市, 2003 ; 『고구려 광개토왕릉비문 연구』, 서경문화사, 2006, 440~442쪽.

59) 李道學, 「廣開土王陵碑文에 보이는 戰爭 記事의 分析」 『高句麗研究』 2, 1996 ; 『고구려 광개토왕릉비문 연구』, 서경문화사, 2006, 241쪽.

다.[60] 附言하자면 영락 10년 조는 왜군의 침공을 받아 위기에 처한 신라의 구원을 위해 고구려군이 출병했다. 이들은 신라와 임나가라 영토 내의 왜군을 격파하고 왜군으로 인해 戰禍를 입은 임나가라를 복구했다는 것이다. 요컨대 능비문은 고구려가 신라는 물론이고 임나가라까지 구원했다는 메시지를 전하고 있다.[61]

고구려는 백제와 왜 그리고 낙동강유역 諸國으로 이어지는 삼각동맹 체제를 깨뜨리고자 했다. 이에 고구려는 그 꼭짓점에 위치하였을 뿐 아니라 백제의 등장으로 교역상의 타격을 입고 있던 임나가라를 자국편으로 끌어들일 필요가 있었다. 그러한 배경을 깔고서 고구려군은 낙동강유역까지 출병했지만[62] 능비문에는 救援者의 모습으로만 화려하게 서술되었다. 이러한 서술은 능비문의 상투적인 서술 체재에 불과한 것이다. 즉 고구려가 궁극적으로 기도했던 남진경영이라는 국가전략 차원에서의 출병을 감추고 있다. 오히려 他者인 屬民의 이익을 위해 노력하고 희생하는 것처럼 비치게 만들었다. 이는 전형적인 정치적 修辭에 불과할 따름이다. 기실은 고구려가 王道政治思想과 결부지어 소멸 대상

---

60) 戍兵은 邊境 즉, 국경을 지키는 군대라는 뜻을 지니고 있다(諸橋轍次, 『大漢和辭典 5』, 大修館書店, 1984, 5쪽). 그러한 "安羅人戍兵" 즉 任那加羅人 戍兵을 영락 10년 조에서 3차례나 그것도 국경에 배치했음을 언급한 것이다. 이는 그 자체의 사실 여부를 떠나 任那加羅 領域 밖으로 왜구의 소탕과 더불어 任那加羅의 완벽한 保衛를 뜻하는 문구라고 하겠다.

61) 李道學, 「加羅聯盟과 高句麗」 『第9回加耶史國際學術會議: 加耶와 廣開土大王』, 金海市, 2003 ; 『고구려 광개토왕릉비문 연구』, 서경문화사, 2006, 448~454쪽.

62) 李道學, 「高句麗의 洛東江流域 進出과 新羅·伽倻經營」 『國學研究』 2, 1988 ; 『고구려 광개토왕릉비문 연구』, 서경문화사, 2006, 405쪽.

으로 설정한 '百殘'과 '倭賊'을[63] 포위·고립시키려는 전략적 차원에서 나온 것이었다. 그럼에도 고구려는 그 주변의 신라나 임나가라 등과 같은 군소 세력들을 광개토왕의 恩慈로써 포용한 것처럼 과시하였다. 능비문에 나타난 廣開土王像은 거침없는 征服君主 이전에 恩赦와 恩慈의 表象인 따스한 德化君主의 모습이었다. 덕화군주상은 고구려가 백제로부터 점령한 지역에 대한 지배 논리의 일환이었다. 고구려는 당초 지배자였던 백제 보다 자국이 올바른 도덕적 질서를 지니고 있음을 과시함으로써 침략 행위의 정당성을 찾았던 것이다.

능비문에서 광개토왕의 치적을 칭송하는 冒頭의 문구 가운데 "오곡이 잘 영글고(b)"라는 문구가 있다. 이 구절은 광개토왕대 이룬 남진의 성과를 노래하는 구절로 받아들일 수 있다. 그러나 그 裏面에는 자국이 점령한 지역의 영토를 피정복자인 韓穢보다 생산적으로 경작한다는 사실을 증명하고 과시하려는 의도가 깔렸을 수도 있다. 그러나 이 구절의 본질적 메시지도 역시 광개토왕이 有德者임을 알리려는 차원과 무관하지 않다. 德이 있는 자가 통치하는 세상에는 하늘도 감응해서 풍년이 들 수밖에 없다는 논리가 아닐까. 夫餘의 舊俗에는 농사가 잘 되지 않았을 때는 왕을 갈아 치우거나 죽였다고 했다.[64] 왕의 운명이 농사의 凶豊과 직결된 것이다. 농사의 凶豊을 좌우하는 주체는 두 말할 나위 없이 天이 아니겠는가? 마찬가지로 능비문에서 云謂하고 있는 豊年은 天의 뜻인 동시에 광개토왕의 有德性을 뜻하는 것이다. 나아가 광개토왕

---

63) 李道學, 「'廣開土王陵碑文'의 思想的 背景」『韓國學報』106, 2002 ;『고구려 광개토왕릉비문 연구』, 서경문화사, 2006, 217~224쪽.

64) 『三國志』권30, 東夷傳 夫餘 條.

이 이룬 현현한 정복 사업의 성과 역시 皇天의 배려였음을 환기시켜 주고 있다.

능비문의 이 같은 敍事 構造가 성공적이었음은 고대사 연구자의 다음과 같은 평가에서도 躍如하게 드러난다. 즉 "또 이 능비문에도 보이는 바와 같이 韓·穢 諸國 중에는 광개토왕을 사모하고 섬기려하는 자도 적지 않았다. 이와 같이 피정복 지역의 호족과 주민은 오늘날과는 다르게, 정복자와 대립만하는 게 아니라, 정복자가 지닌 富力과 그 배후의 문화에 강한 憧憬을 느끼고, 정복자에 협력하여 새로운 세계를 건설하려고 하는 일면을 가지고 있었다"[65]고 했다. 이렇듯 전문 연구자마저도 능비문의 修辭에 완전히 洗腦당했다는 느낌마저 준다. 곧 이는 능비문의 서사 구조가 기대했던 성과를 거두었음을 반증하는 게 아닐까.

3) 정벌 대상에 대한 호칭

능비문에는 고구려가 정토해야할 응징 대상을 어떠한 문자로 표출했을까? 광개토왕이 전쟁을 치른 대상 가운데 百濟와 倭만 百殘(b)이나 倭賊(h) 혹은 倭寇(i)로 표기되었다. 『맹자』에는 義와 仁에 위배되는 대상을 殘賊으로 지칭했다. 백잔과 왜적이 이러한 범주에 든 것이다. 그런데 倭賊의 경우는 '寇'가 덧붙여져 倭寇로도 표기하였다. 倭에 대해서는 '寇賊'으로 표기한 것이다. 주지하듯이 寇賊은 무력으로써 소란하게 하는 불법집단을 가리킨다. 이러한 寇賊을 격퇴한 주체를 官軍으로 표기하였다. 官軍의 용례는 신라 영역에 침공해 온 왜군을 축출하기 위한 구원전에 나선 고구려군을 가리키는 호칭으로 등장한다(h). 관군은 국

---

65) 井上秀雄, 『古代朝鮮』, 日本放送出版協會, 1972, 77~79쪽.

가에 소속된 정규 군대를 일컫는다. 고구려군을 관군이라 했음은 무력 행사의 정당성을 나타내기 위한 데 있었다. 즉 고구려 중심의 官的秩序를 유지하는 수단으로 官軍 개념이 등장한 것이다. 반면 왜를 寇賊으로 표기한 것은 고구려 중심의 관적질서를 무너뜨리는 세력으로 규정했기 때문이었다. 광개토왕이 동부여 정벌 후 개선할 때 따라 온 동부여 수장들을 가리켜 "官을 따라 왔다(k)"고 했다. 고구려를 軸으로 한 주변의 속민들은 고구려 관적질서 속에 편제되었기에 '官'에 의한 통치와 '官軍'의 보호를 받는 대상으로 설정한 것이다.

요컨대 官 개념을 통해 고구려 중심의 관적질서가 설정되었음을 알 수 있다. 고구려 예하에는 백제와 신라 그리고 동부여가 존재하였다. 이러한 3國은 고구려의 屬民으로 설정되었다. 그런데 고구려의 관적질서를 위협하는 세력으로 倭가 지목되어졌다. 왜는 신묘년 이래로 바다를 건너와 고구려 속민이었던 백제와 연계하여 어떤 일을 꾸몄다. 그러자 고구려는 영락 6년에 대대적인 원정을 단행해서 왜와 연계된 백제를 굴복시켰다. 게다가 왜는 역시 고구려의 속민이었던 신라를 침공해서 신라를 위기 상황에 몰아넣었다(h). 이렇듯 고구려가 단행한 백제·신라로의 出兵 배후에는 倭가 도사리고 있었다. 고구려 중심의 관적질서를 위협하는 세력으로 왜가 자리잡았던 것이다. 그러한 倭는 고구려 중심의 관적질서를 위협했기에 '寇賊'으로 표기하였다.[66]

---

66) 고구려는 427년(장수왕 15)에 평양성으로 천도를 단행했다. 천도 단행과 관련해 새로운 도읍지가 될 곳에 도시 계획이 수행되어야 한다. 이러한 맥락에서 볼 때 천도를 위한 준비 기간은 최소한 15년 이상을 상회했을 것으로 보아진다. 다시 말한다면 장수왕 이전에 평양성 천도에 대한 준비가 시작되었다고 하겠다. 그렇다면 그 시점은 당연히 광개토왕대일 수밖에 없다. 그러나

3. 고구려의 정복지 시책

1) 동화 정책

영토를 상실한 쪽에서는 빼앗긴 땅을 회복하려는 것이 常情이다. 『삼국사기』 온달전의 다음과 같은 기사가 그러한 정서를 잘 웅변하고 있다.

광개토왕대 이전부터 평양성은 실질적인 국도 기능을 수행하였다. 343년(고국원왕 13)에 고국원왕은 평양 동쪽의 황성으로 옮겨 거주했다. 이곳이 지금의 평양임은 『삼국사기』에 분명히 적혀 있다. 그리고 371년에 고국원왕이 평양성에서 전사한 것도 평양성 상주가 잦았기에 가능한 사태였다.

이러한 흐름 속에서 광개토왕대에 천도가 준비된 흔적이 포착되고 있다. 일단 능비문에는 戰勝의 기점으로서 평양성이 2회나 등장한다(g·i). 수묘인 연호에 관한 기록까지 포함하면 평양성에 관한 문자는 총 3회에 걸친 것이다. 반면 당시 고구려 국도였던 국내성은 단 한번도 언급되지 않았다. 이 사실은 평양성이 실질적인 國都로 기능하고 있었음을 뜻하는 것이다. 왜냐하면 능비문을 보더라도 광개토왕은 구원을 요청하기 위해 찾아 온 신라 사신을 평양성에서 맞고 있기 때문이다. "王이 平穰으로 巡下했다(g)"는 구절이 주는 이미지는 광개토왕이 평양성에 常駐하는 일이 적지 않았음을 암시한다. 능비문에 따르면 王幢(i)의 출발지 역시 평양성으로 적혀 있다. 이러한 사실을 토대로 할 때 광개토왕대의 평양성은 실제적인 국도로 기능하였음을 뜻한다.

이와 관련해 광개토왕은 평양성에 9寺를 창건했다는 사실이다. 國都도 아닌 지역에 1~2곳도 아니고 무려 9개의 사찰을 창건했다. 이는 평양성을 국도로 간주했거나 천도 준비였을 때 가능한 일이 아닐까. 더구나 무려 9개의 사찰을, 그것도 광개토왕 당대에 일거에 창건했다. 이것은 평양성이 불교의 중심지라는 명성과 권위를 부여하기 위한 목적이었던 것으로 보인다. 아울러 국내성 보다는 종교와 정치의 중심이 평양성으로 넘어 갔음을 뜻한다. 곧 평양성이 왕법과 불법이 일치된 고구려의 명실상부한 국도임을 알리기 위한 조치로 보인다. 평양성을 국내성에 견줄만한 정도가 아니라 그 이상의 도시로 만들기 위해 광개토왕은 일거에 9寺나 창건한 것이다. 이는 호국호왕 사상에 따라 佛法이 고구려를 지켜주리라는 믿음에서 기인한 것으로 보인다. 평양성 천도와 맞물린 새로운 이념인 불교의 비중을 짐작하게 한다.

영양왕이 즉위하자 온달이 아뢰었다. "신라가 우리 한강 이북의 땅을 빼앗아 군현을 삼았으니, 백성들이 심히 한탄하여 일찍이 부모의 나라를 잊은 적이 없습니다. 원컨대 대왕께서는 어리석은 이 신하를 불초하다 하지 마시고 군사를 주신다면 한번 가서 반드시 우리 땅을 도로 찾아오겠습니다." 왕이 허락하였다. 떠날 때 맹세하기를 "鷄立峴과 竹嶺 서쪽의 땅을 우리에게 귀속시키지 않으면 돌아오지 않겠다!" 하고, 나가 신라 군사들과 阿旦城 아래서 싸우다가 流矢에 맞아 넘어져서 죽었다. 장사를 행하려 하였는데 상여가 움직이지 아니하므로 공주가 와서 관을 어루만지면서 말하기를 "죽고 사는 것이 이미 결정되었으니, 아아 돌아갑시다!" 하였다. 드디어 들어서 장사지냈는데, 대왕이 듣고 몹시 슬퍼하였다.[67]

여기서 온달의 관이 실제 움직이지 않았는지 여부보다도 죽은 후에라도 약속을 지키려는 신의에 찬 모습이 돋보인다.[68] 곧 失地 회복에 대한 고구려인들의 강렬한 염원이 悲願의 형태로 남아 있는 것이다. 『삼국사기』에서 실지 회복에 관한 기사를 몇 件만 摘出해 보면 다음과 같다.

> * 2년 여름 6월에 송양이 나라를 들어 항복해 오므로 그 땅을 多勿都로 삼고 송양을 봉하여 우두머리로 삼았다. 고구려 말에 옛 땅을 회복하는 것을 多勿이라 하였으므로 그렇게 이름한 것이다(동명성왕 2년 조).

> * 가을 8월에 왕이 武에게 다음과 같이 말하였다. "關彌城은 우리 북쪽

---

67) 『三國史記』 권45, 溫達傳.
68) 李道學, 「온달의 회상, 온달성을 찾아」 『꿈이 담긴 한국고대사 노트(하)』, 一志社, 1996, 211쪽.

변경의 要害地이다. 지금 고구려의 소유가 되었으니 이는 寡人이 분하고 애석하게 여기는 바이다. 卿은 마땅히 마음을 써서 설욕하라." (武는) 드디어 병사 1만 명을 거느리고 고구려의 남쪽 변경을 칠 것을 도모하였다. 무가 몸소 사졸보다 앞장서서 화살과 돌을 무릅쓰면서 石峴城 등 다섯 성을 회복하려고 먼저 관미성을 포위하였으나, 고구려 사람들은 성문을 닫고 굳게 지켰다. 무는 군량 수송이 이어지지 못하므로 (군사를) 이끌고 돌아왔다(아화왕 2년 조).

* 19년에 신라 장군 邊品 등이 가잠성을 공격해 와서 이를 회복하였는데 奚論이 전사하였다(무왕 19년 조).

* 왕은 신라가 빼앗은 땅을 회복하려고 크게 군대를 일으켜 熊津으로 나아가 주둔하였다. 신라왕 眞平이 이를 듣고 사신을 唐에 보내 위급함을 고하였다. 왕이 이를 듣고 그만두었다(무왕 28년 조).

위의 인용에서 喪失한 측의 집요한 '회복' 시도가 보인다. 이것을 근원적으로 차단하기 위해서는 정복한 지역의 정체성을 지워버리는 일이 선결되어야 한다. 이와 관련해 고구려는 정복한 지역민들을 가급적 빠른 시간 내에 自國 臣民으로 동화시키는 일이 급선무였다. 능비문에는 수묘인 연호 330家 가운데 220家를 新來韓穢에서 차출하였다. 신래한 예는 고구려가 백제로부터 점령한 지역 주민들이었다. 능비문에는 신래한예가 수묘인 연호로 배정된 사유가 적혀 있다. 즉 "國罡上廣開土境好太王이 살아계셨을 때 敎를 내려 말하기를 "祖王 先王들은 다만 敎를 내려 遠近의 舊民만을 취하여 守墓洒掃하게 했다. 나는 舊民이 점점 약하고 못해질까 걱정이다. 내가 죽은 뒤에 守墓에 배치하는 者는 단지 내가 몸소 순행하며 經略해서 取해 온 韓穢들만을 취하여 洒掃를 맡도록 하라"고 말씀하신 敎가 이와 같았다. 이 때문에 敎와 같이 슈을 내려 韓穢 220家를 取하게 하였다. 그들이 法을 알지 못하는 것을 염려한 즉 다시 舊民 110家를 취했다. 新舊 守墓戶가 國烟 30, 看烟 300, 도합 330家이다(n)"고 하였다. 신래한예는 고구려의 法을 모르는 관계로 고구려 지역에서 110家를 차출해서 함께 수묘인 연호를 구성한 것이다. 이는 신래한예를 고구려 법속에 동화시키려는 의도였다.[69] 요는 광개토왕릉 수묘에 한정된 사안만은 아니라고 본다. 수묘인으로 차출된 신래한예를 매개로 정복 지역의 한예들에 대한 광개토왕의 동화책임을 헤아릴 수 있다. 물론 이러한 동화책은 장수왕에 의해 완결되었다.

수묘인 연호 가운데 國烟은 정복한 지역 주민 가운데 國都로 차출한 戶口를 가리킨다.[70] 고구려는 정복한 백제 지역의 유력 지배층을 국도로 이주시켰다. 그럼으로써 정복한 지역의 '빈자리' 즉 지배층이 역할했던 곳에 고구려 관리를 파견하여 통치했다. 정복한 지역에 "자기 사회에 속한 사람들을 이주시킴으로써 완성된다"[71]는 정복의 법칙에 부합

---

69) 혹자는 광개토왕은 한예로 대표되는 신민으로 하여금 수묘토록 하였지만, 정작 장수왕은 선왕의 명을 그대로 따르지 않고 구민을 차출하여 수묘인에 포함시켰다고 했다. 그러나 본문에 인용했듯이 "고구려의 法을 모르는 관계로" 구민을 차출한 것일 뿐 장수왕이 선왕의 敎를 따르지 않은 것은 아니었다. 사실 광개토왕이 점령한 백제 지역에서 차출한 주민들을 수묘인으로 차출하여 국내성에 소재한 자신의 능묘를 지키게 한다는 자체가 과거에 없었던 일이었다. 따라서 그 자체가 동화정책의 훌륭한 사례가 되고도 남는다.

70) 李道學, 「廣開土王陵碑文의 國烟과 看烟의 性格에 대한 再檢討」『韓國古代史研究』 28, 2002 ;『고구려 광개토왕릉비문 연구』, 서경문화사, 2006, 295~298쪽.

71) 데이비드 데이 著·이경식 譯,『정복의 법칙-남의 땅을 빼앗은 자들의 역사 만들기』, human&Books, 2006, 26쪽.

되게 한 것이다. 다른 한편으로는 광개토왕대에 점령한 지역 주민들을 國都로 徙民시킴에 따라 지배권에 대한 '물적 증거'로써 대동한 것이기도 했다. 광개토왕이 동부여 정벌 후 회군할 때 대동한 味仇婁鴨盧와 卑斯麻鴨盧 등과 같은 동부여 수장층 역시 고구려 지배권에 대한 물적·가시적인 증거가 되는 것이다. 나아가 이러한 존재들은 광개토왕의 德化를 현시할 수 있는 현현한 성과물로서도 적격이었다.

2) 地名에 대한 作名

능비문에는 공간적 제약에도 불구하고 백제로부터 점령한 58城과 6城, 總 64개 城의 존재를 낱낱이 명기하였다.[72] 이는 64城이 고구려의 영역이 되었음을 宣言하는 작업인 것이다.[73] 백제 근구수 태자가 水谷

---

[72] 朴時亨은 64城에 대한 언급이 영락 20년 조 동부여 정벌 기사 뒤에 나오므로 동부여 정벌에 대한 戰果라고 했다(朴時亨, 『광개토왕릉비』, 사회과학원출판사, 1966, 207쪽). 그러나 '64城'은 전쟁 기사의 맨 끝에 적혀 있을 뿐 아니라 '凡'이라는 문자로 시작되듯이 광개토왕 일대의 정복 사업에 대한 결산적인 성격을 띤 總計라고 해야 맞다. 더구나 광개토왕의 회군할 때 그곳의 수장층이 '慕化'해서 따라왔다고 했을 뿐 아니라 영토 정복에 관한 언급이 없을뿐더러 동부여측의 거센 저항도 보이지 않는다. 따라서 고구려가 동부여로부터 영역을 지배했다고 단정할 수 있는 근거는 찾아보기 어렵다.

[73] 58城의 명칭이 장수왕대 차출된 수묘인 연호 조에서도 동일하게 반복되고 있다. 그러므로 광개토왕의 정복 지역에 대한 지명 洗滌이 이루어지지 않은 방증으로 삼을 수도 있다. 그러나 이 경우는 단순 비교를 떠나 능비문이 지닌 정치선전문적인 기본 속성과 결부지어 살펴야 할 사안이다. 광개토왕이 영락 6년에 점령했다는 백제 지역과 수묘인 연호 조에 보이는 백제인들의 출신 지역이 동일한 곳임을 알리는 한편, 그러한 사실을 환기시켜야 했다. 그러므로 지명은 바꾸었지만 不得不 백제 때의 舊地名을 사용할 수밖에 없었다. 능비문에서 고구려식으로 바뀐 지명을 기재한다면 점령한 백제 지역의 주민들을 수

城(황해도 신계) 서북쪽에 이르러 고구려 군대에 대한 추격을 멈추고 돌

묘인으로 부린다는 정치적인 효과는 반감되기 마련이다. 이런 이유로 백제의 舊地名으로 기재할 수밖에 없었다고 본다. 요컨대 능비문의 讀者는 고구려인 인데, 점령한 백제 지역을 고구려 지명으로 기재하였다면 점령지에 대한 실감이 나지 않는다. 이런 이유로 광개토왕 점령 당시의 백제 지명을 기재해서 補色 對比效果를 높였다. 즉 고구려의 백제 지역에 대한 지배 사실이 한층 선명하게 드러나게 했다.

영락 6년 조에 점령한 것으로 기재된 58성의 하나인 고모루성은 충주고구려 비에도 보인다. 그러므로 지명 개정설을 수긍하기 어려울 수도 있다. 그러나 이와 관련해 「모두루묘지」에서 고구려가 복속시킨 북부여에 광개토왕이 守事를 파견한 사실을 상기하지 않을 수 없다. 즉 북부여라는 국호를 고스란히 사용하면서 守事라는 파견 관리의 직명을 표기하고 있다. 여기서 守事는 격이 높은 지역에 파견된 직명임을 알려준다. 그렇다면 고모루성 수사의 고모루성도 상징성이 큰 백제 지역이었기에 수사가 파견되었다고 보는 게 자연스럽다. 또 그로 인해 종전의 백제 이래의 지명을 지우지 않고 그대로 사용한 것으로 볼 수 있다. 요컨대 고구려는 이때 백제에서 비중이 지대한 지역인 고모루성 지배를 과시하기 위한 차원에서 일정 기간 동안 백제 때 지명을 그대로 사용했다고 본다.

또 이와 관련해 백제 수도였던 漢城이라는 지명을 고구려가 그대로 사용한 사실을 상기하지 않을 수 없다. 고구려는 지금의 서울시 송파구 주변의 여타 지명은 죄다 고구려식 지명으로 고쳤다. 그렇지만 백제 수도 이름인 漢城은 지우지 않고 그대로 일컬었던 것이다. 백제 때 漢城과 동일하게 國都를 가리키는 지명이 漢山이었다. 『삼국사기』권35, 지리지를 보면 "본래 고구려 漢山郡이었는데, 신라가 빼앗았다. … 지금의 廣州이다"고 했다. 고구려가 백제 때 國都 名을 동일한 郡名으로 사용했음을 알 수 있다.

고구려는 한강유역을 상실한 후에는 황해도 재령을 漢城이라 불렀고, 고구려 3京의 하나로 삼았다. 이 역시 상징성이 큰 국호나 수도 이름을 그대로 存置시킨 사례에 속한다. 따라서 守事가 파견될 정도로 격이 높은 지역인 고모루성은 이와 같은 특수한 지역인 관계로 백제 때 지명이 남아 있는 것이다. 그런 까닭에 고모루성을 근거로 지명이 바뀌지 않았다고 단정하기는 어렵다. 오히려 『三國史記』地理志에서 백제 故地의 고구려식 지명은 지명 개정을 雄辯해 주고 있지 않은가?

을 쌓아 표지를 삼았다. 그런 다음 그 위에 올라가 좌우를 돌아다 보며 "이 다음 날에 누가 다시 이곳까지 이를 수 있을까!"[74]라는 말을 감회 어리게 하였다. 이러한 행위도 영역 선언과 동일한 맥락에서 그 의미를 찾을 수 있다.

그러면 정복 작업의 다음 단계는 무엇일까? 점령한 지역의 지명이 지닌 정체성을 파괴함으로써 완결되는 것이다. 이는 作名으로써 마무리 된다. 곧 새로운 영토에 대한 정체성을 부여해서 소유권 주장을 명시하는 것이다.[75] 『삼국사기』 지리지에 따르면 고구려 행정지명의 南限界線은 서로는 아산만에, 동으로는 영일만에 이르고 있다.[76] 고구려는 신복속 지역에 자국 행정지명을 부여하였다. 즉 점령한 지역의 행정지명을 폐기한 대신 자국 색채의 作名을 했다. 고구려에서 城을 가리키는 '忽'이라는 행정 단위 앞에 고구려 색채가 담긴 지명을 부여한 것이다.[77] 가령 경기도 안성 지역에 대해 "白城郡은 본래 고구려 奈兮忽이었는데, 경덕왕이 이름을 고쳤다. 지금의 安城郡이다. 領縣이 둘이었다. 赤城縣은 본래 고구려 沙伏忽이었는데, 경덕왕이 이름을 고쳤다. 지금의 陽城縣

---

74) 『三國史記』 권24, 근구수왕 즉위년 조.

75) 데이비드 데이 著·이경식 譯, 『정복의 법칙-남의 땅을 빼앗은 자들의 역사 만들기』, human&Books, 2006, 100쪽.

76) 李道學, 『고구려 광개토왕릉비문 연구』, 서경문화사, 2006, 483쪽·409쪽.

77) 仁川 彌鄒忽을 『삼국사기』 지리지에서 "高句麗 買召忽縣"이라고 하여 '忽' 系 지명 어미가 보인다. 따라서 忽系 지명 어미를 백제와 연관 짓는 것은 맞지 않다. 후대에 생성된 백제 건국설화에 보이는 彌鄒忽의 忽도 고구려계 지명 어미가 逆으로 투사된 것일 수 있다. 한편 본고에서는 능비문의 58城名을 백제 城名이라고 하였지 고구려 城名으로 간주한 바는 없다.

이다"[78]는 기록을 例示할 수 있다.

　고구려가 附與한 지명은 신라의 사례와는 비교된다. 신라는 6세기 중엽의 한강유역 점령을 필두로 7세기 후반에는 고구려 영역에 대한 지배를 완결 지었다. 그러나 신라는 종전의 고구려 행정지명을 그대로 답습하다가 8세기 경덕왕대(742~766)에 와서야 고구려계 지명들을 漢譯하여 사용했다. 그러나 이것도 엄밀하게 말한다면 고구려 지명의 개정이라고 할 수는 없다. 어디까지나 고구려 행정지명의 漢譯에 불과하기 때문이다. 그런 만큼 종전의 지명을 고스란히 물려받아 사용한 것이라고 해도 과언은 아니다. 더욱이 신라가 점령한 지 길게는 2세기가 경과한 경우도 많았다. 그럼에도 고구려 행정지명에 대한 세척은 불철저했던 것이다.

　신라가 漢式 지명을 부여했음에도 불구하고 종전의 고구려 지명은 후대까지도 버젓이 사용되었다. 지명은 보수성이 강하기 때문에 쉽게 改變되지 않을 뿐더러 새로운 행정지명이 부여되더라도 옛 지명과 倂用되는 경우가 흔하였다. 일례로 충청북도 옥천을 가리키는 古尸山郡이라는 지명은 경덕왕 16년(757)에 管城郡으로 고친 바 있다. 그럼에도 50년 가까이 지난 貞元 20년(804)銘 禪林院 新羅 銅鐘의 경우 주조처를 '古尸山郡'으로 여전히 명기하였다.[79] 그리고 924년에 건립된 강원도 영월군의 興寧寺 澄曉大師寶印塔碑의 陰記를 보면 영월의 행정지명을 奈生郡으로 명기했다. 경덕왕 때 奈生郡에서 奈城郡으로 바뀌었음에도[80]

---

78) 『三國史記』권35, 地理2.

79) 黃壽永, 『韓國金石遺文』, 一志社, 1981, 286쪽.

80) 『三國史記』권35, 地理2, "奈城郡 本高句麗奈生郡 景德王改名 今寧越郡"

불구하고 여전히 고구려 이래의 지명인 柰生郡으로 명기하였다.[81] 그 밖에 서울시 구로구 시흥동에 소재한 관악산 虎巖山 古城의 한 우물에서 출토된 청동제 수저에 새겨진 '仍伐內'라는 지명을 꼽지 않을 수 없다. '仍伐內'는 이곳의 고구려 때 지명인 '仍伐奴'를 가리킨다.[82] 虎巖山 古城을 축조한 통일신라 때도 고구려가 점령하던 6세기 중반 이전에 부여한 행정지명을 여전히 사용했음을 알려준다. 이 사실은 신라의 복속 지역 시책이 치밀하지 않았음을 암시하는 것이다. 반면 고구려의 행정지명이 지닌 생명력의 일단을 시사받을 수 있다. 즉 고구려의 作名 작업이 성공했음을 반증해 준다. 요컨대 일찍부터 영토 확장에 사활을 걸었던 고구려가 新征服地에 대한 장악과 관리 방식에서 단연히 앞섰음을 뜻한다.

고구려 장군 온달이 내 세운 한수유역 회복의 명분이 "(이 곳 사람들이) 일찍이 부모의 나라를 잊은 적이 없습니다"였다. 물론 이 기록은 어디까지나 고구려 중심의 탈환 명분이기는 하다. 그렇지만 고구려가 점령지 시책에 일정하게 성공했음을 뜻한다. 그랬기에 553년에 신라의 한강유역 先占은 백제 故地가 아니라 고구려 영역 점령으로 인식하게 하는 데 성공한 것이다. 실제 『삼국사기』 지리지만 보더라도 신라가 새로 점령한 한강유역을 비롯한 한반도 중부지역은 고구려 故地로 적혀 있다. 고구려가 지배하기 이전 이곳의 백제 행정지명은 보이지 않는다.[83]

---

81) 韓國古代社會研究所, 『譯註 韓國古代金石文 Ⅲ』, 가락국사적개발연구원, 1992, 394쪽.

82) 李道學, 『고구려 광개토왕릉비문 연구』, 서경문화사, 2006, 380쪽, 註58.

83) 李道學, 「百濟 熊津期 漢江流域 支配問題와 그에 대한 認識」 『鄕土서울』 73, 2009, 86쪽.

요컨대 형식 논리상 한강유역은 500년 가까이 지배했다는 백제보다는 76년만 지배한 고구려의 영역이라는 이미지가 훨씬 강렬했던 것이다. 이 역시 고구려의 정복지 시책이 효과를 얻었음을 반증한다.

4. 맺음말

능비문은 고구려 광개토왕 威武의 구체적인 과정을 낱낱이 기재한 것이다. 그러한 광개토왕의 用兵은 백제측에도 膾炙되었던 것 같다. 즉 광개토왕이 4만의 군대를 이끌고 백제 北邊에 소재한 石峴城 등 10여 城을 함락시키자 "(진사)왕은 談德이 用兵에 능하다는 말을 듣고는 나가 싸우지 못했다. 漢水 북쪽의 諸 部落이 많이 함몰되었다"[84]고 했다. 392년 당시 19세 소년왕의 군사적 자질이 특출했음을 뜻한다. 광개토왕은 재위 기간 동안 자신의 長技인 전쟁에 몰입한 결과 크나큰 군사적 성취를 이루었다. 이와 관련해 "전쟁이 내린 판결은 정의보다 힘에 기초한 것이었다"[85]라는 구절이 상기된다. 광개토왕은 강력한 군사력에 기반을 두고 주변 세력을 침공하거나 영향력을 행사했다. 그런데 광개토왕이 서거함에 따라 그의 시대는 幕을 내렸다. 그와 맞물려 고구려 왕실은 결과론적인 입장에서 광개토왕의 시대가 지닌 정당성을 闡明할 필요가 있었다. 이 사안은 광개토왕대에 점령한 영역 지배의 영속성과 관련한 문제이기도 하였다. 이러한 맥락에서 능비문은 도덕성에 기초

---

84) 『三國史記』 권25, 辰斯王 8年 條.

85) 버나드 로 몽고메리 著·승영조 譯, 『전쟁의 역사』, 책세상, 2004, 46쪽.

하여 정복의 근거를 밝히고 있다. 즉 침공의 명분을 정치적으로 粉飾하고자 했던 것이다.

고구려 광개토왕에 대한 인상은 馬上에서 생애를 거침없이 보낸 역동적인 정복군주 이미지였다. 광개토왕 일대의 雄偉한 업적이 담긴 능비는 전쟁 기사가 주종을 이루고 있기 때문에 더욱 그러한 인상을 줄 수밖에 없다. 그런데 전쟁 기사로 充滿한 능비문에서 "斬煞無數(i)"와 "斬煞蕩盡(j)"이라는 표현을 구사하며 무자비하게 짓밟고 격파한 대상은 분명 倭와 백제였다. 광개토왕이 유린한 대상은 倭와 백제에 국한되어 있었다. 백제나 동부여에 대해서는 비록 정복전을 펼치지만 광개토왕의 '恩赦'나 '王恩'으로 인해 해피엔딩으로 마무리되었다. 이 경우는 고구려와 백제의 初戰인 영락 6년 조에 한정되었을 뿐이다. 신라의 경우는 救援戰을 펼쳐서 倭軍을 말끔히 축출하는 동시에 왜군이 퇴각하는 장소가 되는 바람에 戰場이 되었던 任那加羅를 再建해 주었다. 극적인 상황에서 출격하여 일거에 적군을 통쾌하게 격파하는 無比한 常勝軍으로 광개토왕의 군대를 묘사한 것이다. 이처럼 승전을 낚아오는 광개토왕은 義와 仁의 구현자로 묘사되었다. 능비문에서 말하는 광개토왕은 가혹한 정복군주가 아니라 따스한 체온이 감도는 덕화군주의 면면으로 나타나고 있다. 능비문은 광개토왕의 승전 비결을 빼어난 전략보다는 도덕적 가치의 우월성에 두었다. 義와 仁을 구현하는 王道政治의 구현자로서 광개토왕의 이미지가 설정되었던 것이다. 그러한 배경은 광개토왕대에 확보한 백제 영역에 대한 지배의 영속성과 깊숙이 관련되어 있었다. 지배 수단으로 능비문을 효과적으로 이용하고자 하였다. 정복의 법칙과 지배의 논리가 구축된 것이다.

능비문에는 백제나 동부여를 비롯해서 신라를 屬民으로 설정하였다.

고구려가 궁극적으로 정복해야할 대상을 속민이라는 전제로 자국의 정치적 세력 반경에 편제시켰다. 그러나 이것은 고구려 중심의 지극히 관념적이고 일방적인 인식일 뿐이었다. 그렇지만 궁극적인 귀결은 고구려가 점령하였거나 지속적으로 잠식해 갈 이들 국가에 대한 소유권과 관련해 원래부터 자국의 영역이었음을 선언하기 위한 데 있었다. 고구려는 敵國을 도덕적으로 무장 해제하여 침략 행위를 정당화하고자 하였다. 그럼으로써 훗날의 고구려인들로 하여금 광개토왕대에 빼앗은 영역을 원래부터 자국 영역으로 간주하게 했다. 이는 곧 영토에 대한 지배권의 영속성과 더불어 결속력을 다지게 하려는 의도였다. 역시 정복의 법칙에 부합되는 능비문의 底意라고 하겠다.

능비문에는 제한된 공간임에도 불구하고 백제로부터 점령한 64城의 존재를 낱낱이 기재하였다. 점령한 지역에 대한 영유권 宣言인 것이다. 동시에 수묘인 연호와 관련해 백제로부터 점령한 지역의 豪民들을 국내성으로 이주시켰다. 아울러 광개토왕릉 守墓人制 운용과 관련해 新民을 舊民의 갑절로 배정한 것은 점령지 주민에 대한 동화책의 일환이었다. 비록 능비문에는 보이지 않지만 그 다음 단계인 점령지 지명에 일대 洗滌을 하였다. 고구려식 지명 개정을 한 것이다. 그럼으로써 자신들이 거주하는 영역을 영원히 자국 것으로 만드는 고구려 점령 작업의 일단이 완결되었다.

제3장
『삼국사기』와 비교해 본
「광개토왕릉비문」 전쟁 기사 분석

1. 머리말-문헌의 전쟁 기사 호출

　3개의 문단으로 구성된 광개토왕릉비문(이후 '능비문'으로 略記한다)에서 가장 큰 비중을 점하고 있는 게 2번째 문단의 정복전쟁 기사이다. 그러면 능비문의 전쟁 기사는 어떠한 의미를 지니고 있을까?[86] 그것을 본질이 아닌 현상으로 비교하는 일은 그다지 어렵지 않다. 정복전쟁과 관련한 능비문의 기사와 문헌자료를 비교하면 가능하기 때문이다. 우선 『삼국사기』 고구려·백제본기에서 광개토왕대의 전쟁 관련 기사만 뽑아보면 다음과 같다. 아래의 인용에서 재위년은 『삼국사기』 고구려본기 광개토왕대에 해당한다. 그리고 〈 〉 속의 기사는 동일한 사건에 대한 백제본기 기사이다.

---

86) 이러한 정복 전쟁 기사의 본질은 李道學, 「'廣開土王陵碑文'에 보이는 征服의 法則」 『東아시아古代學』 20, 2009, 87~117쪽을 참조하기 바란다.

즉위년 조:

* 가을 7월에 남쪽으로 백제를 정벌하여 10성을 함락시켰다.

* 9월에 북쪽으로 거란을 정벌하고 남녀 500명을 사로잡았으며, 또 (거란에) 잡혀갔던 본국 백성 1만 명을 불러 타일러 데리고 돌아왔다.

* 겨울 10월에 백제 關彌城을 쳐서 함락시켰다. 그 성은 사면이 깎은 듯 가파르고 바닷물에 둘러싸여 있었으므로, 왕은 군사를 일곱 방향으로 나누어 공격한 지 20일만에야 함락시켰다.

* 〈가을 7월에 고구려 왕 談德이 군사 4만 명을 거느리고 북쪽 변경을 침공해 와서 石峴城 등 10여 성을 함락시켰다. 왕은 담덕이 군사를 부리는 데 능하다는 말을 듣고 나가 막지 못하니 漢水 북쪽의 여러 부락들이 다수 함락되었다. 겨울 10월에 고구려가 關彌城을 쳐서 함락시켰다(진사왕 8년 조)〉.

2년 조:

* 가을 8월에 백제가 남쪽 변경을 침략해 왔으므로, 장수에게 명하여 막게 하였다.

* 〈眞武를 左將으로 삼고 군사 업무를 맡겼다. 武는 왕의 외삼촌으로 침착하고 굳세며 큰 지략이 있어 당시 사람들이 복종하였다. 가을 8월에 왕이 武에게 "關彌城은 우리 북쪽 변경의 要害地이다. 지금 고구려의 소유가 되었으니 이는 寡人이 분하고 애석하게 여기는 바이다. 경은 마땅히 마음을 써서 설욕하라"고 했다. (武는) 드디어 병사 1만 명을 거느리고 고구려의 남쪽 변경을 칠 것을 도모하였다. 武가 몸소 사졸보다 앞장서서 화살과 돌을 무릅쓰면서 石峴城 등 5성을 회복하려고 먼저 관미성을 포위하였으나, 고구려 사람들은 성문을 닫고 굳게 지켰다. 武는 군량 수송이 이어지지 못하므로 (군사를) 이끌고 돌아왔다(아화왕 2년 조)〉.

3년 조:
* 가을 7월에 백제가 침략해 왔는데, 왕은 정예기병 5천 명을 거느리고 맞아 쳐서 이겼다. 나머지 적들이 밤에 도주하였다. 8월에 나라 남쪽에 7성을 쌓아 백제의 침략에 대비하였다.
* 〈가을 7월에 고구려와 水谷城 밑에서 싸워 패배하였다(아화왕 3년 조)〉.

4년 조:
* 가을 8월에 왕은 浿水 가에서 백제와 싸워 크게 이기고 8천여 명을 사로잡았다.
* 〈봄 2월에 살별[星]이 서북쪽에 나타났다가 20일만에 없어졌다. 가을 8월에 왕이 좌장 眞武 등에게 명령하여 고구려를 치게 하였다. 고구려 왕 談德이 친히 군사 7천 명을 거느리고 浿水 가에 진을 치고 막아 싸우니 우리 군사가 크게 패하여 죽은 자가 8천 명이었다. 겨울 11월에 왕은 패수의 싸움을 보복하려고 친히 군사 7천 명을 거느리고 한수를 건너 靑木嶺 밑에서 머물렀다. (그러나) 큰 눈을 만나 병사들이 많이 얼어 죽자 軍을 돌려 漢山城에 이르러 군사들을 위로하였다(아화왕 4년 조)〉.

9년 조:
* 봄 정월에 왕은 燕에 사신을 보내 조공하였다. 2월에 燕王 (慕容)盛이 우리 나라 왕의 예절이 오만하다고 하여 스스로 군사 3만 명을 이끌고 습격했는데, 驃騎大將軍 慕容熙를 선봉으로 삼아, 신성과 南蘇城의 2성을 함락시키고 700여 리의 땅을 넓혀, 5천여 호를 옮겨놓고 돌아갔다.

11년 조:
* 왕이 군사를 보내 宿軍을 공격하니, 燕 平州刺史 慕容歸가 성을 버리고 달아났다.

13년 조:
* 겨울 11월에 군대를 내어 燕을 침공하였다.

14년 조:
* 봄 정월에 燕王 (慕容)熙가 요동성을 침공해 왔다. (성이) 함락되려 할 즈음에 (모용)희가 장병들에게 "먼저 (성에) 오르지 말라. 성을 깎아 평지가 될 때를 기다려서 내가 황후와 함께 수레를 타고 들어갈 것이다"고 명하였다. 이 때문에 성 안에서 엄히 방비할 수 있어서 (燕은) 마침내 이기지 못하고 돌아갔다.

15년 조:
* 가을 7월에 누리가 날아들고 가뭄이 들었다. 겨울 12월에 燕王 (모용)희가 거란을 습격하여 陘北에 이르렀다가, 거란의 무리가 많은 것이 두려워 돌아가려고 하여, 마침내 군대의 무거운 짐을 버리고 가볍게 무장한 채 우리를 습격하였다. 燕의 군대는 3천여 리를 행군하였으므로 병사와 말이 피로하고 얼어 죽은 자가 길에 이어졌고, 우리 木底城을 공격하였으나 이기지 못하고 돌아갔다.

17년 조:
* 봄 3월에 사신을 北燕에 보내 宗族(의 정)을 베풀자 북연 왕 雲이 侍御史 李拔을 보내 답례하였다.

18년 조:
* 여름 4월에 왕자 巨連을 태자로 삼았다. 가을 7월에 나라 동쪽에 禿山 등 6성을 쌓고, 평양의 民戶를 (그곳으로) 옮겼다. 8월에 왕은 남쪽으로 순행하였다.

위와 같은 『삼국사기』 기사만 놓고 본다면 광개토왕대 고구려는 관미성·석현성·浿水上·청목령 방면에서 백제와 交戰하였다. 당시 고구려는 예성강과 임진강선에서 백제와 對峙하였음을 알 수 있다.[87] 그런데 이 같은 문헌자료만 놓고 본다면 광개토왕은 對百濟戰에서 壓勝하기는 했지만 백제로부터 10餘 城 정도만 점령한데 불과하였다. 이 정도의 영역 확장을 놓고 시호에서 과연 '廣開土境'이라고 云謂할 수 있을까 싶다. 그랬기에 현재 전하는 능비문의 역할이 빛을 발하게 되는 동시에 한 층 비중이 커지는 것이다.

2. 혜정본과 엮어서 본 전쟁 기사

경희대학교 혜정박물관에 소장된 능비문 탁본은 원석탁본으로 밝혀졌다. 전체 2권으로 묶여진 혜정본을 통해 능비문의 문자를 새롭게 석문할 수 있는 계기가 되었다. 비록 혜정본은 전체 분량의 절반에 불과한 아쉬움이 있지만, 탁본 상태가 明瞭하다. 게다가 중요한 사안이 기재된 제1면과 제2면의 탁본이라는 점에서 그 나름대로의 의미를 찾을 수 있다. 혜정본은 한 장에 좌우 3글자씩 오려붙여 모두 6字가 수록된 형태였다. 그런데 순서가 잘못되었거나 엉뚱한 글자가 함께 붙어 있는 경우도 왕왕 目睹된다. 그렇지만 이 자체가 혜정본의 拓出 시기가 初拓의 범주에 속함을 암시해주는 근거일 수도 있다. 비교할 수 있는 다른 탁본이 없었던 데서 기인한 현상일 수 있기 때문이다.

---

87) 李道學, 「永樂6年 廣開土王의 南征과 國原城」 『孫寶基博士停年紀念韓國史學論叢』, 知識産業社, 1988 ; 『고구려 광개토왕릉비문 연구』, 서경문화사, 2006, 359쪽.

그리고 帖 안에서는 당초 위치를 찾지 못하고 개별적으로 붙여진 글자들이 보이고 있다. 일종의 '迷兒'와 같은 이러한 글자를 제대로 판독하여 순서에 맞게 배치한다면 意外의 성과를 올릴 수 있을 것 같다. 이러한 점에서도 차후 혜정본에 대한 정밀한 조사가 요망된다. 그 밖에 과거에 논란이 있었던 글자를 확정 짓는 자료로서 아주 유효하다는 것이다. 일례로 "王於忽本東罡 [履]龍頁昇天"에 보이는 '頁'에 대하여 武田幸男이나 耿鐵華와 水谷悌二郎은 '首'로 판독했었다.[88] 그러나 '頁'로 확정할 수 있게 되었다. 차후 이러한 사례가 지속적으로 확인될 수 있다고 전망한다. 이 점만으로도 혜정본 공개가 지닌 의미는 살아나는 것이다.

1) 백제와의 전쟁 기사 분석

『삼국사기』 고구려 · 백제본기에 의하면 광개토왕대의 전쟁 기사는 광개토왕 즉위 4년인 394년까지는 백제와의 전쟁이었다. 그리고 그 재위 9년인 399년부터 407년까지는 오로지 모용선비인 後燕과의 관계로만 채워져 있다. 광개토왕대의 고구려는 마치 395년부터는 백제와 전쟁을 하지 않은 것처럼 비친다. 그러나 이와는 달리 능비문에서는 고구려와 백제의 전쟁이 다음과 같이 적혀 있다.

영락 6년 조:
百殘新羅 舊是屬民由來朝貢 而倭以辛卯年 來渡△破百殘△△[新]羅以爲臣民
以六年丙申 王躬率△軍討伐殘國 軍△△[首]攻取寧八城 臼模盧城 各模盧城

---

88) 耿鐵華, 『好太王碑新考』, 吉林人民出版社, 1994, 282쪽.

幹氐利[城] △△城 閣彌城 牟盧城 彌沙城 △舍蔦城 阿旦城 古利城 △利城 雜
珍城 奧利城 勾牟城 古[模]耶羅城 [頁]△△△△城 △而耶羅[城] [瑑]城 於[利]
城 △△城 豆奴城 沸△△利城 彌鄒城 也利城 太山韓城 掃加城 敦拔城 △△
△城 婁賣城 散[那] 城 [那]旦城 細城 牟婁城 于婁城 蘇灰城 燕婁城 析支利城
巖門△城 林城 △△△△△△[利]城 就鄒 城 △拔城 古牟婁城 閏奴城 貫奴
城 彡穰城 [曾]△[城] △△盧城 仇天城 △△△△ △其國城 殘不服 義 敢出百
戰 王威赫怒 渡阿利水 遣刺迫城 △△[歸穴]△便[圍]城 而殘主困逼 獻出男女
生口一千人 細 布千匹 跪王自誓 從今以後 永爲奴客 太王恩赦△迷之愆 錄其
後順之誠 於是得五十八城村七百 將殘主 弟幷大臣十人 旋師還都

영락 17년 조:

十七年丁未 教遣步騎五萬 △△△△△△△△△△師△△合戰 斬煞蕩盡 所獲鎧鉀
一萬餘領 軍資器械不可稱數 還破沙溝城 婁城 △[住]城 △城 △△△△△△城

　　능비문에 따르면 고구려는 영락 6년인 396년에 백제 왕성을 기습하
여 백제 왕의 항복과 더불어 58城 700村에 細布 1千 匹과 남녀 生口 1
千 명, 백제 왕의 아우와 대신 10명을 볼모로 데리고 귀환했다. 그리고
논자에 따라서는 이견이 있지만 현재의 통설에 따른다면 영락 17년인
407년의 전쟁은 고구려가 백제를 공략하여 大破하고 6城을 점령한 기
사이다. 능비문에 보이는 2件의 전쟁 기사, 특히 영락 6년 조의 전쟁은
백제 왕의 항복까지 받은 일대 사건이었다. 그럼에도 『삼국사기』에서
는 이와 관련해 단 한 줄도 언급이 없다. 이 점은 연구자들을 대단히 곤
혹스럽게 하였다. 『삼국사기』의 零星한 기록을 실감하면서 문헌자료의
한계를 절감하게 했다. 능비문이 아니었다면 전혀 알 수 없었던 역사적
사건을 접하게 된 것이다.

영락 6년에 일단의 결산을 본 對百濟戰의 戰果인 58城의 소재지 가운데 일부는 남한강 상류 지역으로 밝혀지고 있다. 고모루성이나 아단성·사조성한예 등의 지역을 통해서 유추할 수 있었다. 이 사실은 『삼국사기』 고구려·백제본기에서 고구려가 예성강과 임진강선에서 백제와 일진일퇴한 기록과는 사뭇 다른 것이다. 400년에 고구려가 신라 구원을 명분으로 낙동강유역에 출병할 수 있는 교통로가 이때 이미 확보되었음을 알 수 있다. 나아가 이러한 사실은 능비문에 보이는 영락 8년(398) 조의 소단위 병력 파견이 교통로의 안전과 관련된 무력시위임을 가리킨다(八年戊戌 敎遣偏師 觀帛慎土谷 因便抄得莫△羅城加太羅谷 男女三百餘人 自此以來 朝貢論事). 그로부터 2년 후인 영락 10년(400)에 고구려의 步騎 5萬이 신라 구원을 명분삼아 낙동강유역에 출병하고 있다. 이는 고구려가 오래전부터 기도해 왔던 소백산맥 이남 지역으로의 진출을 통해 신라를 교두보로 해서 任那加羅를 직접 제압하는 동시에, 백제 → 임나가라 → 왜로 이어지는 삼각동맹체제를 깨뜨리려는 원대한 남진 의지의 표출이었다.[89] 이 점 능비문을 통해 새롭게 밝혀진 사실이 된다.

2) 신라와의 관계

『삼국사기』 신라본기에 따르면 고구려와 신라와의 관계가 다음과 같이 기록되어 있다.

　 * (392) 봄 정월에 고구려에서 사신을 보내왔다. 왕은 고구려가 강성하

---

89) 李道學, 「高句麗의 洛東江流域 進出과 新羅·加耶經營」 『國學研究』 2, 1988 ; 『고구려 광개토왕릉비문 연구』, 서경문화사, 2006, 405~406쪽.

였으므로 이찬 大西知의 아들 實聖을 보내 볼모로 삼았다(나물니사금 37년 조).
* (401) 가을 7월에 고구려에 볼모로 가있던 實聖이 돌아왔다(나물니사금 46년 조).
* (412) 나물왕의 아들 卜好를 고구려에 볼모로 보냈다(실성니사금 11년 조).

위의 기사에 따르면 『삼국사기』에는 약세인 신라가 고구려에 볼모를 보낸 기록만이 광개토왕대 고구려와 신라의 관계인 양 서술되어 있다. 그런데 능비문에는 고구려와 신라와의 관계에만 국한되지 않았다. 영락 10년(400)에 임나가라 및 倭와의 관계를 비롯하여 동북아시아의 地軸을 흔드는 대사건이 기록되었다. 영락 10년 조에는 신라 구원전의 명분으로 영락 9년 기사가 앞에 제시되어 있다. 영락 9년 조와 10년 기사는 다음과 같다.

九年己亥 百殘違誓與倭和通 王巡下平穰 而新羅遣使白王云 倭人滿其國境 潰破城池 以奴客爲民 歸王請命 太王[恩慈] 矜其忠[誠] △遣使還告以△計
十年庚子 教遣步騎五萬 往救新羅 從男居城 至新羅城 倭滿其中 官軍方至 倭賊退△△背急追至任那加羅從拔城 城卽歸服 安羅人戍兵△新[羅]城△城 倭[寇大]潰 城△△△盡△△△安羅人戍兵[新]△△△△[其]△△△△△△△言△△△△△△△△△△△△△△△△△△△△△△辭△△△△△△△△△△△△潰△△△△△安羅人戍兵 昔新羅寐錦未有身來[論事] △[國罡上廣]開土境好太王△△△△△寐[錦]△△[僕]勾△△△△△朝貢

400년에 고구려 군대는 낙동강 하류지역까지 진출하여 백제·임나가라·왜의 동맹군을 궤멸시키는 전과를 기록하였다.[90] 그리고 그 전장은 낙동강 하류 西岸으로 확대되기까지 했다. 『삼국사기』에서 전혀 확인되지 않았던 새로운 역사적 사실이 능비문을 통해 밝혀진 것이다. 더욱이 400년에 步騎 5萬의 임나가라 지역 진출은 고구려 문화의 파급과 확산의 계기가 되었다.[91] 그랬기에 고고학계에서는 고구려 군대의 南征이 있던 400년을 중요한 指標로 여겨 劃期로 삼을 정도였다.

3) 任那加羅와의 관계

고구려와 한반도 南端인 김해 지역에 소재한 임나가라와의 관계는 능비문이 아니고서는 상상하기조차 어려웠다. 가뜩이나 문헌자료가 부족한 가야사 연구에서 한 劃을 긋는 사건이 400년 고구려군의 南征이었다. 능비문은 임나가라와 백제, 그리고 倭와의 관계를 말해주는 귀중한 증거물이다. 더구나 능비문의 '任那加羅'는 가장 오래된 기록인 것이다. 이와 더불어 능비문의 "安羅人戍兵" 문구는 왜군을 퇴출시킨 후 "任那加羅인 戍兵을 배치했다"는 뜻으로서, 고구려군이 임나가라를 復舊해주고 철수한 양 치장하였다.[92] 고구려군이 한반도 남부 지역에 거점을 구축할 수 있는 토대를 마련한 것이다.

---

90) 李道學, 「高句麗와 百濟의 對立과 東아시아 世界」 『高句麗研究』 21, 2005 ; 『고구려 광개토왕릉비문 연구』, 서경문화사, 2006, 103~108쪽.

91) 李道學, 「광개토왕의 남정, 문화적 통일을 이루다」 『꿈이 담긴 한국고대사 노트(상)』, 一志社, 1996, 213~217쪽.

92) 李道學, 「廣開土王代 南方 政策과 韓半島 諸國 및 倭의 動向」 『韓國古代史研究』 67, 2012, 186~191쪽.

4) 夫餘와의 관계

『삼국사기』에는 고구려 시조의 출원지를 동부여라고 했다. 그런데 능비문에는 고구려 시조 추모왕은 북부여에서 출원했다고 적혀 있다. 「모두루묘지」에도 이와 동일하게 기술되었다. 능비문에 따르면 북부여는 시조의 출원지이고, 동부여는 시조의 屬民으로 구분되어 있다.

* 惟昔始祖鄒牟王之創基也 出自北夫餘 天帝之子 母河伯女郎
* 卄年庚戌 東夫餘舊是鄒牟王屬民 中叛不貢 王躬率往討 軍到餘城 而餘△
  國駭△△△△△△△△△△王恩普覆 於是旋還 又其慕化隨官來者 味仇婁鴨
  盧 卑斯麻鴨盧 椯社婁鴨盧肅斯舍[鴨盧] △△△鴨盧 凡所攻破城六十四 村
  一千四百

위의 영락 20년 조에 보이는 광개토왕의 동부여 정벌은 "中叛不貢"에 대한 응징으로서 조공체제의 복구가 목표였다. 그렇기에 광개토왕이 회군할 때 '慕化'하여 歸屬되는 首長들이 발생하였다. 동부여는 영락 20년인 410년에 멸망한 것은 아니었다. 따라서 494년에 고구려에 귀속된 『삼국사기』의 '부여'는 북부여가 아니라 동부여를 가리키는 게 된다. 능비문은 5세기대에도 건재한 동부여의 실체를 드러내주는 귀중한 사료인 것이다. 능비문은 고구려와 북부여 및 동부여가 어떠한 존재 형태로 존립했는지를 알려준다. 그리고 고구려인들의 對夫餘觀을 엿보여 주고 있다.

5) 倭와의 관계

고구려와 倭와의 관계는 문헌에서는 편린만 전하고 있다. 가령 『삼국사기』박제상전에 따르면 "백제인으로서 전에 왜에 들어간 者가 신라가 고구려와 더불어 왕의 나라를 도모하려고 한다고 참소하였으므로, 왜가 드디어 군사를 보내 신라 국경 밖에서 순회 정찰케 하였다. 마침 고구려가 쳐들어와 倭의 巡邏軍을 포로하고 죽였으므로, 왜왕은 이에 백제인의 말을 사실로 여기었다"는 기사가 보인다. 대개 이 기사의 신뢰성이나 활용 가능성에 대해서는 관심이 많지 않았다. 이와 관련해 능비문의 '倭'는 무려 12회나 등장한다고 한다.[93] 능비문에 등장하는 백잔·신라·동부여·임나가라·백신토곡·패려와 결부지어 볼 때 倭는 가장 많이 등장하고 있다. 그러할 정도로 倭의 비중이 지대하다는 사실을 웅변해 준다. 실제 능비문의 倭 관련 기사는 고구려와 倭가 공간적 間隙과는 달리 부단히 충돌한 세력으로 드러나고 있다. 대표적인 문구가 다음과 같은 이른바 신묘년 조이다.

> 百殘新羅 舊是屬民由來朝貢 而倭以辛卯年 來渡△破百殘△△[新]羅以爲臣民
> 以六年丙申 王躬率△軍討伐殘國

辛卯年 條는 이에 접속된 영락 6년 조에 보이는 광개토왕의 백제 정벌의 동기기 적혀 있는 導論에 속한다.[94] 종전의 해석대로 한다면 辛卯年 條는 "왜가 신묘년에 건너와서 백제와 신라를 격파해서 신민으로 삼았다"는 내용이다. 그러나 이러한 문구와는 달리 고구려가 왜를 공격한

---

93) 耿鐵華,『好太王碑新考』, 吉林人民出版社, 1994, 119쪽.
94) 이 구절은 "신묘년에 倭酋가 오만한 말을 하였다(『宣祖修正實錄』권35, 34년 4월 戊辰 條. "辛卯年倭酋有嫚辭")"는 문구를 연상시킨다. 즉 '嫚辭'는 우리나라에 길을 빌려 달라는 '征明假道'를 가리킨다.

게 아니었다. 고구려는 倭의 臣民으로 轉落했다는 백제를 공격한 게 된다. 이 점은 전후 문맥에 비추어 볼 때 납득되지 않는 사건이다.[95] 그러한 관계로 백제가 고구려의 공격을 자초한 빌미되는 사건이 辛卯年 條에 담겨 있었을 것으로 간주하기도 했다. 문제는 "百殘新羅 舊是屬民由來朝貢 而倭以辛卯年 來渡△破百殘△△[新]羅以爲臣民"라는 구절의 쟁점이 되는 첫 번째 '△'이다. 이 문자에 대해 전통적으로는 '海'로 석문했다가 '△'가 되었을 정도로 불분명해졌다.[96] 즉 'ㆍ'의 존재가 모호해졌기에 '每'로 판독하기도 했다.[97] 혜정본 탁본에서도 명료하지는 않지만 적어도 '海' 字가 아님을 확인시켜주었다. 혜정본 탁본의 '△'는 능비문의 "我是皇天之子"를 비롯하여 몇 차례 보이는 '是' 字에 가깝다.

그리고 '△△[新]羅'에 보이는 推讀인 '新'은 '斤' 방변에 근거하였지만, "이 글자는 큰 균열의 아랫부분 끝에 위치해 있고 현재 이미 갈라져 떨어져나가 읽을 수 없다"[98]고 했다. 따라서 이 글자는 현재 상황에서는 오히려 판독불능인 '△'에 가깝다. 실제 橫井忠直만 '新'으로 판독했고,

95) 朴時亨, 『광개토왕릉비』, 사회과학원출판사, 1966, 168쪽.
   朴眞奭, 『호태왕비와 고대조일관계연구』, 연변대학출판사, 1993, 186쪽.
96) 任昌淳과 武田幸男 및 水谷悌二郎이 그러한 범주에 속한다(武田幸男 編, 『廣開土王碑原石拓本集成』, 東京大學出版會, 1988, 43쪽 ; 武田幸男, 『廣開土王碑との對話』, 白帝社, 2007, 202쪽).
97) 耿鐵華, 「好太王碑 '辛卯年'句考釋」 『考古與文物』 第4期, 1992, 107~111쪽 ; 李道學 譯, 「廣開土王碑 '辛卯年' 句節의 考證과 解釋」 『韓國上古史學報』 14, 1993, 427~439쪽 ; 耿鐵華, 『好太王碑新考』, 吉林人民出版社, 1994, 103~115쪽 ; 耿鐵華, 『好太王碑一千五百八十年祭』, 中國社會科學出版社, 2003, 411쪽.
98) 耿鐵華, 『好太王碑一千五百八十年祭』, 中國社會科學出版社, 2003, 171쪽.

末松保和와 今西龍을 비롯한 9명은 판독을 못하였다.[99] 그렇다면 이 구절의 문자는 문맥상 '新羅'보다는 '任那加羅'일 가능성이 더 높다.[100] 요컨대 이들 구절은 "百殘新羅 舊是屬民由來朝貢 而倭以辛卯年來渡是破百殘任那加羅以爲臣民"라고 석문된다. 신묘년 조는 그 앞의 구절에 적혀 있는 백제와 신라가 조공을 해 왔던 상황이 轉變되는 계기를 가리킨다. 여기서 "百殘任那加羅以爲臣民"은 백제와 임나가라를 실제 신민으로 삼았다는 결과를 가리키는 것은 아니다. 이와 관련해 영락 9년 조에서 왜의 침략으로 구원 요청을 온 신라 사신의 발언에서 "倭人滿其國境 潰破城池 以奴客爲民"라고 한 문구와 결부지어 보자. 여기서 끝 구절의 "以奴客爲民"은 과거형이 아니다. 고구려의 奴客인 신라를 倭가 자국의 '民'으로 삼으려고 한다는 미래형 가정이다. 더불어 능비문에 보이는 '是'의 용례는 "我是皇天之子(건국설화 조)"·"百殘新羅 舊是屬民(신묘년)"·"東夫餘舊是鄒牟王屬民(영락 20년)"라고 보인다. 여기서 '是'의 字典的 의미를 적용하여 해석해 본다. 그렇다면 신묘년 조는 "그런데 왜가 신묘년 이래로 건너오자 격파했고, 백제와 임나가라를 臣民으로 삼고자 했다"는 뜻이 된다.

이러한 문투는 영락 6년에 광개토왕이 몸소 군사적 원정을 단행하여 백제를 공격한 명분에 걸맞다. 나아가 영락 10년에 단행된 임나가라 원정의 동기와도 부합된다. 백제와 임나가라는 본시 모두 倭와 연계된 세력이었다. 『삼국사기』에 따르면 광개토왕이 즉위한 신묘년 이래로 건너

---

99) 耿鐵華, 『好太王碑一千五百八十年祭』, 中國社會科學出版社, 2003, 284쪽.

100) 최근의 연구에서도 이 구절은 '任那加羅'로 석문했다(김영하, 『한국고대사의 인식과 논리』, 성균관대학교출판부, 2012, 129~130쪽).

왔다는 왜군을 물리친 주체는 신라였다. 그러한 신라는 고구려의 속민으로 인식되었다. 해서 신라의 왜군 격파는 결국 고구려의 戰果로 언급되었던 것이다. 동시에 이 구절은 비록 격파했다고 하지만 왜의 침공으로 속민인 신라도 곤경에 놓였음을 암시한다. 그랬기에 광개토왕은 속민인 신라를 위해 왜를 격파하고, 이들과 연계된 백제와 임나가라를 屬民보다 강한 예속 관계인 臣民으로 삼을 수밖에 없다는 논리이다. 능비문의 "以爲臣民"은 곧 미래론인 것이다. 고구려는 신묘년 이래로 건너와 백제나 임나가라와 긴밀해진 倭를 격파하여 兩者의 연결고리를 끊고자 했다. 그런 후에 두 나라를 신민으로 삼겠다는 목표를 설정해 놓고, 그 선상인 영락 6년에 백제 정벌을 단행하였고, 영락 10년에 신라 구원전까지 펼쳐 왜군을 격파하고 임나가라까지 진출했음을 천명하였다.

그런데 이와는 조금 달리 광개토왕이 백제와 임나가라 공격의 명분으로 倭를 걸고 있는 이유를 살필 수 있다. 倭는 광개토왕이 즉위하는 신묘년인 391년부터 건너왔다는 것이다. 능비문에는 왜가 건너온 곳이 적혀 있지 않다. 그런데 영락 9년 조에 보면 "백잔이 약속을 어기고 倭와 더불어 和通했다"고 하였다. 문맥상 영락 6년에 광개토왕이 백제 왕의 항복을 받을 때 서약했음을 알 수 있다. 이때 서약 내용은 "倭와 더불어 화통하지 않겠다"는 게 분명하다. 그렇다면 영락 6년 이전부터 백제가 倭와 '和通'한 관계였음을 암시해 준다. 이 사실은 신묘년 이래로 건너온 倭의 향방이 백제였음을 가리킨다. 백제가 왜와 연합하여 군사작전을 전개한 적은 369년의 마한 정벌에도 있었다.[101] 그러니 백제로 건너온 왜군의 존재는 필시 고구려에 대한 위협 요인이 되었을 것이

---

101) 李道學, 『백제 고대국가 연구』, 一志社, 1995, 187쪽.

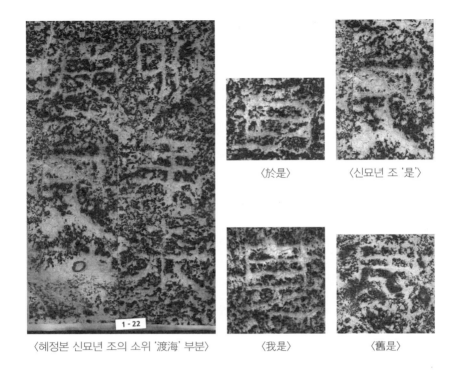

〈於是〉　　　〈신묘년 조 '是'〉

〈혜정본 신묘년 조의 소위 '渡海' 부분〉　　　〈我是〉　　　〈舊是〉

다. 결국 광개토왕은 자국에 대한 위협 요인을 제거하기 위한 목적에서 倭軍 격파를 명분삼아 백제와 임나가라를 공격하여 臣民으로 삼고자 하였다. 이러한 의도는 실행에 옮겨져 영락 6년에 광개토왕은 몸소 백제를 공격하였고, 영락 10년에는 속민이었던 신라 구원을 명분으로 출병하여 왜군을 격파하고 임나가라를 복구하여 신민화의 마무리를 선언했다.[102] 이렇게 본다면 大前置文인 "百殘新羅舊是屬民由來朝貢"으로의

---

102) 고구려의 任那加羅 復舊는 "安羅人戍兵"에 대한 새로운 해석에서 비롯되었다(李道學, 「加羅聯盟과 高句麗」『第9回加耶史國際學術會議: 加耶와 廣開土

還元 과정이 영락 6년 조와 영락 10년 조인 셈이다.[103] 辛卯年 倭의 渡
來 이전의 상황으로 백제와 신라를 복구시켰음을 천명하였다. 즉 大前
置文은 辛卯年 이전까지 미침을 밝히고자 한다.

능비문에는 영락 10년 조에 이은 영락 14년 조에 보면 다음에서처럼
고구려군이 帶方界에 침입한 왜군을 궤멸시키고 있다.

> 十四年甲辰 而倭不軌 侵入帶方界 △△△△△石城△連船△△△ [王躬]率△
> △ [從]平穰△△△鋒相遇 王幢要截盪刺 倭寇潰敗 斬煞無數

능비문은 왜군의 대방계 침공을 일러 '不軌'라고 하였다. 不軌는 '반역
을 꾀하거나' · '나라의 법을 지키지 않음'을 가리키는 표현이다.[104] 즉
'不軌'는 자국 내의 세력을 전제로 했을 때 나올 수 있는 개념이다. 이
사실은 영락 10년의 신라 구원전에서 고구려군의 왜군 潰敗와 임나가
라 복구로써 고구려 중심의 질서 완성을 가리킨다. 영락 10년에 潰敗
된 倭도 이제는 고구려의 官的秩序에 순응하는 대상으로 간주되었음을
뜻한다. 그러한 線上에서 '不軌'라는 문자를 구사해서 왜군 대방 침입
의 불법성을 부각시키고자 했다. 결국 능비문 작법상에 따른다면 광개

大王』, 金海市, 2003 ; 『고구려 광개토왕릉비문 연구』, 서경문화사, 2006,
441~442쪽 ; 「廣開土王代 南方 政策과 韓半島 諸國 및 倭의 動向」 『韓國古
代史研究』 67, 2012, 186~191쪽).

103) 武田幸男은 辛卯年 條를 大前置文으로 설정하고, 그것이 포괄하는 범위를
영락 6년 조와 9년 조 및 10년 조를 넘어 영락 14년 조와 17년 조까지로
설정하였다(武田幸男, 「廣開土王碑 研究의 諸問題」 『廣開土王碑의 再照明』,
동북아역사재단, 2012, 15쪽).

104) 단국대학교 부설 동양학연구소, 『漢韓大辭典 1』, 1999, 326쪽.

토왕 즉위년부터 등장한 倭는 영락 10년의 호된 패배로써 고구려 앞에 굴복하였다가 영락 14년 도발의 참패로써 終結되었다. 곧 無比한 常勝 軍 광개토왕 군대의 위력 뿐 아니라 고구려가 설정한 天下 平定을 가리 킨다.

6) 거란과의 관계

『삼국사기』에서는 삼국이나 倭 뿐 아니라 광개토왕대 거란과의 관계 가 다음과 같이 적혀 있다.

> 9월에 북쪽으로 거란을 정벌하고 남녀 500명을 사로잡았으며, 또 (거 란에) 잡혀갔던 본국 백성 1만 명을 불러 타일러 데리고 돌아왔다(즉위 년 조).

능비문에서 거란 정벌과 관련된 기사는 다음과 같은 영락 5년(395) 조의 稗麗 정벌이다.

> 永樂五年歲在乙未 王以稗麗不△△[人] 躬率往討 過富山[負]山 至鹽水上 破 其三部洛六七百營 牛馬群羊 不可稱數 於是旋駕 因過襄平道 東來△城 力城 北豊 五備△ 遊觀土境 田獵而還

영락 5년 조의 稗麗는 거란의 일파로 지목하는 데는 이견이 없다. 그 런데 『삼국사기』와 능비문에 보이는 거란 관련 기사는 391년과 395년 으로서 時差가 보일뿐더러 내용이 동일하지도 않다. 결국 능비문의 기 사는 문헌자료에서 볼 수 없는 새로운 자료인 것이다. 두 기록을 조합해 보면 당시 고구려와 유목민 지구에 거주하는 거란과의 관계를 새롭게 살필 수 있다.

7) 능비문에 보이지 않는 전쟁 기사

지금까지 검토한 바에 따르면 능비문은 未備한 문헌자료를 보완해주는 1급 사료였음이 확인되었다. 이와는 달리 史書에서는 보이지만 능비문에는 보이지 않는 전쟁 기록이 後燕과의 전쟁 기사이다. 『資治通鑑』에 의하면 400~406년까지 고구려는 遼東地方을 놓고 後燕과 激突을 벌였다. 물론 이 기사는 『삼국사기』에도 轉載되어 있다. 그런데 능비문을 통해 광개토왕대의 정복 지역과 작전권은 문헌 기록보다 훨씬 광대했다는 사실이 밝혀진다. 그럼에도 고구려의 對後燕戰이 기재되지 않은데는 특별한 이유가 있었던 것 같다. 後燕은 累代에 걸친 고구려의 快宿이었다. 그러나 407년에 후연의 慕容熙가 피살되고 慕容寶의 養子로서 고구려 王族 출신인 高雲이 즉위함에 따라 양국은 곧 화해하게 되었다. 高雲을 이은 馮氏 정권의 경우도 이와 마찬가지였다. 이러한 새로운 局面轉換으로 인해 후연과의 전쟁 기사가 기재되지 않은 것으로[105] 간주하는 견해가 있다. 이 견해는 일정 부분 타당하다고 본다. 그러나 근본적인 이유는 고구려가 설정한 관적질서에 후연은 포함되지 않았기 때문이다. 고구려가 조공을 바치기도 했던 후연은 고구려 통치질서 바깥에 존재하였다. 어쨌든 광개토왕대는 西進이나 北進 보다는 남진경영에 주력했음을 보여준다. 능비문에 보이는 광개토왕 당대의 戰果인 64城은 오로지 백제로부터 빼앗은 것이기 때문이다.

---

105) 朴時亨, 『광개토왕릉비』, 사회과학원출판사, 1966, 79~80쪽.

3. 맺음말

경희대학교 혜정박물관 소장 혜정본 「광개토왕릉비문」 탁본 공개를 능비문이 지닌 의미를 재조명해 보는 계기로 삼았다. 능비문의 내용은 문헌자료인 『삼국사기』 등에서 확인되지 않는 내용으로 그득하였다. 능비문이 없었다고 한다면 고구려와 백제와의 관계, 또 광개토왕대에 점령한 백제 지역의 소재지를 비롯하여 가뜩이나 자료가 부족한 삼국시대사의 이해를 더욱 빈약하게 하였을 것이다. 능비문의 내용은 문헌자료에서 찾아 볼 수 없는 새로운 내용으로 충만하였다. 능비문에서 비중이 가장 지대한 전쟁 기사를 통하여 고구려의 임나가라 진출, 패려 정벌, 백신토곡에서의 示威, 동부여 정벌 등이 역사적 사실로 밝혀진 것이다. 문헌자료만으로는 상상할 수도 없었을 내용들이었다. 더구나 고구려와 倭와의 관계를 비롯한 古代韓日關係의 새로운 지평을 열어주었다는 평가를 내릴 수 있다. 그럼에도 이른바 신묘년 조에 대한 논의는 분분하였지만, 이번 혜정본을 통하여 새로운 해석을 추가하게 되었다. 이 점 그 나름대로의 意義라고 평가할 수 있다.

종전의 釋文과는 달리 '海'나 '每' 등으로 판독했던 신묘년 조 관련 구절의 문자를 '是'로 새롭게 판독하였다. 그 결과 광개토왕은 신묘년 이래로 건너온 倭를 격파하는 線上에서 백제와 任那加羅를 臣民으로 삼고자했다. 이러한 해석에 따른 결과 영락 6년에 광개토왕의 친정으로 백제에 대한 공략이 단행되었고, 영락 10년에 步騎 5萬에 이르는 고구려의 大軍이 신라구원을 명분삼아 임나가라에 진출한 것으로 해석되었다. 요컨대 영락 6년의 對百濟戰과 영락 10년의 對任那加羅戰의 원인을 제공한 세력은 신묘년 조에 적혀 있듯이 한반도로 건너온 倭였다는 사실을 새롭게 밝혔다. 결국 고구려는 영락 17년에 왜군을 大破함으로써 천하의 평정을 가져왔다는 메시지를 전달하였다. 나아가 조공을 중단한 동부여 정벌로써 고구려 중심의 官的秩序의 회복을 천명한 게 능비문의 본질이라는 사실을 새롭게 밝혔다. 이 점 혜정본에 대한 탐구를 통해 얻어진 수확이라고 自評할 수 있다.

그 밖에 능비문에는 수묘인 연호에 대한 규정이 지대한 비중을 점하며 적혀 있다. 능비문이 아니고서는 확인할 수 없었던 귀중한 정보인 것이다. 아울러 능비문의 서체 역시 고구려 독자의 書格을 과시하는 부분도 있었다. 그런 관계로 다방면에 걸쳐서 고구려인들의 세계를 살필 수 있는 귀중한 비석이었음이 확인되었다. 바로 그러한 資産을 새롭게 검증하거나 발굴하면서 矯正해 주는 자료가 혜정본 原石精拓本이라고 평가한다.

제4장

광개토왕대의 南方 정책과
한반도 諸國 및 倭의 동향

1. 머리말

고구려 廣開土王代는 전쟁의 역사라고 해도 과언은 아니었다. 광개토 왕대의 전쟁은 실로 많았기 때문이다. 그 많은 전쟁에서 광개토왕은 '廣 開土境'을 이루어 고구려 盛時의 영역을 확정해 주었다. 광개토왕 시호 에 보이는 '土境'은 "分疆畫界各守土境"[106]라고 하였듯이 領土나 領地의 뜻이다. 「廣開土王陵碑文」에도[107] "遊觀土境(영락 5년 조)"라고 하여 '土 境'이 보인다.[108] 이러한 '廣開土境'은 "領土를 넓게 폈다"는 의미이다.

고구려 제19대 談德王이 '廣開土境'을 위한 전쟁의 結實이 영토 확장 이었다. 이와 관련해 광개토왕이 주력했던 공간적 방향에 대해서는 논

---

106) 『三國志』 권9, 夏侯玄傳.

107) 본 碑는 勳績碑이지만 守墓人 관련 비중이 적지 않은 관계로 兩者를 고려하 여 '광개토왕릉비(문)'로 표기한다.

108) 본고의 서술과 관련한 능비문 釋文은 韓國古代社會硏究所, 『譯註 韓國 古代 金石文Ⅰ』, 가락국사적개발연구원, 1992를 底本으로 하였다.

의가 활발하였다. 본고에서는 광개토왕대의 주된 진출 방향을 검증하는 선상에서 남방 정책에 초점을 맞추어 살펴보고자 한다. 그럼으로써 지금까지 논의되어 왔던 광개토왕대 남방경영의 실효성 문제를 검증하는 계기로 삼고자 했다. 아울러 百濟와 新羅 그리고 任那加羅 및 倭의 동향과 이들 세력의 고구려 남방 정책에 대한 대응을 살펴보고자 한다. 이와 관련해 「광개토왕릉비문」을 論議의 중심에 올려놓았다(이후 '능비문'과 '능비'로 略記한다). 능비문에는 광개토왕 당대의 정서와 지향점이 고스란히 담겨 있기 때문이다. 아울러 능비문에 보이는 고구려 중심의 官的秩序에 대해서도 고찰하고자 한다.

2. 광개토왕대의 進出 方向과 官的秩序

1) 「광개토왕릉비문」에 보이는 戰爭의 방향성

고구려는 427년에 평양성으로 천도를 단행했다. 평양성 천도를 단행한 장수왕대부터 남진정책이 본격화된 것으로 간주하는 시각이 많았다. 그러나 『삼국사기』에 따르면 고구려는 일찍부터 평양성을 정치적 거점으로 삼았다. 이와 관련해 247년에 종묘와 사직을 옮긴 平壤城의 위치에 대해서는 이견이 있다. 그렇지만 334년에는 평양성을 增築하였고, 343년에는 왕이 평양 동쪽 黃城으로 옮겨 거처했다. 371년에는 고국원왕이 평양성에서 백제군과 교전하다가 전사했다. 이렇듯 고구려 왕들은 3세기 중엽부터 4세기 후반에 걸쳐 '平壤' 名義의 都市를 실질적인 王城으로 삼았다. 평양에는 광개토왕대에 9寺가 창건되었다. 또 이곳에서 광개토왕이 신라 사신을 맞는 등 遷都 이전에 이미 고구려 중심축으로서 기능하였다. 고구려 왕이 거처했고, 급기야 천도를 단행했던 평양성은 고조선 수도로서의 장구한 由緒를 지닌 곳이었다. 또 평양성은 중국 문명의 동방 거점 역할을 했던 樂浪郡의 治所이기도 했다. 이렇듯 상징성이 지대한 도시 평양성에서 고구려 왕들이 거처하는 기간이 적지 않았다. 게다가 광개토왕이 평양에 9寺를 창건한 일은 불교를 통한 種族融合 政策의 산물로 평가되고 있다.[109] 이와 더불어 광개토왕은 國東에 禿山 등 6城을 축조하고 평양의 民戶를 옮겼다.[110] 이는 평양성 천도와 관련한 기존 주민들에 대한 해체 작업의 일환으로 해석된다. 즉 新都의 새틀 짜기로 간주할 수 있다.[111] 요컨대 이러한 일련의 사실들은 고구려의 무게 중심이 남방경영에 쏠렸음을 뜻한다. 반면 고구려가 서방인 요동반도에 정치적 거점을 설치한 증거는 없다. 남방에는 왕이 거처하는 실질적인 수도로서 평양성이 기능하였다. 고구려가 남방경영에 지대한 비중을 실었음을 웅변한다. 이 점은 능비문을 통해서도 확인할 수 있다.

광개토왕 서거 2년 후에 건립된 陵碑의 문장에는 정복전쟁 기사를 능비문 가득히 남겨 놓았다. 일반 王陵碑와는 달리 정복전쟁 기사와 그 산물인 守墓人 烟戶로 짜여진 문장 구조는 지극히 이례적인 것이다. 광개토왕의 체온이 채 식기 전에 세워진 능비에는 광개토왕대의 진출 방

---

109) 李道學, 「고대 동아시아의 불교와 왕권」 『충청학과 충청문화』 13, 2011, 59~60쪽.

110) 『三國史記』 권18, 광개토왕 18년 조.

111) 徐永大, 「高句麗 平壤遷都의 動機」 『韓國文化』 2, 1991, 98쪽.
　　　李道學, 「廣開土王陵碑의 建立 背景」 『白山學報』 65, 2002 ; 『고구려 광개토 왕릉비문 연구』, 서경문화사, 2006, 195쪽.

향을 엿볼 수 있는 중요한 단서가 포착된다. 능비문 영락 20년 조의 동부여 정벌 기사 말미에 적힌 "凡所攻破城六十四 村一千四百"라는 문구이다. 과거에는 이 구절을 동부여 정벌의 戰果로 인식하는 경향도 있었다.[112] 그러나 이 구절 冒頭의 '凡'은 광개토왕 일대 정복전쟁의 결산을 가리키는 문자로서 유효하다. 그리고 영락 6년 조의 백제 원정처럼 구체적으로 城을 점령한 기록이 없다. 아울러 광개토왕이 회군할 때 感慕해서 隨從한 수장층의 존재를 고려하면 정복전쟁이 되기는 어렵다. 그보다는 '中叛不貢'에 대한 응징으로서 조공체제에 대한 原狀復舊가 목적이었다.[113] 요컨대 광개토왕은 당초부터 동부여의 영역 점령을 기획하지는 않았다.

광개토왕이 攻破한 64城과 1,400村 가운데 영락 6년에 고구려가 백제로부터 빼앗은 戰果인 58城·700村의 존재가 확인되었다. 능비문에서 광개토왕 일생일대의 總戰果로 기록한 64城 중 무려 90%가 넘는 58城을 영락 6년(396)과 관련해 백제로부터 확보하였다. 이 점은 부인할 수 없는 엄연한 사실이었다. 그러면 나머지 6城은 어디로부터 공파한 戰果였을까? 그 나머지 6城은 공교롭게도 영락 17년(407) 조에서 고구려군이 점령한 城의 숫자와 일치하고 있다.[114] 그리고 '婁城'과 같은

---

112) 朴時亨,『광개토왕릉비』, 사회과학원출판사, 1966, 207~208쪽

113) 徐榮洙,「廣開土大王碑文의 征服 記事 再檢討(中)」『歷史學報』119, 1988, 106쪽.

114) 浜田耕策,「高句麗廣開土王碑文의 研究」『朝鮮史研究會論文集』11, 1974, 14~15쪽.
역시 이 점을 언급한 이가 朴性鳳이었다(朴性鳳,「廣開土好太王期 高句麗 南進의 性格」『韓國史研究』27, 1976, 6쪽). 氏의 論稿는 고구려 남진경영과 관련한 선구적 업적으로 평가할 수 있다.

城名은 영락 6년 조에서 고구려가 백제로부터 공파한 城名에 자주 등장한다.[115] 고구려군이 회군하면서 격파한 沙溝城이나 婁城은 비교적 기록이 풍부한 遼東이나 後燕 관련 영역은 물론이고 중국 역대 史書 어디에서도 확인된 바 없다. 그런 만큼 이들 城은 고구려가 백제로부터 빼앗은 城으로 간주하는 시각이 힘을 얻고 있다.[116] 논자에 따라서는 영락 17년 조 전쟁을 後燕과의 交戰으로 간주하기도 한다.[117] 그러나 後燕은 406년 3월 이후 고구려와 交戰한 바 없다. 그리고 407년 7월에

---

115) 王健群, 『好太王碑研究』, 吉林人民出版社, 1984, 222쪽.

116) 武田幸男, 『高句麗史と東アジア』, 岩波書店, 1989, 135쪽.
　　　武田幸男은 이들 城 가운데 새롭게 釋文한 '那△城'을 수묘인 연호 조에 보이는 '那旦城'으로 지목했다. 곧 氏는 이들 6城의 소재지를 백제 領域으로 규정하였다. 그런데 영락 6년 조에 고구려가 백제로부터 빼앗은 城名 중에는 推讀이지만 '那旦城'이 보인다. 推讀의 실패인 것이다.
　　　혹자는 고구려 말기에 등장하는 屑夫婁城을 근거로 婁字 이름이 후연과 연관 있음을 제기하기도 한다. 그러나 屑夫婁城은 만주 集安 일대의 國內州 관내의 성일 뿐 아니라 본래 이름은 肖利巴利忽이었다. 그러므로 이 城은 시간상으로나 이름과 영역 면에서도 후연과는 전혀 부합되지 않으므로 관련짓기 어렵다(李道學, 「광개토대왕의 영토 확장과 광개토대왕릉비」 『고구려의 정치와 사회』, 동북아역사재단, 2007, 178쪽). 그런데 동부여 지명에 味仇婁와 椯社婁라는 '婁' 字 지명이 보인다. 그리고 沃沮에 買溝婁와 置溝婁라는 지명이 확인된다. 이로 볼 때 '婁' 字 城名은 韓穢 지명임을 알 수 있다. 그러나 고구려의 서방인 遼東에도 이러한 계통의 지명이 소재했다는 근거는 어디에도 없다.

117) 이러한 견해의 필두에는 단재 신채호로서 능비문에서 對後燕戰이 보이지 않는 것은 後人에 의한 削除로 간주했다(丹齋申采浩先生紀念事業會, 『改訂版 丹齋申采浩全集(上)』, 螢雪出版社, 1987, 211쪽). 이러한 선상에서 對後燕戰을 복원하고자 한 논고가 千寬宇, 「廣開土王陵碑文 再論」 『全海宗博士華甲紀念史學論叢』, 一潮閣, 1979, 549~555쪽이다.

후연은 붕괴되고 北燕이 등장하였다.[118] 북연과 고구려는 우호관계였다.[119] 더욱이 영락 17년 조가 後燕과의 전쟁 기사가 되려면 "敎遣步騎五萬" 앞에 전쟁 명분인 前置文이 별도로 적혀 있어야 한다.[120] 그러나 영락 17년 조 자체에 전치문이 없다. 따라서 영락 17년 조는 영락 9년 조 前置文인 "百殘違誓與倭和通"이 포괄하는 "倭不軌(영락 14년 조 前置文)"와 더불어 그 연장선에서 백제와 관련된 전쟁으로 지목된다.[121] 혹자는 능비문에서는 백제와의 전쟁에는 무자비한 潰破 기사가 없으므로, "斬煞蕩盡"이 게재된 영락 17년 조는 對百濟戰이 될 수 없다고 했다. 이 문제는 능비문에서 卑稱하고 있는 백제와 倭에 대한 호칭 용례를 통

---

118) 『資治通鑑』 권114, 義熙 2년·3년 조.

119) 千寬宇는 영락 17년 조의 전쟁을 『자치통감』元興 원년(402) 조의 전쟁과 결부 지었다. 그러면서 時差 문제는 능비문 다른 기사에서도 제기되는 만큼 문제될 게 없다는 입장이다(千寬宇, 『全海宗博士華甲紀念史學論叢』, 一潮閣, 1979, 553쪽). 그러나 백제와의 전쟁은 영락 원년 조~5년 조까지의 戰果를 광개토왕의 親征이 있던 영락 6년 조에 일괄 기재하여 대왕의 위업을 高調시키려는 정치적 의도에서 기인하였다(武田幸男, 「廣開土王碑文辛卯年條の再吟味」 『古代史論叢(上)』, 1979, 50~84쪽 ; 武田幸男, 「高句麗廣開土王紀の對外關係記事」 『三上次男博士頌壽記念東洋史考古學論集』, 三上次男博士頌壽紀念會, 1979, 266~271쪽). 이와는 달리 402년의 後燕과의 전쟁을 영락 17년 조에 기재해야할 특별한 당위성이 보이지 않는다. 따라서 兩者를 동일한 사례로 말하기는 어려울 것 같다. 그 밖의 다른 사례, 가령 패려 정벌에 관한 紀年 등은 유사한 『삼국사기』의 契丹 정벌과 관련 지어 유추할 뿐이다. 따라서 兩者를 동일한 사건으로 간주할 수 있는 직접적인 근거는 어디에도 없다.

120) 능비문의 전치문에 관해서는 徐榮洙, 「廣開土大王陵碑文의 征服記事 再檢討」 『歷史學報』 96, 1982, 18~36쪽이 참고된다.

121) 이에 대해서는 浜田耕策, 「高句麗廣開土王碑文の研究」 『朝鮮史研究會論文集』 11, 1974, 13쪽을 참고하기 바란다.

해 가늠할 수 있다. 능비문에서 倭의 경우는 전쟁 기사에서만 '倭寇'와 '倭賊'으로 표기하였고, 일상의 호칭은 '倭'였다. 반면 능비문에서 백제에 대해서는 始終 '百殘'이라는 蔑稱으로 一貫했다. 능비문에서는 倭보다 百濟에 대한 악감정과 敵愾感이 더 컸다고 할 수 있다. 따라서 혹자의 주장은 수긍하기 어려워진다.

요컨대 영락 17년의 전쟁은 후연이 아니라 백제와 결부 짓는 게 합당하다.[122] 결국 고구려는 백제로부터 얻은 戰果만을 광개토왕 平生의

---

122) 孔錫龜는 영락 17년 조의 "△師△△合戰"라는 구절을 王健群의 釋文에 따라 '王師四方合戰'으로 설정하여 해석하였다. 氏는 四方合戰이 이루어진 지역은 고구려나 백제의 山城과는 구분되는 遼西 지역의 平地城 전투를 가리킨다고 했다(孔錫龜, 「廣開土代 遼西地方의 政治的 動向과 高句麗의 西方進出」『고구려 광개토왕과 동아시아』, 한국고대사학회 제25회 합동토론회, 2012, 109~110쪽). 그러나 고구려는 사방이 험준하고 바닷물로 에워싸인 백제 관미성도 군대를 七道로 나누어 공격해서 함락시켰다(『三國史記』권 18, 광개토왕 즉위년 조). 즉 山城도 일곱 길로 나누어 공격한 바 있다. 그렇듯이 '四方合戰'이 이루어진 장소를 평지성으로 단정하는 근거로 삼기는 어렵다. 그리고 '所獲鎧鉀一萬餘領'라는 구절의 領을 '목가리개'의 뜻으로 해석하기도 한다(孔錫龜, 「廣開土王代 遼西地方의 政治的 動向과 高句麗의 西方進出」『고구려 광개토왕과 동아시아』, 한국고대사학회 제25회 합동토론회, 2012, 109쪽). 물론 領에는 '목'의 뜻이 있지만 '옷의 한 벌'이라는 뜻도 있다. 게다가 문맥상으로 볼 때 이 구절은 "鎧鉀 1萬餘 벌을 노획했다"로 해석하는 게 온당하다. 그 밖에 고구려가 노획한 '軍資器械'라는 장비는 백제가 소유할 여력이 충분하지 않았다는 것이다(孔錫龜, 「廣開土王代 遼西地方의 政治的 動向과 高句麗의 西方進出」『고구려 광개토왕과 동아시아』, 한국고대사학회 제25회 합동토론회, 2012, 109쪽). 그러나 371년의 전투에서 백제군은 평양성 전투에서 고구려 고국원왕을 전사시켰을 정도로 군사적으로 결코 劣勢에 놓여 있지 않았다. 따라서 이러한 주장의 객관적 타당성은 없다.

總戰果로 기재한 것이다.[123] 이 사실은 광개토왕대 고구려가 점령하고 자 한 대상이 백제 지역인 동시에 남방 진출이 지닌 의미가 지대했음을 가리킨다. 광개토왕대에 점령한 지역은 요동이나 송화강유역을 비롯한 西와 北에도 미쳤다. 그렇지만 이때의 남방 진출이 지닌 意義는 다른 지역과는 비할 바 아니었다. 제한된 공간에 핵심만 기재된 능비문 자체가 웅변하기 때문이다. 광개토왕이 생전에 자신의 守墓와 관련해 舊民의 약화를 염려하며 몸소 略取해 온 新來韓穢를 전체 수묘인의 ⅔나 배정하고 있다. 광개토왕은 당초 자신이 略取한 주민들로 守墓하려고 했었다. 광개토왕이 추진한 정복전쟁의 지향점이 이보다 분명할 수 있을까?

---

123) 이와는 달리 능비문 수묘인 연호 조의 '百殘男居韓'을 영락 10년 신라 구원전의 '男居城'과 동일한 城으로 지목하여, 능비문에 적혀 있는 64城은 백제에만 국한된 게 아니라는 주장도 있다(朴時亨, 『광개토왕릉비』, 사회과학원출판사, 1966, 221쪽). 이 견해는 孔錫龜도 수용하는 것 같다(孔錫龜, 『高句麗 領域擴張史硏究』, 서경문화사, 1998, 239쪽). 그러나 '百殘男居韓'은 '男'이 아니라 '南'이므로 관련짓기 어렵다. 더욱이 城名 표기가 없는 '百殘南居韓'은 특정 城을 가리킨다기 보다는 '백제 남쪽에 거주하는 韓'이라는 포괄적인 지역을 가리킬 수 있다. 따라서 兩者를 동일한 城으로 단정할 수 없는 동시에 박시형 논거의 한 軸이 뽑힌 셈이다.

한편, 영락 6년 조의 58城과 수묘인 烟戶 조에는 중복되지 않는 城들이 보인다. 그러나 분명하게 중복되지 않은 5개 소는(武田幸男, 「廣開土王碑からみた高句麗の領域支配」『東洋文化硏究所紀要』78, 東京大學校, 1979, 77쪽) 영락 17년 조에서 찾을 여지도 있기 때문에 속단이 어렵다. 그리고 64城 1,400村 가운데 58城 700村의 나머지 700村은 능비문에 보이지 않지만 영락 17년 조의 6城에 부속된 村과 다른 經路로 확보한 村數일 것이다. 村은 城의 부수적인 행정 단위인 만큼 영락 6년 조의 城名 기재와는 달리 일체 村名 기재가 없었다. 따라서 나머지 700村도 능비문에서 일일이 언급한 것은 아닐 것으로 보인다. 그 밖에 다른 論據로써 동일한 논지의 제시는 朴性鳳, 앞의 논문, 21쪽이 참고된다.

이러한 맥락에서 볼 때 능비문에서 광개토왕 평생의 治績을 노래한 "掃除△△ 庶寧其業 國富民殷 五穀豊熟"라고 한 구절이 재음미된다. 여기서 '五穀豊熟'은 광개토왕이 天命의 대행자임을 나타내려는 문구일 수 있다. 옛 부여에서 농사가 잘못되면 왕을 죽이거나 갈아치우자고 했다.[124] 農事의 凶豊이 農耕에 기반을 둔 국왕들의 운명을 결정지었을 정도라면 天과 연관 짓게 마련이다. 실제 능비문에도 광개토왕을 일러 "恩澤[洽]于皇天"라고 했을 정도로 皇天 곧 天과 연계시켜 설명하였다. 이러한 맥락에서 본다면 '五穀豊熟'은 天命의 대행자인 광개토왕의 면모일 수 있다. '五穀豊熟'은 또 한편으로는 비옥한 農地를 끼고 있는 남방경영의 성공을 상징적으로 읊조려준다. 그리고 백제로부터 빼앗은 광개토왕 일생일대의 總戰果인 양 기록된 64城과 '五穀豊熟'은 결코 분리될 수 없다. 요컨대 '五穀豊熟'은 광개토왕이 기획한 남방경영의 滿開였다. 능비가 건립된 지 12년 후고 평양성 천도 3년 전인 424년(장수왕 12)에 "가을 9월에 크게 풍년이 들었으므로 왕이 宮에서 群臣들에게 연회를 베풀어 주었다"[125]라고 했다. 능비문의 '五穀豊熟'이 한결 실감나게 와 닿는다. 광개토왕 末葉인 재위 18년에 "8월에 왕이 南巡하였다"[126]고 했다. 이 기사는 광개토왕이 거둔 남방경영의 成果와 結實에 대한 확인이었다. 이렇듯 광개토왕대 남방경영의 성공은 後燕의 西侵에 대한 방어전을 통한 戰果와는 사뭇 비중이 다른 것이다.[127]

---

124) 『三國志』 권30, 東夷傳 夫餘 條.

125) 『三國史記』 권18, 장수왕 12년 조.

126) 『三國史記』 권18, 광개토왕 18년 조.

127) 400년에 後燕이 고구려를 침공해서 신성과 남소성을 비롯한 西方 7백여 里

2) 官的秩序의 胎動

광개토왕대 정복전쟁의 성격과 관련해 고구려 중심의 官的秩序에 대한 이해가 필요하다. 고구려 중심의 世界觀은 행정과 통치질서의 球心인 '官'과 그러한 官을 합법적으로 뒷받침해주는 公的 武力인 '官軍'으로 구성되었다. 이러한 官과 일체인 고구려는 주변에 동부여나 백제와 신라 같은 屬民을 설정했다. 이들 諸國을 屬國이 아니라 屬民으로 간주하였다. 즉 국가로 인정하지 않았다. 그렇기 때문에 官의 통치 공간은 당연히 이들 3國에 미치는 양 상정해 놓았다. 官軍이 이들 국가에 출동한다고 해서 결코 주권국가에 대한 침공이 될 수 없다는 논리였다. 그러한 官的秩序에서는 고구려만이 합법성을 지닌 국가였다.[128] 동부여나 백제와 신라는 고구려 통치권 내 가장 자리에 속한 '民', 즉 일개 屬民 集團에 불과할 뿐이었다.[129]

고구려는 律令에 기초한 官的秩序 바깥에 위치한 帛愼土谷을 398년

를 略取했다. 고구려가 402년에 취한 後燕의 숙군성 공격은 보복전의 일환이었다. 405년과 406년에는 後燕이 요동성과 목저성을 각각 침공하였다. 고구려가 後燕을 선제공격한 것은 404년의 "出師侵燕"이 유일하다. 더구나 402년에 고구려가 숙군성을 점령한 것처럼 해석해 왔지만, 당초 점령하지 못했거나 점령했더라도 일찍 빼앗긴 것으로 보아야 한다. 왜냐하면 407년에 宿軍의 典軍 杜靜을 통해 숙군성이 後燕 영역임을 알 수 있기 때문이다 (『資治通鑑』 권114, 義熙 3년 조). 이러한 점들을 놓고 볼 때 광개토왕대 요동 확보에 대한 적극적인 의지는 부각되지 않았다.

128) 고구려의 官的秩序는 소수림왕대 반포된 律令의 基調를 이루었던 것으로 보인다.

129) 李道學, 「광개토왕릉비문의 思想的 背景」『韓國學報』106, 2002 ;『고구려 광개토왕릉비문 연구』, 서경문화사, 2006, 214~216쪽.

에 朝貢 대상으로 편제했다.[130] 400년에는 任那加羅가 그러한 편제 대상으로 남아 있었다. 고구려는 자국이 구획한 이 같은 官的秩序를 해치는 세력으로 倭를 설정하였다. 능비문 영락 14년 조에서는 '반역을 꾀하거나'·'나라의 법을 지키지 않음'을 가리키는 '不軌'라는 표현을[131] 倭에게 구사했다. 즉 '不軌'는 자국 내의 세력을 전제로 했을 때 나올 수 있는 개념이다. 이로 볼 때 광개토왕은 倭를 배타적 적대 세력이 아니라 德化의 대상에 포함시켰음을 알 수 있다. 광개토왕은 倭도 고구려의 官的秩序에 편제하고자 했던 것이다.[132]

그러면 광개토왕이 官的秩序에 포함시킨 세력에 대한 기준과 원칙은 무엇이었을까? 광개토왕은 고구려 주민을 舊民과 新民으로 구분하였다. 구민이든 신민이든 服屬된 시간 차이는 있을지언정 모두 '民'이었다. 광개토왕대에 복속시킨 新民의 종족 구성은 韓穢였다. 新來 즉 '새로 온' 韓穢였다. 이 사실은 舊民의 경우도 '韓穢'를 바탕으로 했을 것으로 생각하게 한다. 그렇다고 할 때 광개토왕은 궁극적으로 韓人과 穢人을 통합 대상 즉, 自國의 民으로 간주했던 것이다. 반면 非韓穢人은 통합 대상에서 배제된 것 같다. 즉 이들은 屬民의 범주에 속할 수도 없었다. 그렇지만 非韓穢人 역시 德化의 대상임은 분명하였다.

---

130) 능비문에 따라 고구려가 屬民과는 조공관계를 맺었다는 주장은 가능하다. 그런데 帛愼土谷을 牧丹江流域의 肅愼 곧 挹婁로 지목하는 주장은 따르기 어렵다. 무엇보다도 帛愼의 영역에서 고구려의 '城谷'체제와 동일한 '城'과 '谷'이 확인되었기 때문이다. 帛愼은 398년에 고구려에 攻伐되어 조공을 논하게 되었다. 이후 백신이 고구려의 屬民이 되었을 수는 있지만, 숙신과는 연관 짓기 어렵다.

131) 단국대학교 부설 동양학연구소, 『漢韓大辭典 1』, 1999, 326쪽.

132) 李道學, 「고구려 광개토왕대의 전쟁 철학」 『전쟁기념관』 75, 2012, 11쪽.

3. 고구려와 백제의 관계

광개토왕이 즉위하기 직전인 389년과 390년에 백제는 고구려의 南
境을 공격하였다. 그런데 『삼국사기』에서는 광개토왕의 즉위를 통해 守
勢에서 과감한 攻勢로 전환한듯한 인상을 준다. 능비문은 이와 관련해
다음과 같은 대단히 중요한 글귀를 남겼다.

百殘新羅 舊是屬民由來朝貢 而倭以辛卯年 來渡△破百殘△△[新]羅以爲臣民

위의 辛卯年 條는 광개토왕의 영락 6년 백제 정벌 명분을 밝힌 前置
文이다.[133] 이 구절에서 백제와 신라는 옛적부터 속민이었기에 와서 조
공했다고 한다. 이는 사실 여부를 떠나 고구려 중심의 官的秩序 속에 백
제와 신라가 속했음을 언명한 것이다. 그런데 이러한 질서가 헝클어진
것은 신묘년 이래로 등장한 倭 때문이라는 變數를 설정했다. 신묘년은
광개토왕이 즉위한 年이었다. 그런데 능비문의 作法은 광개토왕의 즉
위를 기준해서 舊民과 新民으로 구분하였다.[134] 아울러 광개토왕의 즉
위와 동시에 기존 질서를 해치는 倭의 討平을 예고한 것이다. 그리고 신
묘년 조에서 百殘이 다시금 등장하였다. 이 百殘은 고구려의 屬民이었
던 前者의 성격에서 일탈한 對敵者로 豹變해야 한다. 그러면 신묘년 조
후반은 잇대어 적혀 있는 영락 6년 백제 정벌의 動機로서 걸맞은 事由

---

133) 池內宏, 『日本上代史の一研究』, 中央公論美術出版, 1970, 72쪽.

134) 今西龍, 「廣開土境好太王陵碑に就て」 『朝鮮古史の研究』, 近澤書店, 1937,
471쪽.

를 갖춘 셈이다. 즉 영락 6년에 광개토왕이 백제로 출병할 수밖에 없는 논조를 마련했다고 보아야 한다.

그러면 倭가 신묘년 이래로 건너 온 적이 있었던가? 또 倭가 건너 왔다면 어느 지역을 침공한 것일까? 『삼국사기』에 따르면 393년에 倭兵들이 신라의 금성을 포위했다가 퇴각한 바 있다.[135] '신묘년 이래'로의 왜군 침공은 문헌에 단 한 차례 적혀 있을 뿐이었다. 그러나 실제는 이보다 더욱 많았을 수도 있다. 반면 倭軍의 백제 침공 가능성은 상정하기 어렵다. 그렇다고 한다면 신묘년 이래로 건너 온 왜군과 연계한 백제의 공격 대상은 신라일 수밖에 없다. 더구나 '신묘년 이래로'로 해석되듯이[136] 신묘년은 광개토왕 즉위 이래로의 뜻에 불과하다. 그런 만큼 辛卯年이라는 年은 큰 의미가 없는 것이다. 393년 왜군의 신라 침공은 분명히 '신묘년 이래'에 포함된다. 그리고 광개토왕 재위 기간인 403년에 백제가 신라를 침공한 기록이 보인다.[137] 이러한 사실들을 조합해 보면 백제와 倭가 실제 침공했을 정도로 이해가 맞아 떨어진 공동의 敵은 신라였다. 실제 능비문은 400년 왜군의 신라 침공 동기로서 "九年己亥 百殘違誓與倭和通"라고 하였다. 즉 백제와 倭가 한통속임을 분명히 했다. 文面에서 백제가 약속을 어기고 다시금 倭와 화통했음을 밝혔다. 백제가 倭와 화통하지 않겠다고 서약한 시점은 광개토왕이 백제왕의 항복을 받은 396년이 분명하다. 그렇다면 백제와 倭가 화통한 시

---

135) 『三國史記』권3, 나물니사금 38년 조.

136) 이에 관하여는 耿鐵華, 「好太王碑 '辛卯年' 句考釋」『考古與文物』第4期, 1992, 107~111쪽 ; 李道學 譯, 「廣開土王碑 '辛卯年' 句節의 考證과 解釋」 『韓國上古史學報』14, 1993, 427~439쪽을 참조하기 바란다.

137) 『三國史記』권3, 실성니사금 2년 조.

점은 396년 이전부터인 것이다. 결국 393년 왜군들의 신라 침공 배후는 403년에 신라를 직접 침공했던 백제였음을 암시해준다. 광개토왕은 396년에 백제가 항복한 직후에 그 종속 변수였던 倭와의 연결고리를 끊어버리려고 했다. 이러한 역사적 배경을 깔고서 신묘년 조에 대한 해석을 시도해 본다.

신묘년 조에서 "來渡△破百殘△△[新]羅以爲臣民"라는 구절 맨 앞의 △는 周雲臺 拓本에 따라 '每'로 판독한다.[138] 그렇다면 "왜가 신묘년 이래로 건너와서 백잔과 신라를 격파해서 신민으로 삼았다"고 해석할 수 있다. 그러나 이러한 해석은 영락 6년에 광개토왕이 백제를 침공한 사실과 엇박자이다. 倭가 백제와 신라를 자국의 臣民으로 삼았다고 하자. 그렇다면 형식논리상으로라도 고구려가 倭를 격파한 기사가 게재되었

138) 水谷悌二郎 탁본에서도 판독을 유보하고 '△'로 남겨 놓았다(武田幸男 編, 『廣開土王碑原石拓本集成』, 東京大學出版會, 1988, 43쪽). 그가 종전의 '海' 字 釋文을 좇지 않았음을 알 수 있다. 耿鐵華는 '氵' 邊이 보이지 않음을 명백히 했다(耿鐵華, 『好太王碑新考』, 吉林人民出版社, 1994, 103~115쪽 ; 耿鐵華, 『好太王碑一千五百八十年祭』, 中國社會科學出版社, 2003, 411쪽). 武田幸男도 石灰拓本의 '海' 字는 石灰로 整形된 것은 확실하다고 했다(武田幸男, 『廣開土王碑との對話』, 白帝社, 2007, 202쪽). 그러면서 '每' 劃에 대한 허용과 거부에 대해서는 입장을 모두 유보하였다(武田幸男, 『廣開土王碑との對話』, 白帝社, 2007, 298쪽).
耿鐵華, 「好太王碑 '辛卯年'句考釋」 『考古與文物』 第4期, 1992, 107~111쪽 ; 李道學 譯, 「廣開土王碑 '辛卯年' 句節의 考證과 解釋」 『韓國上古史學報』 14, 1993, 427~439쪽에서는 많은 拓本 가운데 水谷拓本·金子氏拓本·東洋文化研究所拓本·九州大學拓本이 '每' 字形을 유지하고 있음과 더불어 周雲臺拓本을 통하여 '海' 字의 '氵' 邊이 왼쪽으로 치우쳤음을 확인한 것이다(李道學 譯, 「廣開土王碑 '辛卯年' 句節의 考證과 解釋」 『韓國上古史學報』 14, 1993, 430쪽).

어야 마땅하다. 그러나 능비문에는 그러한 내용이 수용되지 않았다. 따라서 신묘년 조는 倭가 主格인 문장이 될 수는 없다. 이 구절은 "왜가 신묘년 이래로 건너올 때마다 격파하자"로 해석해야 무난하다. 여기서 주어인 고구려가 생략되었다고 간주된다.[139] 물론 바다를 건너온 왜군을 격퇴한 주체는 393년의 사례에서 보듯이 신라였다. 그렇지만 고구려는 신라를 자국의 속민으로 간주했다. 이렇게 본다면 고구려가 왜군을 격파했다고 주장할 수도 있다. 물론 고구려가 직접 격파한 일은 아닌 관계로 매번 격파했다는 套語的 서술을 한 것으로 보인다. 의례적인 문투에 주어인 고구려를 직접 거명할 수 없었던 데에는 이러한 연유가 깔린 것 같다.

그리고 두 번째 '△△'는 文義에 비추어 백제가 고구려를 拒逆한 문자가 적혀 있어야 한다. 즉 고구려의 백제 침공 동기가 게재되었어야 마땅하다. 그런데 缺落字에는 고구려의 응징 대상인 백제의 배반 이유를 명시할 목적으로, 屬民이라는 지배권의 연유를 먼저 걸어두었던 것 같다. 그리고 이러한 常數를 일거에 轉變시킨 倭라는 變數를 투입하였다. 그런데 한반도에 건너 온 倭는 連破 당하는 상황이었다. 이와 맞물려 백제는 고구려의 對敵者로 표변하여 신라를 臣民으로 삼았다는 것이다. 그러나 백제가 신라를 신민으로 삼은 적이 없다. 대신 그러한 意圖와 관련한 문자가 '△△'에 담긴 것으로 보여진다. 따라서 신묘년 조는 다음과 같이 해석된다. 즉 "백제와 신라는 옛적부터 屬民이었기에 와서 조공했다. 그런데 (고구려는) 倭가 신묘년 이래로 건너 올 때마다 격파하

---

139) 신묘년 조의 백제의 능동적 역할에 대해서는 鄭杜熙, 「廣開土王陵碑文 辛卯年 記事의 再檢討」『歷史學報』83, 1979, 208쪽, 註 101이 참고된다.

자, 백제는 신라를 침략하여 臣民으로 삼고자 했다"라는 해석이다. 여기서 '爲臣民' 구절은 "倭人滿其國境 潰破城池 以奴客爲民(능비문 영락 9년조)"라고 한 문구에 비견된다. 즉 '爲臣民'은 고구려의 奴客인 신라를 이제는 倭가 '爲民'하려는[140] 文套와 동일 線上에 놓을 수 있다. 따라서 兩者는 고구려군 出兵의 명분을 위한 가장 급박한 假定을 설정한 것이다. 이제 관련 문자를 넣어 새롭게 석문을 작성하면 다음과 같다.

百殘新羅 舊是屬民由來朝貢 而倭以辛卯年來渡 每破 百殘[欲侵]新羅以爲臣民

그러나 이와는 달리 여전히 支持者가 많은 舊說대로 '海' 字를 살려 해석해 보자. 그러면 백제와 신라는 옛적부터 屬民이었기에 와서 朝貢을 했다. 그런데 倭가 신묘년 이래로 바다를 건너와 어떤 대상을 공격했다는 것이다. 여기서 百殘과 新羅 사이에 2字가 缺落된 관계로 臣民으로 삼은 주체를 단정하기에는 미심한 구석이 있다. 즉 缺落字 '△△'을 통한 또 다른 가능성을 모색하지 않고 慣性에 의해 舊說을 좇은 것은 아닌지 自問이 필요할 것 같다. 그렇지만 辛卯年 條 해석과 관련해 고구려 苦況說의 입장에서는 舊說을 支持하고 있다.[141] 백제가 고구려의 屬民인 신라를 침략해서 臣民으로 삼고자 한 新說도 고구려에게는 분명히 危機요 苦境에 속한다.

그러면 이와 관련해 백제와 倭와의 연원을 살펴보자. 백제 근초고왕은 366년에 倭 사신을 招致하였다. 369년에 백제는 왜군과 더불어 마

---

140) 이러한 해석은 浜田耕策, 「高句麗廣開土王碑文の硏究」 『朝鮮史硏究會論文集』 11, 1974, 19쪽에 따른다.

141) 武田幸男, 『廣開土王碑との對話』, 白帝社, 2007, 109~110쪽.

한 잔읍 평정에 보조를 맞추었다. 백제는 이때 왜와 혈맹 관계를 구축했다.[142] 그런데 4세기 후반 백제 진사왕 정권은 倭와의 관계가 순탄하지 않았다. 倭에 무례했다는 진사왕을 이어 즉위한 아화왕의 경우도[143] "백제기에 이르기를 阿花가 즉위해서 貴國에 무례했다. 때문에 우리의 枕彌多禮 및 峴南·支侵·谷那·東韓之地를 빼앗겼으므로 왕자 直支를 天朝에 보내어 先王의 好를 닦았다(應神 8년 조)"[144]고 했다. 『일본서기』에 따르면 진사왕이 사망하고 아화왕이 즉위한 때가 應神 3년이다. 이때는 『삼국사기』에 의하면 392년이 된다.[145] 그로부터 5년 후인 應神 8년에 腆支 즉 直支를 倭에 質로 파견하였다. 『삼국사기』 아화왕 6년 조에서도 "왕이 왜국과 더불어 結好하여 태자 腆支를 質로 삼았다"[146]고 했다. 이때는 정확히 397년으로서, 『일본서기』와 『삼국사기』의 시점이 서로 부합되고 있다. 따라서 백제의 質 파견은 396년 고구려군의 공격으로 백제 아화왕이 항복한 직후가 된다.

백제는 자국 중심의 세계관을 구축하면서 고구려와 대결하였다. 그러나 백제는 396년에 패퇴함으로써 왜에 황급히 지원을 요청한 형국이었다. 물론 당시 백제는 倭에 고분고분하지 않았다. 그랬기에 왜가 신묘년에 건너와서 백제를 격파했다는 논리도 있다. 그러나 『일본서기』에서 倭가 백제 진사왕이나 아화왕이 무례했다고 출병한 기록은 없다. 『일본서기』에 따르면 이 사안은 진사왕의 제거와 소위 '東韓之地' 등의 탈취

---

142) 李道學, 『백제 고대국가 연구』, 一志社, 1995, 140~143쪽.

143) 『日本書紀』권10, 應神 3년 조.

144) 『日本書紀』권10, 應神 8년 조.

145) 『三國史記』권25, 阿莘王 즉위년 조.

146) 『三國史記』권25, 阿莘王 6년 조.

로써 해소된 것처럼 적혀 있다. 사실이 그러했다면 倭가 백제를 격파하여 臣民으로 삼았다는 능비문에 근거한 논법과는 맞지 않다. 倭가 군이 바다를 건너와 백제를 격파해야할 요인이 발생하지 않았기 때문이다. 무엇보다도 이러한 사건들은 396년 이전에 발생했어야 한다. 그러나 백제에 대한 倭의 소위 제재는 397년이었다. 요컨대 이 같은 일련의 사건들은 396년에 고구려가 백제만을 공격한 원인이 되기는 어렵다.[147]

백제는 정치적으로 倭와는 거리를 두면서 고구려와의 對決에 국력을 집중했다. 그러면 백제가 倭와 間隙을 둔 이유는 무엇이었을까? 그 이유는 근초고왕대의 '先王의 好'를 계기로 倭가 백제에 대한 영향력 행사를 기도했기 때문이었을 것이다.[148] 이로 인해 백제는 倭와 냉각기를 가졌다. 그렇지만 고구려의 입장에서 兩國은 敵對 勢力이었다. 그리고 兩國은 여전히 이해를 공유하는 한통속에 불과하였다. 이러한 맥락에서 볼 때 응신 8년 조의 '先王의 好'는 근초고왕대의 맹약을 가리키는 동시에 군사 동맹이 요체였다. 따라서 腆支의 파견은 군사 동맹과 결부되었다고 본다. 이는 고구려의 군사적 압박에 고전하고 있던 개로왕대에 王弟 곤지를 왜에 파견할 때도 '兄王의 好'를 거론했다.[149] 이러한 점에서도 '先王의 好'가 지닌 군사동맹적 성격을 가늠할 수 있다. 따라서

---

147) 武田幸男은 舊說의 基調를 유지하면서 다음과 같은 논조를 유지했다. 즉 倭가 신묘년에 건너와 백제를 격파하고, 東으로는 신라를 △△하여 臣民으로 삼았다는 것이다(武田幸男, 『廣開土王碑との對話』, 白帝社, 2007, 295~300쪽).

148) 『日本書紀』권10, 應神 8년 조에 보이는 '先王의 好'는 倭에 무례했다는 아화왕이나 진사왕을 가리킬 수는 없다. 그런 만큼 '先王의 好'라는 정치적 연결점은 백제와 倭가 처음 通好한 근초고왕대를 가리킨다고 보아야 한다.

149) 『日本書紀』권14, 雄略 5년 7월 조.

신묘년 이래로 건너온 倭의 공격 대상은 신라로 국한시켜 보아야한다. 對馬島에 軍營을 둔 왜군의 신라 공격이었다. 요컨대 396년에 대참패를 당한 백제로서는 자력으로 만회할 수 없는 고구려 공격을 위해 倭를 끌어들일 수밖에 없었다. 이러한 맥락에서 전지를 왜에 파견한 것으로 보아야 한다.[150] 그러나 倭가 즉각 군사적 움직임을 보여주지는 못한 것 같다.

그러자 백제는 고구려를 견제할 수 있는 가장 유효한 세력인 後燕과의 연계를 시도한 것으로 보인다. 백제 조정에서 활약한 귀족 가운데 後燕 귀족 가문 출신인 馮氏의 존재가 확인된다. 그리고 백제 지역에서 출토된 선비계 마구류와 특히 귀고리는 백제와 후연간의 교류를 암시해 주는 물증이다.[151] 이는 훗날 고구려의 南進壓迫에 苦戰하던 개로왕이 北魏에 줄을 대던 상황을 연상하게 한다. 이와 맞물려 400년 정월에 광개토왕이 이례적으로 後燕에 사신을 보내 조공했다. 그럼에도 불

---

150) 이에 관해서는 양기석, 「三國時代 人質의 性格에 對하여」『史學志』15, 1981, 56쪽이 참고된다.

151) 李道學, 「高句麗와 百濟의 對立과 東아시아 世界」『高句麗硏究』21, 2005 ; 『고구려 광개토왕릉비문 연구』, 서경문화사, 2006, 103~109쪽.
李道學, 「百濟의 起源과 慕容鮮卑」『충북문화재연구』4, 충청북도문화재연구원, 2010, 7~28쪽.
後燕은 고구려가 400년에 낙동강유역으로 진출한 틈을 타고 기습적으로 그 후방의 700餘 里의 땅을 약취하는 데 성공하였다. 그러나 곧 고구려의 반격으로 인해 대릉하 일대까지 빼앗기는 위기적인 상황에서 백제에 지원을 요청했던 것이다. 이로 인해 백제군이 요서 지역에 진출하였지만 곧 北燕 정권이 등장하여 고구려와 우호 관계를 열었다. 이때 상황이 애매해진 遼西 駐屯 백제군은 주둔지를 實效支配하였는데, 곧 晉平郡의 설치인 것이다(李道學, 「百濟의 海外活動 記錄에 관한 檢證」『충청학과 충청문화』11, 충청남도역사문화연구원, 2010, 297~314쪽).

구하고 후연은 그 다음 月인 2월에 오히려 고구려를 기습·공격하였다. 이는 이해하기 어려운 사건이다. 그러나 그 前에 이미 후연과 백제의 상호 묵계가 전제되었기 때문에 조공 효과가 없었다.[152] 이러한 사실도 모른 채 신라를 침공해 온 왜군 격퇴를 위한 고구려의 구원전이 펼쳐졌다. 영락 10년 조 釋文의 "△殘潰△"[153]라는 구절의 '殘'은 '百殘'을 가리킨다. 즉 백제군의 참전이 드러난다. 이와 더불어 다음의 기사를 살펴보자.

옛적에 新羅가 高麗에 도움을 요청하여 任那와 百濟를 공격하였으나 그래도 이기지 못하였다. 신라가 어찌 홀로 任那를 멸망시킬 수 있겠는가?[154]

위의 발언은 백제 성왕이 절박한 어조로 任那 루岐들에게 한 것이다. 성왕이 거론한 고구려군의 出兵 時點은 400년이 분명하다. 아울러 이 전쟁에서 백제가 개입한 사실이 다시금 드러나고 있다. 그렇다고 할 때 400년 고구려의 신라 구원전은 高句麗=新羅, 그에 대적하는 百濟=倭를 비롯해서 戰場인 任那加羅와 고구려의 출병을 이용해서 그 후방을 급습한 後燕 등 모두 6개국이 참전한 동북아시아 최대의 戰場과 戰爭으로 그 의미를 평가할 수 있다.[155] 요컨대 이 전쟁은 오래 전부터 남방경영

---

152) 李道學, 「高句麗와 百濟의 對立과 東아시아 世界」 『고구려연구』 21, 2005 ; 『고구려 광개토왕릉비문 연구』, 서경문화사, 2006, 108쪽.

153) 耿鐵華, 「好太王碑一千五百九十年祭」 『中國邊疆史地研究』 15-3, 2005, 70 쪽에 게재된 方起東의 釋文에 의함.

154) 『日本書紀』 권19, 欽明 2년 4월 조.

155) 後燕과 백제의 연계가 기록에 보이지 않는 이유는 일단 고구려가 감쪽 같이 속았을 정도로 은밀하였기 때문일 것이다.

을 준비해 온 고구려와, 전면에 倭를 내세우면서 고구려를 유인하는 전략을 구사해 온 백제 간 대결 구도의 發火였다.

백제는 403년에 신라를 침공했다. 능비문에 따르면 그 이듬해인 404년에 왜군은 고구려의 帶方界를 급습했다. 이러한 일련의 군사적 조치는 백제와 倭가 긴밀히 연계되었음을 알린다.[156] 백제 협조 없이는 왜군 선단의 대방계 침공이 가능하지 않기 때문이다. 고구려와 백제의 전쟁은 다음에 보이는 영락 17년 조에서 절정에 이른다. 즉 "斬煞蕩盡"이라는 壓勝을 기록하고 있다.

十七年丁未 敎遣步騎五萬 △△△△△△△△△△師△△合戰 斬煞蕩盡 所獲鎧鉀一萬餘領 軍資器械不可稱數 還破沙溝城 婁城 △[住]城 △城 △△△△△ △城

위에서 인용한 영락 17년 조의 결락자를 복원하면 대략 "敎遣步騎五萬 往討百殘至△△城 王師與殘合戰"으로 추정할 수 있다. 그런데 이 전쟁은 出兵 名分이 보이지 않는다. 그러나 영락 17년 조는 "百殘違誓與倭和通(영락 9년 조)"에 모두 걸리는 사건으로 보아야 한다.[157] 당장 백제와 倭가 연계한 산물이 400년 신라 구원전, 404년 왜군의 대방계 침공, 가깝게는 407년 步騎 5萬의 백제 지역 출병으로 이어졌음을 뜻한다.

---

156) 朴時亨, 『광개토왕릉비』, 사회과학원출판사, 1966, 199쪽.
朴眞奭, 『호태왕비와 고대조일관계연구』, 연변대학출판사, 1993, 202쪽.
李鎔賢, 『가야제국과 동아시아』, 통천문화사, 2007, 213쪽.

157) 李道學, 「廣開土王陵碑文에 보이는 戰爭 記事의 分析」 『高句麗研究』 2, 1996 ; 『고구려 광개토왕릉비문 연구』, 서경문화사, 2006, 251쪽.

407년의 전쟁은 '合戰'이라고 하였듯이 고구려군과 백제군이 일정한 지점에서 遭遇하여 激戰을 치렀음을 뜻한다. 그 지점은 전략적으로 중요할 뿐 아니라 출병 규모에 비추어 볼 때 400년의 신라 구원전에 맞먹는 비중 큰 전투였음을 가리킨다. 『삼국사기』를 보면 407년 전후해서 고구려와 백제 간의 전투는 보이지 않는다. 이 사실은 고구려가 407년의 전투에서 종심 깊숙한 백제의 전략적 거점을 장악하여 압박할 수 있는 교두보 구축을 뜻할 수 있다. 이는 고구려군이 회군하면서 백제의 6城을 격파한데서 짐작할 수 있다.

백제는 이후 왜와의 관계를 急轉시켰다.[158] 敗戰으로 인한 백제측의 타격을 짐작하게 한다. 결국 능비문에 보이는 2차례에 걸친 對百濟戰의 종결편인 영락 17년 조는 고구려가 禍根인 백제를 제압한 것이다. 백제가 당분간 고구려에 대적할 수 없게끔 壓勝한 것으로 마무리 지었다. 이후 백제는 한동안 고구려에 대한 군사적 공세를 취하지 못하였다. 그렇다고 고구려가 백제에 대한 일방적 優位를 확보한 것도 아니었다. 능비문이 작성된 412년에도 '百殘'이라는 貶稱을 사용했다. 이 자체가 백제는 여전히 고구려 손아귀 안에 들지 않은 버거운 상대였음을 반증해 준다.

4. 고구려와 신라의 관계

고구려와 신라 관계의 연원은 377년에 신라 사신이 고구려 사신을

---

158) 『三國史記』 권25, 전지왕 5년·14년 조.

따라 前秦에 조공한데서 실마리를 찾는다.[159] 고구려는 이후 영향력을 신라에 미치는 계기로 삼았다. 실제 고구려는 광개토왕 즉위 이듬해인 392년에 사신을 신라에 파견했다. 『삼국사기』 고구려본기에서는 이 사실을 "신라에 사신을 보내 修好하자, 신라 왕이 조카 實聖을 보내 質로 삼았다(고국양왕 9년 조)"고 했다. 그런데 신라본기에서는 "고구려가 사신을 보내자, 왕이 고구려가 强盛하였기에 이찬 대서지의 아들 實聖을 보내어 質을 삼았다(나물니사금 37년 조)"고 적혀 있다. 實聖을 質로 삼은 것은 단순한 '修好' 차원이 아니었다. 고구려의 强盛이라는 外壓의 산물임을 암시한다. 고구려 왕족이 신라에 質로 온 적이 없었다. 그랬기에 兩者의 관계는 일방적인 고구려의 優位를 가리킨다. 그런데 이듬해인 393년 5월에는 倭人이 신라의 金城을 포위하였다.[160] 신라가 고구려의 영향권에 편제된 데 대한 反擊 내지는 통상적인 침공인지는 그 성격이 명확하지 않다. 그런데 신묘년 이래로 침공해 왔다는 倭가 큰 事端을 일으켰다. 다음의 능비문을 통해 알 수 있다.

九年己亥 百殘違誓與倭和通 王巡下平穰 而新羅遣使白王云 倭人滿其國境 潰破城池 以奴客爲民 歸王請命太王[恩慈] 矜其忠[誠] △遣使還告以△計

위의 구절은 백제가 倭와 作黨하는 것 같아 광개토왕이 평양성으로 내려왔다는 요지이다. 광개토왕이 백제나 倭를 膺懲하기 위한 차원에서 決戰 準備次 평양성으로 내려왔다. 그러자 때 마침 신라 사신이 찾아와

---

159) 末松保和, 『新羅史の諸問題』, 東洋文庫, 1954, 136~139쪽.
160) 『三國史記』 권3, 나물니사금 38년 조.

절박한 어조로 "倭人이 그 國境에 가득 찼는데, 城池를 潰破하여 奴客을 民으로 삼고자 합니다"고 呼訴했다. 잇대어 적혀 있는 "歸王請命太王[恩 慈] 矜其忠[誠] △遣使還告以△計"라는 구절은 광개토왕이 '恩慈'를 발휘하여 신라 사신에게 密計를 알려 보냈다고 한다.[161] 그리고 이듬해인 400년 초에는 즉각 步騎 5萬의 大兵을 출병시켰다는 것이다.[162] 이 같은 신라 救援戰은 契機的 서술과 정치 선전문적인 修辭가 섞여 있다. 그런 관계로 실상 파악에 어려움을 초래한다. 이와 관련해 신라 救援戰 직전에 적힌 영락 8년 조 帛愼土谷으로의 進出 件이 유의된다.[163] 이 件은 임나가라 지역으로의 진출을 위한 내륙 교통로의 장악과 관련 있다고 한다.[164] 그렇다면 광개토왕이 평양성으로 내려 온 동기로서 백제와 倭의 和通이라는 명분, 평양성에 대기하듯이 기다리자 신라 사신이 찾아 왔고, 즉각 大兵을 출병시킨 일련의 과정은 修飾에 불과하다고 판단된

---

161) 王健群, 『好太王碑研究』, 吉林人民出版社, 1984, 176쪽.

162) 이때 고구려군의 南下路는 평양 → 수안 → 신계 → 화천 → 춘천 → 원주 → 충주 → 단양 → 죽령으로 설정되어진다(李道學, 「永樂 6年 廣開土王의 南征과 國原城」『孫寶基博士停年紀念韓國史學論叢』, 知識産業社, 1988 ; 『고구려 광개토왕릉비문 연구』, 서경문화사, 2006, 378쪽).

163) 고구려가 이때 공략한 지역인 '帛愼土谷 莫△羅城 加太羅谷'에서 보이는 '城·谷'의 존재는 이곳을 지금까지 숙신 지역으로 지목했던 학설이 성립하기 어려움을 뜻한다. 지하 穴居 생활을 하던 숙신의 거주 단위는 최소한 고구려와 같은 城·谷體制는 아니었기 때문이다. 따라서 백신토곡은 고구려와 교류가 깊고 그 영향을 받은 1지역으로 보인다. 이러한 맥락에서 영락 8년 조는 영락 6년 백제 정벌의 여파로 이해하는 동시에, 백신토곡을 백제와 인접한 남한강유역이나 강원도 지방의 濊地로 간주하는 견해를 취할 수 있다.

164) 李道學, 「高句麗의 洛東江流域 進出과 新羅·伽倻經營」『國學研究』2, 1988 ; 『고구려 광개토왕릉비문 연구』, 서경문화사, 2006, 405~406쪽 참조.

다. 광개토왕은 오래 전부터 백제와 倭 그리고 임나가라로 이어지는 연결고리를 차단하려고 했다. 그러한 차원에서 신라 구원을 명분삼아 大出兵을 단행한 것으로 보아야 맞을 것 같다.[165] 倭軍의 신라 침공은 '신묘년 이래'나 393년에만 국한된 것이 아닌 연례 행사적인 성격을 지녔다. 그랬기에 왜군의 신라 침공은 고구려군 출병의 명분으로서는 대단히 유효한 소재였을 것이다. 결국 고구려군은 왜군을 격퇴하고 임나가라까지 진출하였다.

문제는 그 이후라고 하겠다. 고구려에 質로 있던 실성의 귀국을 『삼국사기』 나물니사금 46년 조에서 "가을 7월에 고구려에 質로 갔던 實聖이 돌아왔다"라고 하였다. 이때는 401년이 되지만 그 45년 조의 "겨울 10월에 왕이 타던 대궐 안 외양간의 말이 무릎을 꿇고 눈물을 흘리면서 슬피 울었다"[166]는 조짐 기사가 있다.[167] 이 기사를 왜군의 침공이나 고구려 세력의 남하 위협과 결부 짓는다면, 400년보다 1년 앞선 399년이 적합하다. 물론 이 기사가 고구려의 구원을 가리킨다고 해석할 수도 있다. 그러나 말이 '슬피 울었다[哀鳴]'고 하므로 불길한 일에 대한 豫兆인 것이다. 게다가 400년 벽두 고구려군이 출병하여 상황이 종료된 후인 그해 10월과 결부 짓는 것은 시점상 조금 어색하다. 아무튼 이와 관련한 저간의 사정은 능비문 다음 구절과 관련 있을 것이다.

---

165) 李道學, 「高句麗의 洛東江流域 進出과 新羅·伽倻經營」 『國學研究』 2, 1988 ; 『고구려 광개토왕릉비문 연구』, 서경문화사, 2006, 405쪽.

166) 『三國史記』 권3, 나물니사금 45년 조.

167) 이 기사를 나물왕의 실각과 결부 짓는 견해에 대해서는 신중해야한다는 지적이 있다(장창은, 『신라 상고기 정치 변동과 고구려 관계』, 신서원, 2008, 95쪽).

昔新羅寐錦未有身來[論事]△[國罡上廣]開土境好太王△△△△寐[錦]△△[僕]
勾△△△△朝貢

　위의 구절은 결락이 많아서 全貌를 정확하게 파악하기는 어렵다. 그
러나 대체적인 요지는 고구려군의 신라 구원전이 성공리에 마무리됨에
따라 신라 寐錦이 처음으로 몸소 찾아와 광개토왕에게 조공했다고 한
다.[168] 그러한 직후에 實聖이 신라로 귀환하고 이듬 해 2월에 나물왕이
사망하자, 실성이 즉위했다. 실성이 즉위한 이유로서는 나물왕의 아들
이 '幼少'했기 때문이라고 한다.[169] 그러나 47년간 재위했던 나물왕의
아들이 '幼少'했다는 것은 실성의 簒奪을 정당화하기 위한 筆法에 불과
하다.

　광개토왕은 나물왕을 불러들인 다음 고구려의 救援戰으로 국체를 보
존했음을 강조한 후 實聖의 존재를 부각시켰을 법하다.[170] 동시에 실
성을 신라로 귀환시킨 직후 나물왕이 사망하였다. 그리고 실성이 즉위
하는 일련의 과정에는 고구려의 영향력이 행사되었다고 보아진다. 광
개토왕은 신라에 확실한 친고구려 정권을 심어놓고자 했다.[171] 문제는

---

168) 박시형, 『광개토왕릉비』, 사회과학원출판사, 1966, 197쪽.

169) 『三國史記』 권3, 실성니사금 즉위년 조.

170) 고구려에 몸소 찾아온 신라 매금을 실성왕으로 간주하는 시각도 있다(주보
　　돈, 「高句麗 南進의 性格과 그 影響 -廣開土王 南征의 實相과 그 意義」『大丘
　　史學』82, 2005, 50쪽). 그런데 영락 10년 조의 결산인 이 구절의 "昔新羅寐
　　錦"은 '昔'이라고 하였듯이 과거 신라 왕들에 대한 일반론일 뿐이다. 특정 왕
　　을 가리키는 것은 아니었다. 반면 후자의 寐錦은 400년 전쟁의 결과인 만
　　큼, 그 수혜자인 나물왕의 感泣 결과로 간주하는 게 문장의 흐름에 더욱 맞
　　을 것 같다.

171) 실성왕 정권과 고구려의 관계는 장창은, 『신라 상고기 정치 변동과 고구려

실성왕이 즉위한 직후에 다시금 倭가 등장하고 있다. 고구려에 質로 간 지 10년만에 귀환한 실성은 고구려의 지원으로 즉위한 게 분명하다. 그럼에도 실성 즉위와 동시에 倭와 '通好'하고 나물왕의 아들 미사흔을 質로 보낸[172] 것은 어떻게 해석할까? 물론 이 사건을 나물왕이 자신을 고구려에 質로 보낸 것에 대한 보복으로도 말한다. 그러나 이 자체가 고구려가 촉각을 곤두세웠던 "百殘違誓與倭和通"라는 式의 倭와의 和通을 가리킨다. 아울러 고구려와 倭 사이에 처한 신라 조정의 딜레마를 엿볼 수 있다.

그러면 고구려의 지원으로 즉위한 실성왕이 즉위와 동시에 倭와 '通好'한 것은 무엇을 의미할까? 실성왕 정권은 倭와의 제휴를 통해 고구려 영향권에서 벗어나고자 했을 수 있다. 그런데 405년과 407년 왜군의 신라 침공과 408년 倭의 거점인 대마도 정벌 논의 기사가 보인다.[173] 이때 신라가 倭와 '通好'했다고 하지만 왜군의 신라 來侵은 변함없이 이어졌다. 이들을 倭 조정의 통제권 밖에 있는 海賊 집단으로 간주하면 간단하다. 그러나 신라가 通好했고, 또 質을 보낸 倭 조정에서 해적 집단을 통제하지 못했고, 신라가 일개 해적 집단에게 시종 몰리고 있었다는 것도 석연찮다. 미사흔 質 관련 기록이 『일본서기』에도 보이는 만큼[174] 신라가 質을 보낸 대상은 大和政權이 분명하다. 다만 이때는 大和政權이 九州 지역을 통합하지 못한 상황이었다. 따라서 405

　　관계」, 신서원, 2008, 99~105쪽이 참고된다.

172) 『三國史記』권3, 실성니사금 원년 조.

173) 『三國史記』권3, 실성니사금 4년·6년·7년 조.

174) 『日本書紀』권9, 神功 5년 조.

년과 407년에 신라를 침공한 倭 勢力은 九州의 지방 정권으로 간주된다.[175] 어쨌든 이러한 상황에서 신라는 왜군의 보복을 막기 위한 궁여지책으로서 '通好'했을 수 있다.[176] 나물왕의 왕자들에 대한 추방은 본질이 아니라 방편에 불과한 것이었다. 신라가 고구려와 倭에 함께 質을 보낸 것은, 백제가 396년 고구려에 大臣과 王弟를 質로 보냈지만 그 직후 倭로도 전지 태자를 質로 보낸 경우를 연상시킨다. 그러니 신라의 행위가 결코 이례적인 상황 조성이 될 수는 없다.

400년에 고구려의 大兵이 신라 구원을 명분으로 출병했다. 이후 고구려의 소부대가 신라에 주둔하였다.[177] 그럼에도 불구하고, 400년의 南征 자체는 실패했음을 뜻하는 문자로 받아들여야 할 것 같다. 그 이유는 다음과 같다. 고구려가 신라를 굳건히 보위해 주었거나 內政에 대한 통제력이 제대로 작동되어졌다고 하자. 그렇다면 신라가 倭에 質을 파견할 수도 없었다. 또 그럴 필요조차 없었을 것이다. 따라서 慶州 출토 壺杅와 영일만까지 뻗어 내려온 고구려 행정지명의 분포에 겁먹은 논자들의 추측처럼 양국 관계가 일방통행만은 아니었다.

고구려의 신라 내정에 대한 지배력은 생각처럼 강고하지 않았던 것 같다. 이는 다음의 몇 가지 점에서 유추할 수 있다. 즉 신라는 418년에 고구려에 質로 가 있는 卜好를 빼 왔다.[178] 424년에 신라가 고구려에

---

175) 井上光貞, 『日本の歷史 1』, 中央公論社, 1982, 362~365쪽 참조.

176) 『三國史記』 박제상전에 따르면 倭王이 신라에 質을 요구한 것으로 적혀 있다(『三國史記』 권45, 박제상전).

177) 末松保和, 『新羅史の諸問題』, 東洋文庫, 1954, 141쪽.
    李道學, 「高句麗의 洛東江流域 進出과 新羅·伽倻經營」 『國學研究』 2, 1988 ;
    『고구려 광개토왕릉비문 연구』, 서경문화사, 2006, 407쪽.

178) 『三國史記』 권3, 訥祇麻立干 2년 조.

사신을 보내오자 "왕이 이들을 위로하고 特厚했다"[179]는 자체가 반증할 수 있다. 고구려의 영향력이 절대적이었다면 質을 빼오거나 신라 사신을 '特厚'하는 일이 발생하기는 어려웠을 것이다. 따라서 434년에 신라가 백제와 反高句麗同盟인 소위 나제동맹을 체결한[180] 것도 고구려의 통제력에서 일찌감치 벗어났기에 가능했다고 본다. 그간 고구려군이 464년까지 경주에 주둔한 양 서술된 『일본서기』雄略紀의 설화적 기사를 맹신한 느낌이 든다.[181] 더불어 고구려의 신라에 대한 영향력을 과대평가한 感이 없지 않았다.

5. 고구려와 任那加羅의 관계

고구려는 400년 이전에 지금의 金海에 소재한 任那加羅와 특별한 관

『三國遺事』에는 卜好가 425년에 귀환한 것으로 적혀 있다. 그러나 『三國史記』 박제상전에는 복호의 귀환 시점을 "及訥祇王即位"라고 하였다. 게다가 『三國史記』 本紀에서도 訥祇王 2년 초에 복호의 귀환, 그해 가을 미사흔의 귀환 시점이 列傳과 서로 부합되고 있다. 따라서 복호의 귀환도 418년이 맞다고 보아야 한다.

179) 『三國史記』 권18, 장수왕 12년 조.

180) 『三國史記』 권3, 실성니사금 18년 조.

181) 신라가 450년에 고구려 邊將 살해 사건만 보더라도 『일본서기』 권14, 雄略 8년 조 기사를 신빙하기는 어렵다. 게다가 450년경에 건립된 충주고구려비에서 '賜'에 대한 구절이 頻出하듯이 신라에 대한 회유와 포섭을 통한 羅濟同盟의 해체 시도를 읽을 수 있다. 과거의 고구려와 신라의 일방적인 관계는 더 이상 아니었다(李道學, 「中原高句麗碑의 建立 目的」『高句麗研究』 10, 2000 ; 『고구려 광개토왕릉비문 연구』, 서경문화사, 2006, 465~468쪽).

계를 맺은 바 없었다. 광개토왕도 임나가라에 대해 각별히 의미 부여를 한 것 같지도 않다. 그랬기에 능비문에서 임나가라를 속민으로 설정하지도 않았고, 朝貢에 대한 시비도 없었던 것 같다. 그런데 樂浪郡과 帶方郡의 퇴출로 인해 임나가라 교역권이 쇠퇴하였다. 그리고 366년에 卓淳國에 온 倭使를 초청한 직후인 369년에 백제 근초고왕의 군대가 낙동강유역에 출병한 사실 등은 임나가라의 고립을 재촉하는 계기가 되었을 법하다. 이제는 임나가라가 백제와 경쟁하는 국면이 되었기 때문이다.[182] 그런 만큼 임나가라가 고구려와 특별히 적대 관계를 맺을 이유가 없었다. 그러나 외형상으로는 고구려의 남진 압박을 타개하기 위한 백제와 倭 나아가 任那加羅의 이해는 일치하였다. 이해관계 공유는 결국 이웃 小國인 任那加羅에 대한 백제의 구속력으로 이어질 수밖에 없었다. 남방진출에 부심한 고구려 역시 임나가라를 자국편으로 당길 필요가 있었다.[183] 결국 400년 步騎 5萬에 이르는 고구려 대병의 출병과 戰場의 확대는 좋든 싫든 고구려와 임나가라가 관계를 맺는 일대 사건이 되었다. 능비문의 다음 기사가 그러한 사실을 나타낸다.

a. 十年庚子 教遣步騎五萬 往救新羅 從男居城 至新羅城 倭滿其中 官軍方至 倭賊退△△背急追至任那加羅從拔城 城卽歸服 安羅人戍兵

b. △新[羅]城△城 倭[寇大]潰 城△△△盡△△△安羅人戍兵

---

182) 李道學, 「加羅聯盟과 高句麗」『第9回加耶史國際學術會議: 加耶와 廣開土大王』, 金海市, 2003 ;『고구려 광개토왕릉비문 연구』, 서경문화사, 2006, 441~442쪽.

183) 李道學, 「'廣開土王陵碑文'에 보이는 征服의 法則」『東아시아古代學』20, 2009, 100쪽.

c. [新]△△△△[其]△△△△△△△△言△△△△△△△△△△△△△△△△△△
   △△△△△△△△△辭△△△△△△△▨△△△△潰△△△△安羅人戍兵

d. 昔新羅寐錦未有身來[論事]△[國罡上廣]開土境好太王△△△△△寐[錦]△△
   [僕]勾△△△△朝貢

　위에 보이는 능비문 영락 10년 조에서는 고구려군의 왜군 격퇴와 관
련해 "安羅人戍兵"이라는 문구가 3回나 나온다. 제한된 공간에 구사된
능비문치고는 이례적으로 많은 글귀가 보이는 게 "安羅人戍兵"이다. 그
런데 이 구절의 安羅人을 咸安 安羅國人으로 조직된 수비병으로 해석하
는 견해가 대부분이었다. 그러나 "安羅人戍兵"은 전쟁 기사의 결산으로
이해해야 마땅하다. 고구려의 입장에서 볼 때 "安羅人戍兵"은 勝戰의 결
과로써 기재하였기 때문이다. 그런 만큼 "安羅人戍兵"은 주어나 명사가
될 수 없다. 나아가 "安羅人戍兵"이 안라국 수병이 될 수 없는 근거는 다
음과 같다.

　첫째, 세 번째 등장하는 c의 "安羅人戍兵"과 바로 그 뒤에 잇대어 적
혀 있는 d의 "昔新羅寐錦未有身來[論事]"라는 문장에 관한 문제이다. 여
기서 "安羅人戍兵"이 명사라면 접속된 "昔新羅寐錦未有身來[論事]"라는
글귀 사이에 動詞가 없다.[184) 안라국 수병설은 이러한 결정적 문제점이
있다.

　둘째, d의 "昔新羅寐錦未有身來[論事]"라는 구절은 앞 구절인 "安羅人

---

184) 武田幸男은 '安羅人戍兵'을 2차례나 주어로 사용하다가 마지막의 c에서만
　　　문장 종결구로 놓아두었다(武田幸男, 『廣開土王碑との對話』, 白帝社, 2007,
　　　322쪽). 氏가 이 문제를 해결하지 못한 곤혹스런 상황을 엿볼 수 있다.

戍兵"과는 별개의 문장 導入部로 간주해야 적합하다. "옛적에 신라 매금이 몸소 찾아 온 적이 없었는데"라는 구절은 바로 앞에 적힌 "安羅人戍兵"과는 별개의 스토리 시작으로 보아야 한다. 이 구절은 능비문 冒頭의 "惟昔始祖鄒牟王之創基也"라는 문구처럼 導入部에 걸맞다. 즉 문장의 시작으로 적합하다. 반면 그 직전에 적힌 c의 "安羅人戍兵"은 해당 문장의 종결구가 될 수밖에 없다. 나아가 영락 10년 조에서 문장이 비교적 잘 남은 a와 그와 접한 구절 b의 "安羅人戍兵"도 한 문장의 종결구로서 전혀 무리가 없다.

셋째, "安羅人戍兵"이 안라국 수병을 가리킨다면 능비문에서 고구려군이 격파하지 않았다는 게 이상하지 않은가? 아무리 缺落字가 많다고 해도 영락 10년 조의 a와 b에서 각각 보이는 "安羅人戍兵"은 문장의 흐름을 잡는 데는 지장이 없다. 그럼에도 불구하고 倭를 도와 참전했다는 "安羅人戍兵"이 고구려군과 교전한 흔적이 없다.[185] 이 역시 "安羅人戍兵"을 명사로 간주하기 어렵게 한다.

넷째, '戍兵을 파견한다'는 것은 주둔지의 자국 軍兵을 뜻하는 戍兵의 의미와도 맞지 않다. 戍兵은 邊境을 지키는 軍士의 通稱이다.[186] 그런데 自國 領域도 아닌 外國에 파병한 병사를 戍兵이라고 한 사례는 없다.

이 같은 문제점이 드러날 수 있는 "安羅人戍兵"에 관한 기왕의 통념을 일거에 뒤엎은 견해가 제기되었다. 즉 '羅人'을 新羅人으로 간주하

---

185) 결과적으로는 誤讀이 되었지만 安羅를 고구려와 연결된 세력으로 간주하는 (山尾幸久, 『古代の日朝關係』, 塙書房, 1989, 202쪽) 견해도 '安羅賊'과 같은 蔑稱이 없는 데서 기인한 해석인 것이다. 그리고 "安羅人 戍兵이 新羅城 △城에서 왜구를 궤멸시켰다"는 혹자의 해석도 동일한 맥락에 속한다.

186) 中文大辭典編纂委員會, 『中文大辭典 4』, 中華學術院, 1973, 323쪽.

여 "신라인을 안치하여 戍兵케 하였다"[187)는 해석이었다. 고구려가 왜 군을 토벌하고 빼앗은 城을 신라에게 돌려주어 수비하게 했다는 것이 다. 여기서 "羅人戍兵"을 배치했다는 견해 자체는 탁견이었다. '安'은 능 비문 수묘인 연호 조에 2回 등장하는데 '安置'의 뜻으로 사용되었다. 그 런데 羅人에 대한 해석과 관련해 능비문에는 '羅'로 끝나는 國名이 新羅 외에 任那加羅가 보인다. 그러므로 羅人만 놓고서는 新羅人인지 任那加 羅人인지 식별되지 않는다.[188) 게다가 이 설은 전후 문맥에 대한 면밀 한 검토가 선행되지 않았다. 한편 "安羅人戍兵"의 '羅人'을 "(고구려가) 邏 人을 두어 수비케 하였다"[189)는 해석이 제기되었다. 그러나 이 견해는 羅人과 戍兵이 의미가 서로 겹치므로[190) 동조하기 어렵다.[191) 이 밖에 "安羅人戍兵拔新羅城"라는 석문에 따른다면, 신라인 수병이 자기 나라 의 城인 신라성을 점령[拔]했다는 게 되어 모순이 된다.[192) 게다가 신라

---

187) 王健群, 『好太王碑研究』, 吉林人民出版社, 1984, 178쪽.

188) 武田幸男, 『廣開土王碑との對話』, 白帝社, 2007, 120쪽.
　　물론 혼돈되지 않는다는 주장도 있지만, 그것은 능비문의 讀法을 배제한 자 신만의 독특한 讀法일 뿐이다.

189) 高寬敏, 「永樂10年 高句麗廣開土王の新羅救援について」『朝鮮史研究會論文 集』27, 1990, 161쪽.

190) 李鎔賢, 「가야의 대외 관계」『한국 고대사 속의 가야』, 혜안, 2001, 353쪽.

191) '羅人戍兵'을 고구려 군대로 지목하기도 한다(백승옥, 「廣開土王陵碑文의 建 立目的과 加耶關係記事의 해석」『韓國上古史學報』42, 2003, 53쪽). 그러나 이 해석은 高寬敏이 논거를 제시한 것과는 달리 '羅人戍兵'이 고구려 군대가 되는 근거 제시가 없다. 다만, 고구려군이 임나가라 주변 지역에 주둔한 정 황에만 의존하고 있다. 만약 고구려군이 임나가라 城에 주둔했다면 능비문 에 왜 戰果 기록이 없는지 의아하다.

192) 朴眞奭, 「好太王碑文의 일부 疑難文字들에 대한 考證」『中國 境內 高句麗遺

영역도 아닌 임나가라 지역에 고구려인들이 자국인도 아닌 신라인들을 배치했다는 추론 자체가 어색하다. 이와 관련해 "다시 탈환한 영토 뿐 아니라 원래 임나가라의 영역까지 신라에게 돌려주고 물러났던 것이다"는 해석도 있다. 그러면서 고구려가 396년에 백제로부터 철수한 것과 동일한 사례라고 했다.[193] 이때 고구려는 백제로부터 전리품과 볼모 등 일정한 대가를 확보하였다.

사실 능비문을 보면 稗麗와 帛愼土谷에 진출했을 때도 고구려는 가축이나 주민을 노획해 왔다. 동부여 정벌의 경우도 朝貢 관계의 回復線에서 회군했지만 感慕한 형식으로라도 隨從한 수장층이 보인다. 그러나 이와는 달리 400년에 고구려는 대병의 출병에 따른 戰果나 아무런 代價도 얻지 못하였다. 반면 혹자가 400년과 동일한 사례로 지목한 396년에는 능비문에 "於是得五十八城村七百"라고 했다. 고구려가 광대한 백제 영역을 확보했음을 언급하고 있다. 따라서 영락 6년 조와 그 10년 條間의 비교는 경우가 전혀 맞지 않다. 사실 고구려가 5萬이나 되는 大兵을 출병시켜놓고도 점령 지역을 신라인에게 맡기고 撤軍했다는 주장은 主從關係로만 설명할 수 없다. 따라서 다음과 같은 근거로써 '羅人'을 任那加羅人으로 지목하고자 한다.

능비문에는 '夫餘城'을 '餘城'(영락 20년 조), '夫餘'를 "而餘與國駭服"[194]에서 처럼 '餘'로 略記하였다. 이렇듯 국호를 끝 字만 기재하는 경우가

蹟研究』, 예하, 1995, 342쪽.

193) 주보돈, 「高句麗 南進의 性格과 그 影響 -廣開土王 南征의 實相과 그 意義」 『大丘史學』 82, 2005, 52쪽.

194) 王健群, 『好太王碑研究』, 吉林人民出版社, 1984, 190쪽.

있다. 百殘을 "殘不服義"(영락 6년 조)라고 하여 '殘'으로만 표기한 경우도 마찬가지이다. 그리고 앞에서 한 번 사용한 명사를 略記하는 경우가 많다. 일례로 a에서 '從拔城'을 '城'으로만 표기한 경우이다. 이러한 맥락에서 "至任那加羅從拔城 城卽歸服 安羅人戍兵(a)"라는 문구를 보자. 여기서 羅人의 '羅'는, '新羅'가 아니라 바로 그 글귀 앞에 적혀 있는 '任那加羅'를 생략하여 끝 字로 표기했다고 보아야 한다. 그렇지 않다면 제삼자가 분별할 수도 없는 略稱을 사용할 이유가 없다. 더욱이 영락 10년 조에는 고구려군이 임나가라군과 교전한 내용이 일체 보이지 않는다. 이 자체는 고구려군이 임나가라를 격파하지 않았음을 반증한다. 고구려군은 임나가라로 퇴각한 왜군을 추격해서 격파했을 뿐이다. 더구나 능비문에서는 임나가라에 대한 蔑稱이나 적대적 표현이 전혀 보이지 않는다. 그렇다고 임나가라가 고구려의 공격 대상이 아니었다는 뜻은 아니다. 영락 10년 조는 분명 실패로 돌아간 결과론적 입장에서의 정치적言辭로 보인다. 그 자체는 고구려군이 신라와 임나가라 영토 내의 왜군을 격파한 내용이다. 文面만으로는 왜군으로 인해 戰禍를 입은 임나가라를 복구한 메시지로 해석된다.[195]

한편 b 기사에 근거해서 고구려가 '신라성'이었던 곳을 복속시키고 난 뒤 다시 임나가라인으로 편성된 수비병을 그곳에 안치하는 것은 대단히 부적절하게 느껴진다는 주장도 있다.[196] 이 주장은 '△新[羅]城'을

---

195) 李道學, 「加羅聯盟과 高句麗」 『第9回加耶史國際學術會議: 加耶와 廣開土大王』, 金海市, 2003, 10~13쪽 ; 『고구려 광개토왕릉비문 연구』, 서경문화사, 2006, 448~452쪽.

196) 주보돈, 「高句麗 南進의 性格과 그 影響 -廣開土王 南征의 實相과 그 意義」 『大丘史學』 82, 2005, 43쪽.

'拔新羅城'으로 석문한 데 근거하였지만, '拔'로 읽는 경우도 있지만 탁본상으로는 판독불능이다.[197] 그리고 '羅'는 어디까지나 推讀에 불과하다.[198] 따라서 他說을 공박하기에는 혹자 주장 자체가 대단히 취약한 것이다.

이러한 주장이 대단히 부적절함은 다음의 검증을 통해서도 드러난다. 우선 논자가 제시한 b의 '拔新羅城'을 文面 그대로 받아들여 보자. 그러면 고구려가 신라성을 공략한 셈이 되어 논리적으로 타당하지 않아 문제가 된다.[199] 아울러 a의 신라성을 王城으로 비정하면서 뒤에 나오는 b의 '신라성'을 다른 곳에 소재한 城으로 비정하였다. 그러나 이는 능비문 作法의 원칙을 고려하지 않은 恣意的 해석에 불과하다. 오히려 b의 '△新[羅]城△城' 구절에서 맨 앞에 적힌 '△'은 문맥을 놓고 볼 때 왜구를 大潰시킨 '新[羅]城△城'에 대한 처소격 '於' 字일 가능성도 고려할 수 있다. 그리고 문맥을 놓고 볼 때 導入部인 a에 이미 등장했던 新羅城이 다시금 등장해야할 이유가 없다. 왜냐하면 고구려군이 신라 영역의 왜군을 소탕해서 일단 戰場이 임나가라 종발성으로 전환된 상황이었기 때문이다. 고구려군은 이제 場面이 轉換되어 임나가라에서 전쟁을 수행하고 있다. 그런데 '新羅城'이 등장하는 것은 느닷없다. 그리고 新[羅]城은 △城과 함께 등장하고 있고, 그 뒤에 왜군이 궤멸되었다. 이로 볼 때

---

197) 任世權, 「廣開土王碑의 研究」 『國史館論叢』 74, 1997, 283쪽.

198) 많은 釋文에서도 판독을 유보하였는데, 특히 傅斯年圖書館 所藏 原石精拓本에서는 '羅' 字가 判讀 不能이다(李亨求 等, 『廣開土大王陵碑新研究(2판)』, 동화출판사, 1996, 261쪽).

199) 주보돈, 「高句麗 南進의 性格과 그 影響 -廣開土王 南征의 實相과 그 意義」 『大丘史學』 82, 2005, 46쪽.

'新△城'은 倭軍의 退走路인 金海 방면에 소재해야 맞다. 따라서 '新△城'을 신라 영역 내의 城으로 비정하는 주장은 적절하지 않다. 결국 羅人은 任那加羅人으로 지목해야 마땅하다.[200]

따라서 지금까지 검토한 "△新[羅]城△城 倭[寇大]潰 城△△△盡△△△安羅人戌兵(b)"[201]는 문맥상 고구려군이 '新△城△城'이라는 2개 城에서 왜구들을 大潰시켰다. 그 결과 城이 곧 歸服하였으므로, 왜구들을 모두 참살한 후 임나가라인 수병을 배치했다는 해석이 자연스럽다. 그렇다고 할 때 이 구절은 "〈於〉新△城△城 倭[寇大]潰 城〈即歸服〉盡〈斬倭寇〉安羅人戌兵"로 복원이 가능하다.[202] 任那加羅 戌兵은 한반도 남부 각지가 아니라 임나가라 관할 諸城에만 배치된 것이다.

그런데 고구려의 애초 구상과는 달리 예기치 않은 後燕의 기습 공격을 받았다. 후방의 본토가 교란됨에 따라 낙동강 하류까지 진출했던 고구려군 주력 부대의 회군이 불가피해졌다. 이는 임나가라가 先攻으로 확보했던 신라의 영역을 잃은 게 아니었다. 왜군이 퇴각하는 바람에 임나가라가 戰場이 되었을 뿐이었다. 아울러 고구려가 순순히 철군한 것도 倭를 제압하려 한 애초의 목적이 달성되었기 때문이 아니었

---

200) 李道學, 「加羅聯盟과 高句麗」 『第9回加耶史國際學術會議: 加耶와 廣開土大王』, 金海市, 2003, 10~13쪽 ; 『고구려 광개토왕릉비문 연구』, 서경문화사, 2006, 448~452쪽에서 필자가 제기한 '安羅人戌兵'에 대한 해석은 宋源永, 「金官加耶와 廣開土王碑文 庚子年 南征記事」, 부산대학교 사학과 석사학위 청구논문, 2010, 17쪽에서 수용되었다.

201) 능비문 第2面 10行은 첫 머리가 17字부터 시작된다(王健群, 『好太王碑研究』, 吉林人民出版社, 1984, 129쪽 ; 任世權, 「廣開土王碑의 研究」 『國史館論叢』 74, 1997, 285쪽).

202) '即歸服'의 '即'은 判讀上 '內'일 수도 있다. 그렇다면 '內歸服'이 된다.

다.203) 요컨대 後燕의 기습으로 고구려군의 낙동강유역 출병은 그 다대한 전과에도 불구하고 결과적으로 실패로 돌아가고 말았다.204) 능비문에 보이는 임나가라 복구 메시지는 보호국 이미지와 더불어 차후 고구려가 영향력을 행사하기 위한 명분적 粉飾에 불과하다. 즉 능비문은 任那加羅 回復과 復舊를 云謂하였다. 그러나 『일본서기』에서 말하고 있듯이205) 기실은 정복전의 실패를 糊塗하는 기록일 뿐이다. 이때 고구려가 얻은 소득이라면 임나가라를 자국의 영향권에 편제할 수 있는 명분 구축 정도였을 것이다. 그러나 이와는 별개로 400년의 南征이 지닌 의미는 적지 않았다. 우선 고구려군 회군 직후 신라의 對高句麗 의존도가 높아졌을 수 있다. 그리고 『삼국사기』 박제상전에서처럼 兩國을 한 통속으로 간주하는 적대감이 백제와 임나가라 및 倭에는 浮刻되었을 것이다. 아울러 고구려 문화가 한반도 남부 지역으로 확산되는 계기가 마련되었다.206) 나아가 고구려가 한반도 남부 지역에 영향력을 행사할 수 있는 轉機가 된 것이다.207) 고구려가 竹嶺에서 영일만에 이르는 신라

---

203) 애초의 목적을 달성했기에 撤軍했다는 주장은 능비문을 액면대로 취신한 순진한 해석이다.

204) 李道學, 「高句麗의 洛東江流域 進出과 新羅·伽倻經營」 『國學研究』 2, 1988 ; 『고구려 광개토왕릉비문 연구』, 서경문화사, 2006, 432쪽.

205) 『日本書紀』 권19, 欽明 2년 4월 조.

206) 李道學, 「광개토왕의 남정, 문화적 통일을 이루다」 『꿈이 담긴 한국고대사 노트(상)』, 一志社, 1996, 213~217쪽.

207) 이와 관련해 고구려가 지금의 경상남도 지역인 창선도와 곤양을 지배했음은 李道學, 「高句麗의 洛東江流域 進出과 新羅·伽倻經營」 『國學研究』 2, 1988 ; 『고구려 광개토왕릉비문 연구』, 서경문화사, 2006, 430~431쪽에서 언급했다.

지역을 蠶食한 것도 400년 출병의 결과물이었다.[208]

6. 고구려와 倭의 관계

倭는 369년에 백제와 합동 군사 작전을 펼쳤다. 倭는 그러한 백제를 지렛대 삼아 한반도 諸國에 영향력을 행사하고자 했다. 그러나 倭의 의도와는 달리 백제는 호락호락하지 않았다. 그렇지만 兩國은 고구려의 위협에 맞서 共助를 유지하여 왔다. 그러한 倭에 대한 고구려의 시각은 그 호칭에서 가늠해 볼 수 있다. 능비문에서는 倭를 '倭賊'과 '倭寇'로 각각 표기하였다.

'倭賊'과 '倭寇' 호칭은 14세기경에 생겨난 것처럼 云謂되었다.[209] '倭賊'의 연원은 1145년에 편찬된 『삼국사기』에서 "臨海鎭과 長嶺鎭 2鎭을 설치하여 倭賊에 대비했다"[210]라고 하여 보인다. 즉 493년의 시점에서 유일하게 '倭賊'만 등장하고 있다. 『삼국사기』여타 기사에서는 '倭兵'과 '倭人'으로 표기하였다. 이로 볼 때 414년에 작성된 능비문에서의 倭賊과 倭寇가 가장 오래된 용례였다. 고구려가 倭에 대하여 '賊寇' 개념을 적용한 것은 고구려의 官的秩序를 해치는 세력으로 倭를 무겁게 인식한 반증일 수 있다. 왜왕은 백제 사신에게 고구려를 '狛賊'으로 일컬

---

208) 이에 대해서는 李道學, 「高句麗의 洛東江流域 進出과 新羅·伽倻經營」『國學研究』2, 1988 ; 『고구려 광개토왕릉비문 연구』, 서경문화사, 2006, 409~410쪽에서 詳論하였다.

209) 中文大辭典編纂委員會, 『中文大辭典 1』, 中華學術院, 1973, 1096쪽.

210) 『三國史記』권3, 소지마립간 15년 조.

었다.[211] 이 같은 격한 표현은 말할 나위 없이 倭에게는 고구려가 自國 중심의 이해를 害치는 세력이었음을 나타낸다.

능비문에서는 倭를 통상 '倭'·'倭人'으로 표기했다. 그렇지만 고구려가 왜군을 격퇴한 기사 속에서는 '倭賊'이나 '倭寇'로 호칭하였다. 즉 고구려는 官的秩序를 해치는 倭에 대한 敵愾心과 輕蔑感을 극대화해서 표기했다. 능비문의 倭는 백제나 신라보다 많은 모두 8回 등장하지만[212] 사건상으로는 3件에 해당한다. 첫 번째는 신묘년 조의 백제와 엮어진 倭였다. 이에 대해 고구려는 倭와 한통속이었던 백제에 대한 응징전을 단행했다. 두 번째는 신라에 침공한 倭軍을 격퇴하기 위한 구원전이었다. 세 번째는 고구려 본토를 기습한 왜군 방어전이었다. 396년에 고구려의 對百濟 공격 裏面은 백제와 倭間의 연결고리를 자르려는 企圖였다. 동시에 신묘년 이래로 건너온 倭는 고구려의 屬民인 신라가 격파해 주었다. 고구려의 代理者로서 신라가 倭를 상대한 것으로 인식했다. 그런데 399년 왜군의 신라 침공으로 인해 이제는 고구려가 직접 개입하게 된다. 고구려가 수행한 400년의 신라 구원전은 복잡한 성격을 지닌 국제전이었다. 그런데 고구려는 지금까지와는 달리 倭와 정면 승부를 벌였다. 다음의 능비문 영락 14년 조가 그 절정이었다.

十四年甲辰 而倭不軌 侵入帶方界△△△△△石城△連船△△△[王躬]率△△ [從]平穰△△△鋒相遇 王幢要截盪刺 倭寇潰敗 斬煞無數

---

211) 『日本書紀』 권19, 欽明 9년 6월 조.

212) 능비문에 倭가 9回 등장한다는 견해도 있지만, 어쨌든 倭의 출현 回數가 제일 많은 것은 분명하다.

고구려는 그간의 대리전 성격의 전쟁에서 벗어나 自國 領內로 침입한 왜군을 궤멸시킴으로써 그 雄姿를 다시금 화려하게 과시했다. 훗날 왜왕 武의 上表에서 "句驪가 無道하여 (우리나라: 필자)를 삼키려하여 邊隷를 掠抄합니다"라는 구절과 고구려를 가리키는 '寇讐'라는 표현은 강렬한 적개심의 표출이었다.[213] 왜인들의 고구려 적개심은 400년과 404년 敗戰에서 연유했을 것이다.

능비문에서는 倭의 침공을 '不軌' 즉 謀叛으로 규정하였다. 고구려에서는 왕실과 국가 존망을 가름하는 모반죄에 대해서는 참혹하게 처벌했다. 즉 기둥에 묶어 불로 그슬린 다음에 목을 베고, 그 집을 籍沒하였다.[214] 이와 관련해 '인간이 느끼는 고통' 순위 10위 가운데 1위가 몸이 불에 탈 때 느끼는 고통인 작열증이라고 한다. 신체 절단시 고통과 출산의 고통이 그 뒤를 이었다. 따라서 고구려에서는 모반죄에 대해 가장 혹독한 처형을 하였다. 警覺心 유발을 징벌의 주요한 목적으로 삼았기에 잔학한 형벌이 가해졌던 것이다.[215] 그렇기 때문에 고구려는 왜군에 대한 壓勝을 "倭寇潰敗 斬煞無數"로 기재하였다. 적개심 가득한 '倭寇'로 일컬으며 무자비하고도 처참하게 撲滅했음을 환기시켰다. 능비문에 자주 보이는 광개토왕의 자비심이 전혀 비치지 않았다. 그 이유는 가장 가혹한 처벌 대상인 모반죄였기 때문이다. 반란자들에 대한 무서운 징벌과 常勝軍의 無比한 位相을 한껏 대비시켰다.

---

213) 『宋書』 권97, 夷蠻傳 倭國 條.

214) 『隋書』 권81, 東夷傳 高麗 條. "反逆者縛之於柱 爇而斬之 籍沒其家"

215) 山內昌之, 「フーコ-監獄の誕生」『歷史學の名著30』, 筑摩書房, 2007, 249~250쪽.

404년 이후 663년의 白江 戰鬪까지 왜군이 차출이 아닌 독립 주체로 서 한반도에 大軍을 派兵한 적은 없었다. 더구나 404년 전투는 대단위 정면 승부로서는 광개토왕대는 물론이고 고구려와 倭間의 명확한 마지막 격돌이었다. 이러한 점에서도 본 전투가 지닌 의미는 적지 않다.

7. 맺음말

광개토왕대의 주된 진출 방향은 비옥한 농경지와 인구 조밀 지역인 남방이었다. 고구려는 3세기 중엽부터 4세기대까지 일관되게 평양성을 중시하였다. 이 같은 고구려 남방 정책의 계승선상에서 광개토왕은 남 방 진출을 본격화했다. 그러한 광개토왕대 진출 방향이 凝結된 자료가 능비문이었다. 능비문을 통해 광개토왕 일대의 總戰果가 오로지 백제로부터 빼앗은 城에만 국한되었음을 확인하였다. 이 점을 보더라도 고 구려 남방진출의 비중이 극명해진다. 이와 관련해 능비문 영락 17년 조 는 後燕이 아니라 백제와의 전쟁임을 입증했다. 그리고 광개토왕 즉위 년 이래로 倭가 침공해 왔다는 辛卯年 條에는 고구려가 영락 6년에 백 제를 침공한 명분이 적혀 있어야 한다. 전후 문맥을 통해 缺落字를 補入 한 결과 백제가 신라를 침공해서 臣民으로 삼고자 했다. 이러한 苦況을 타개하기 위해 광개토왕의 군사적 행동이 즉각 뒤따른 것으로 추정하 였다. 그래야만 영락 6년 조에서 광개토왕 군대가 단행한 백제 정벌의 정당성이 부여될 수 있다.

백제의 진사왕이나 아화왕 정권은 고구려와의 대결 국면을 주도했 다. 당시 백제 정권은 倭와는 間隙이 있었다. 그렇지만 396년에 아화왕이 고구려에 항복한 직후 백제는 세력 만회를 위해 倭 세력을 끌어들였다. 백제에 대한 영향력을 행사하려는 倭와의 이해가 맞아떨어진 결과였다. 당시 백제는 고구려를 압박할 수 있는 가장 유효한 세력으로서 고구려와 接境한 後燕과도 연계하였다. 400년에 광개토왕이 派兵한 신라 구원전은 高句麗=新羅, 그리고 百濟=倭=任那加羅=後燕이 개입한 대규모 국제전으로 파악되었다. 광개토왕은 407년에도 400년과 마찬가지로 步騎 5萬의 大兵을 출동시켜 백제를 제압했다.

광개토왕은 前述했듯이 400년에 신라 구원을 명분 삼아 大軍을 출병시켰다. 그럼으로써 그간 정치적 영향력 안에 넣은 신라를 교두보 삼아 한반도 남부 지역까지 영향력을 확대하고자 했다. 이때의 출병으로 倭軍을 격파하기는 했지만, 後燕의 기습 공격을 받아 당초의 企劃이 실패로 돌아갔다. 고구려군은 任那加羅까지 진출했지만 영역 확보에는 아무런 성과도 없었다. 능비문은 이것을 糊塗하기 위해 戰場인 任那加羅를 마치 고구려군이 復舊해 주고 철수한 양 치장하였다. 이는 任那加羅를 포섭하기 위한 전략적 명분과 깔끔한 聖戰 이미지 부각에 불과했다. 곧 능비문 영락 10년(400) 조의 "安羅人戍兵"에 대한 재해석 결과였다.

영락 10년의 南征으로 인해 고구려는 신라에 대한 정치적 영향력을 강화한 것으로 해석해 왔다. 그러나 신라는 그 직후 倭와도 '通好'했을 뿐 아니라 質까지 파견했다. 광개토왕이 백제 정벌의 명분으로 간주했던 것이 倭와의 '和通'이었다. 신라의 이러한 모순된 행위는 고구려군의 400년 출병 자체가 실패했음을 반증해 준다. 또 한편으로는 고구려의 정치적 압박과 倭軍의 침략이라는 二重苦에 시달리고 있던 신라 조정의 自救 노력과 딜레마를 함께 엿볼 수 있다.

倭는 근초고왕대 이래의 修好國인 백제를 지렛대로 한반도 정세에 깊이 개입했다. 倭는 고구려의 이해와 충돌했던 관계로 가장 격렬한 전투를 치룬 대상으로 남아 있다. 실제 능비문에서는 倭의 등장 횟수가 백제나 신라를 넘어 제일 많았다. 그리고 능비문에는 고구려인들의 倭에 대한 적개감이 넘치고 있다. 그럼에도 倭는 광개토왕의 德化가 미치는 官的秩序의 편제 대상이었다. 곧 고구려의 천하관에 倭가 속함을 분명히 했다. 반면 후연은 고구려 관적질서의 대상이 아니었다. 그랬기에 후연의 존재는 능비문에 기재되지 않았다.

요컨대 광개토왕대의 남방 정책은 韓半島 諸國 뿐 아니라 바다 건너 倭에까지 波長을 惹起했다. 아울러 북중국 後燕의 개입으로 동북아시아 政治 地形을 바꾸는 일대 轉機가 되었다.

제5장
「광개토왕릉비문」에 보이는 '南方'

1. 머리말

「광개토왕릉비문」에 대해서는 많은 논의가 다양하게 제기되어 왔었다(이후 '능비문'으로 略記한다). 이 중 광개토왕대 전쟁 기사의 성격이나 수묘인 연호 등에 대한 집중적인 연구가 많았다. 본고에서는 능비문에서 가장 큰 비중을 점하고 있는 전쟁 기사 가운데 그 방향성을 탐지하고자 했다. 광개토왕대 추진했던 전쟁의 방향성에 대해서는 南方이나 西方(西北方) 혹은 北方 중심설이 제기되어 왔다.[216] 혹은 특정한 방향

---

216) 이에 대해서는 朴性鳳, 「高句麗 發展의 方向性 問題 －南進發展論의 民族史的 再吟味」『東國大學校開校八十周年紀念論叢』, 1987 ; 『고구려 남진 경영사의 연구』, 白山資料院, 1995, 9~14쪽에 소개되어 있다.
광개토왕대의 주된 진출 방향을 남방으로 설정한 선구적 업적으로는 朴性鳳, 「廣開土好太王期 高句麗 南進의 性格」『韓國史研究』27, 1979가 있다.
이와는 달리 金賢淑은 능비문에서 "… 광개토왕이 가장 심혈을 기울였던 北方地域에 대한 것은 거의 언급되지 않았다는 점이 의문스럽다(金賢淑, 「廣開

보다는 여러 방향으로의 진출을 모색하여 多大한 성과를 기록한 것으로 지목하는 경향이 많았다. 가령 다음과 같은 글귀가 대표적인 인식이 된다.

> 남으론 예성강 유역에 이르고, 서로는 요하, 북으론 송화강, 동으론 일본해에 極하였으니 고구려의 세력이 이 때 이만큼 강대하였던 것은 속일 수 없는 사실이다.[217]

위의 서술처럼 광개토왕대에 고구려가 진출한 지역은 四方에 미쳤다. 그럼에도 南界는 예성강유역에 묶여 있다. 광개토왕대의 四方 경영 가운데 남방 진출만 가장 부진한 것이다. 『삼국사기』 시조왕 13년 조에 적혀 있듯이 백제의 기본 영역으로 인식된 北界가 浿河 곧 예성강이었다. 이병도의 인식대로라면 고구려는 정복군주인 광개토왕대에도 남방 경영은 전혀 진척이 없었던 것이다. 과연 그러했을까라는 의문과 더불어, 천하관을 지녔다는 고구려가 오랜 기간에 걸쳐 집중적으로 추구한 진출 방향에 대한 검증을 시도했다.

광개토왕대 전쟁의 방향성을 살피기 위해 능비문 冒頭에 적힌 건국 설화로부터 전쟁 기사와 守墓人 烟戶까지 모두 게재해서 분석하고자 했다. 그런데 능비문의 전쟁 기사에는 문헌에 보이는 기사의 누락이 심하다. 이는 단순한 기사 누락만은 아니라고 본다. 고구려인들이 남길

土王碑를 통해 본 高句麗 守墓人의 社會的 性格」『韓國史研究』 65, 1989, 12 쪽)"라고 하였다. 즉 광개토왕대 주력했던 진출 방향을 北方으로 인식한 것이다.

217) 李丙燾, 『韓國史(古代篇)』, 乙酉文化社, 1959, 418쪽.

값어치가 있는 전쟁만 능비문이라는 제한된 공간에 게재하였음을 뜻한다. 그럴수록 능비문에는 광개토왕과 장수왕대에 지향하는 방향성이 담겨 있다고 하겠다. 능비문은 先王인 광개토왕 생전의 지침을 알린다거나 역사 기록으로 남기거나 수묘에 관한 규정 명시 차원을 넘어선 속성을 지녔다. 요컨대 많은 이들이 똑똑히 읽을 수 있게끔 한 글자 크기가 무려 12cm로 새겨진 능비문에는 고구려 왕실이 지향한 方向性이 담겨 있었다. 본고에서는 고구려가 추구했던 방향성이 지닌 역사적 의미를 능비문에 대한 심층적 분석을 통해 밝히고자 하였다.

2. 「광개토왕릉비문」의 방향성

1) 건국설화의 이동 방향

능비문은 내용상 건국설화·정복전쟁·수묘인 연호라는 3개의 단락으로 구성되었다. 이러한 3개의 단락은 상호 긴밀한 연관성을 지니고 있다. 가령 건국설화는 고구려 건국자의 내력을 天과 연관 지었기에 그 17세손인 광개토왕에 의한 정복전쟁의 정당성을 말해준다. 그리고 마지막의 수묘인 연호에 관한 규정과 명단은 능비문의 총결산적 성격을 지녔다. 더욱이 정복지에서 차출한 수묘인을 통해 광개토왕대에 넓혀진 영토와 불어난 주민들을 체감하게 하는 展示效果를 겨냥한 것이다.

능비문의 첫 문단인 건국설화(a)는 고구려 왕실의 내력을 설파해준다. 즉 天帝의 子로서 북부여에서 출생한 鄒牟王이 고구려를 건국하게 된 연유를 다음과 같이 적어놓았다.

a. 惟昔始祖鄒牟王之創基也 出自北夫餘 天帝之子 母河伯女郎. 剖卵降世 生
[而]有聖△△△△△△命駕巡幸南下 路由夫餘奄利大水 王臨津言曰 我是
皇天之子 母河伯女郎 鄒牟王 爲我連葭浮龜 應聲卽爲連葭浮龜 然後造渡
於沸流谷 忽本西 城山上而建都焉 不樂世位 因遣黃龍來下迎王 王於忽本
東罡 [履]龍頁昇天 顧命世子儒留王 以道興治 大朱留王紹承基業 遝至十七
世孫國罡上廣開土境平安好太王二九登祚號爲永樂太王[218]

위의 건국설화에 따르면 始祖 鄒牟王이 북부여에서 알을 깨고 세상
에 내려왔다고 했다. 추모왕이 天上에서 地上으로 降世한 곳이 북부여
였다. 태어나면서부터 聖스러운 면이 있던 추모왕은 "命駕巡幸南下"라
고 하였듯이 皇天의 命으로 남쪽으로 내려갔다고 한다. 이처럼 건국자
가 北에서 南으로 내려오는 소재는 한국 고대의 건국설화에서 일상적
으로 보인다. 가령 다음의 인용에서 보듯이 부여 동명왕을 비롯하여 백
제 건국설화에서도 확인된다.

b. 옛날 북방에 槀離라는 나라가 있었는데 그 왕의 侍婢가 임신하자 왕이
시비를 죽이려고 하였다. … 그럼에 따라 동명은 남쪽으로 달아나 施掩
水에 이르러 활로 水面을 치자 물고기와 자라가 떠올라 다리를 만들어
주었다. 동명이 강을 건너자 물고기와 자라가 곧 풀어 흩어져 추격하
는 병사들이 건너지 못하였다. 東明이 이로부터 夫餘 땅에 도읍을 정하
고 왕이 되었다.[219]

---

218) 韓國古代社會硏究所, 『譯註 韓國 古代金石文 I』, 가락국사적개발연구원, 1992,
7~8쪽.
219) 『三國志』 권30, 東夷傳 夫餘 條.

c. "이에 비류가 아우인 온조에게 이르기를 … '대왕이 세상을 뜨신 후 나
라가 유류에게 귀속되니 우리들이 공연히 이곳에 있으면서 몸에 군더
더기 살처럼 울울하게 지내기보다는 차라리 어머니를 모시고 남쪽으
로 가서 땅을 선택하여 따로 國都를 세우는 것만 같지 못하다' 하였다.
드디어 아우와 함께 무리를 데리고 浿水와 帶水를 건너 미추홀에 이르
러서 거주했다"고 한다.[220]

위에서 인용한 부여와 백제의 건국 과정은 北에서 南으로 내려온 데
서 찾았다. 이처럼 北→南으로의 공간 이동은 고려 태조 왕건의 선대
설화에서도 보인다. 성골장군 호경이 백두산에서부터 개성으로 내려
온 것으로 적혀 있다.[221] 이렇듯 건국자가 탈출하는 北은 황량하고 척
박함을 연상시킨다면 南은 풍요로운 신천지 내지는 희망을 상징한다고
보겠다. 그렇다고 할 때 능비문 冒頭의 시조 남하 전승은 능비문 전체
의 방향성을 암시해주는 座標格의 역할로 해석된다.

건국설화에 이어 붙여서 능비문의 주인공인 광개토왕 평생의 治績
을 읊조린 "掃除△△ 庶寧其業 國富民殷 五穀豊熟"라고 한 구절이 주목
된다. 여기서 '五穀豊熟'은 비옥한 農地를 끼고 있는 남방경영의 성공
을 상징적으로 읊조려준다.[222] 그리고 백제로부터 빼앗은 광개토왕 일
생일대의 總戰果인 양 기록된 64城과 '五穀豊熟'은 결코 분리될 수 없

---

220) 『三國史記』 권23, 백제 시조왕 즉위년 조.

221) 『高麗史』 권1, 先代世系.

222) 朴性鳳, 「高句麗 發展의 方向性 問題 ―南進發展論의 民族史的 再吟味」 『東國
大學校開校八十周年紀念論叢』, 1987 ; 『고구려 남진 경영사의 연구』, 白山資
料院, 1995, 25쪽.

다. 요컨대 '五穀豐熟'은 광개토왕이 기획한 남방경영의 滿開였다. 능비가 건립된 지 12년 후, 평양성 천도 3년 전인 424년(장수왕 12)에 "가을 9월에 크게 풍년이 들었으므로 왕이 宮에서 群臣들에게 연회를 베풀어 주었다"[223]라고 했다. 능비문의 '五穀豐熟'이 한결 실감나게 와 닿는다.[224]

2) 「광개토왕릉비문」에 보이는 주된 전쟁 대상

정복군주였던 광개토왕대에 주력했던 진출 방향은 어디였을까? 광개토왕대의 정복지는 동·서·남·북 즉 사방에 모두 미치고 있었다. 문제는 고구려가 역점 사업으로 주력했던 지역이 어느 곳이냐이다. 먼저 被侵 상황에서 반격을 가하여 영토를 넓힌 後燕과의 전쟁을 살펴보도록 한다. 400년에 광개토왕은 후연에 사신을 파견하여 朝貢하였다.[225] 이 때 조공의 의미는 後燕과의 우호 관계를 통해 요동 쪽의 界線을 계속 유지하고자 한 것으로 보인다. 그럼에도 후연은 고구려가 신라 구원전에 步騎 5萬을 파견한 틈을 타서 기습·공격하여 신성과 남소성 등 서방 700餘 里의 땅을 일거에 약취하였다.[226] 그러자 고구려는 즉각 회복전을 전개하여 402년에는 대릉하 근처 숙군성을 점령했다.[227] 이

---

223) 『三國史記』 권18, 장수왕 12년 조.

224) 李道學, 「廣開土王代 南方 政策과 韓半島 諸國 및 倭의 動向」 『韓國古代史研究』 67, 2012, 167쪽.

225) 『三國史記』 권18, 광개토왕 9년 조.

226) 『三國史記』 권18, 광개토왕 9년 조.

227) 『三國史記』 권18, 광개토왕 11년 조.

후 406년까지 고구려와 후연과의 전쟁은 지속되었다.[228] 그리고 북연 정권이 들어선 408년에 양국은 우호 관계를 맺었다.[229] 이러한 우호 관계는 단순히 '且敍宗族' 차원을 넘어 섰다고 본다.

　　400년의 對後燕 朝貢은 광개토왕 재위 중 처음이자 마지막이었다. 그러니 그 조공 배경에는 정치적 복선이 깔려 있을 수 있다. 고구려가 신라 구원을 명분 삼아 대출병을 준비하면서 後顧를 덜려는 정치적 계산에서 비롯되었던 것 같다.[230] 이는 고구려가 남방 진출에 주력하였고, 또 그러한 구상을 세웠음을 뜻한다고 하겠다. 이러한 추정은 능비문에 적혀 있는 征服戰爭 기사를 통해서 가늠해 볼 수 있다. 후대의 문헌 기록과는 달리 능비문의 내용은 당시의 정서가 온전하게 남아 있기 때문이다. 그런데 역사적 사실과는 달리 능비문에서는 西方인 後燕과의 전쟁 기사가 일체 기재되어 있지 않다. 이 사실은 광개토왕대의 志向 方向이 西方이 아니었음을 뜻한다. 後燕과의 격돌은 방어전에 불과했던 것이다.[231] 그러면 이제는 능비문에 보이는 다음과 같은 전쟁 기사와

---

228) 『三國史記』 권18, 광개토왕 15년 조.

229) 『三國史記』 권18, 광개토왕 17년 조.

230) 李道學, 「광개토대왕의 영토 확장과 광개토대왕릉비」 『고구려의 정치와 사회』, 동북아역사재단, 2007, 172쪽.

231) 이와 관련해 李丙燾가 제기한 능비문에 對後燕戰이 게재되지 않은 다음과 같은 이유는 시사적이다. "陵碑에 이 意義 깊은 사실을 記載하지 아니한 것은 좀 이상한 듯하나, 다시 생각하여 보면, 遼河以東의 대부분의 땅은 이미 高句麗의 掌中에 들어온지 오래 되었고, 단지 後燕의 一時的인 侵入이 몇 차례 있었을 뿐 이므로, 당시 高句麗人의 觀念에는 그다지 特記할 王의 勳業이라고는 생각하지 아니하였던 모양이다(李丙燾, 『韓國古代史硏究』, 博英社, 1976, 385쪽)." 이러한 李丙燾의 광개토왕대 遼東觀은 後學에게 일정한 영향을 미친 것은 사실인 듯하다.

수묘인 연호를 함께 검토해 보도록 한다.

d. 永樂五年歲在乙未 王以稗麗不△△[人] 躬率往討 過富山[負]山 至鹽水上 破其三部洛六七百營 牛馬群羊 不可稱數 於是旋駕 因過襄平道 東來△城 力城 北豊 五備△ 遊觀土境 田獵而還

e. 百殘新羅 舊是屬民由來朝貢 而倭以辛卯年 來渡△破百殘△△[新]羅以爲 臣民 以六年丙申 王躬率△軍討伐殘國 軍△△[首]攻取寧八城 臼模盧城 各 模盧城 幹氐利[城] △△城 閣彌城 牟盧城 彌沙城 △舍蔦城 阿旦城 古利城 △利城 雜珍城 奧利城 勾牟城 古[模]耶羅城 [頁]△△△△城 △而耶羅[城] [瑑]城 於[利]城 △△城 豆奴城 沸△△利城 彌鄒城 也利城 太山韓城 掃加 城 敦拔城 △△△城 婁賣城 散[那]城 [那]旦城 細城 牟婁城 于婁城 蘇灰城 燕婁城 析支利城 巖門△城 林城 △△△△△△△[利]城 就鄒城 △拔城 古 牟婁城 閏奴城 貫奴城 彡穰城 [曾]△[城] △△盧城 仇天城 △△△△△其 國城 殘不服義 敢出百戰 王威赫怒 渡阿利水 遣刺迫城 △△[歸穴]△便[圍] 城 而殘主困逼 獻出男女生口一千人 細布千匹 跪王自誓 從今以後 永爲奴 客 太王恩赦△迷之愆 錄其後順之誠 於是得五十八城村七百 將殘主弟幷大 臣十人 旋師還都

f. 八年戊戌 教遣偏師 觀帛慎土谷 因便抄得莫△羅城加太羅谷 男女三百餘人 自此以來 朝貢論事

g. 九年己亥 百殘違誓與倭和通 王巡下平穰 而新羅遣使白王云 倭人滿其國境 潰破城池 以奴客爲民 歸王請命 太王[恩慈] 矜其忠[誠] △遣使還告以△計 十年庚子 教遣步騎五萬 往救新羅 從男居城 至新羅城 倭滿其中 官軍方至 倭賊退△△背急追至任那加羅從拔城 城卽歸服 安羅人戍兵△新[羅]城△城 倭[寇大]潰 城△△△盡△△△△安羅人戍兵[新]△△△△[其]△△△△△△△ 言△△△△△△△△△△△△△△△△△△△辭△△△△

△△△△△△△△潰△△△△安羅人戍兵 昔新羅寐錦未有身來[論事] △
[國罡上廣]開土境好太王△△△△寐[錦]△△[僕]勾△△△△朝貢

h. 十四年甲辰 而倭不軌 侵入帶方界 △△△△△石城△連船△△△ [王躬]率
　　△△ [從]平穰△△△鋒相遇 王幢要截盪刺 倭寇潰敗 斬煞無數

i. 十七年丁未 教遣步騎五萬 △△△△△△△△△師△△合戰 斬煞蕩盡 所獲
　　鎧鉀一萬餘領 軍資器械不可稱數 還破沙溝城 婁城 △[住]城 △城 △△△
　　△△△城

j. 卄年庚戌 東夫餘舊是鄒牟王屬民 中叛不貢 王躬率往討 軍到餘城 而餘△
　　國駭△△△△ △△△△△王恩普覆 於是旋還 又其慕化隨官來者 味仇婁鴨
　　盧 卑斯麻鴨盧 椯社婁鴨盧肅斯舍[鴨盧] △△△鴨盧 凡所攻破城六十四 村
　　一千四百

k. 守墓人烟戶 賣句余民國烟二看烟三 東海賈國烟三看烟五 敦城民四家盡爲
　　看烟 于城一家爲看烟 碑利城二家爲國烟 平穰城民國烟一看烟十 訾連二家
　　爲看烟 俳婁人國烟一看烟卌三 梁谷二家爲看烟 梁城二家爲看烟 安夫連卄
　　二家爲看烟 [改*]谷三家爲看烟 新城三家爲看烟 南蘇城一家爲國烟 新來
　　韓穢 沙水城國烟一看烟一 牟婁城二家爲看烟 豆比鴨岑韓五家爲看烟 勾牟
　　客頭二家爲看烟 求底韓一家爲看烟 舍蔦城韓穢國烟三看烟卄一 古[模*]耶
　　羅城一家爲看烟 [炅*]古城國烟一看烟三 客賢韓一家爲看烟 阿旦城 雜珍
　　城合十家爲看烟 巴奴城韓九家爲看烟 臼模盧城四家爲看烟 各模盧城二家
　　爲看烟 牟水城三家爲看烟 幹氐利城國烟一看烟三 彌[鄒*]城國烟一看烟七
　　也利城三家爲看烟 豆奴城國烟一看烟二 奧利城國烟一看烟八 須鄒城國烟
　　二看烟五 百殘南居韓國烟一看烟五 太山韓城六家爲看烟 農賣城國烟一看
　　烟七 閏奴城國烟二看烟卄二 古牟婁城國烟二看烟八 瑑城國烟一看烟八 味
　　城六家爲看烟 就咨城五家爲看烟 彡穰城卄四家爲看烟 散那城一家爲國烟

那旦城一家爲看烟 勾牟城一家爲看烟 於利城八家爲看烟 比利城三家爲看
烟 細城三家爲看烟

國罡上廣開土境好太王 存時教言 祖王先王 但教取遠近舊民 守墓洒掃 吾
慮舊民轉當羸劣 若吾萬年之後 安守墓者 但取吾躬巡所略來韓穢 令備洒掃
言教如此 是以如教令 取韓穢二百廿家 慮其不知法則 復取舊民一百十家
合新舊守墓戶 國烟卅看烟三百 都合三百卅家.

自上祖先王以來 墓上不安石碑 致使守墓人烟戶差錯 唯國罡上廣開土境好
太王 盡爲祖先王 墓上立碑 銘其烟戶 不令差錯 又制 守墓人 自今以後 不得
更相轉賣 雖有富足之者 亦不得擅買 其有違令 賣者刑之 買人制令守墓之

　광개토왕은 親征임에도 불구하고 능비문상 최초의 전쟁인 영락 5년
(d)의 稗麗 공략에서는 주민과 영토 획득은 없었다. 즉 "牛馬群羊 不可稱
數(d)"라고 하였듯이 가축만 이끌고 회군하였다. 永樂 5年 條의 稗麗 정
벌은 牛馬群羊을 포획해서 회군하는 약탈전이었다. 영토 확보와는 무
관한 장래의 대원정을 위한 준비 과정에서 動力源인 牛馬와 皮服 등의
재료인 羊 떼의 확보로 해석된다. 그러니 패려 정벌은 고구려의 남방으
로의 진출과는 성격과 비중이 다르다고 하겠다. 그리고 영락 8년 조(f)
의 帛愼土谷에서 '男女三百餘人'을 抄得한 기사도 그 소재지를 어느 곳
으로 비정하는가 여부와는 상관 없이 약탈전에 불과하였다. 영락 5년
과 8년의 전쟁 수행은 가축과 인적 자원의 확보라는 측면과 영향력의
확대가 목적이었다. 고구려군이 원정했던 稗麗나 帛愼土谷을 당초부터
영유화할 의도가 없었기 때문이다. 설령 이 기사의 백신토곡을 숙신으
로 간주한다고 하자. 그렇더라도 고구려의 동만주 지역에 대한 장악과
는 거리가 먼 것이다.

　영락 10년 조(g)는 신라에 침입한 왜군을 몰아내기 위한 新羅 救援戰

이었다. 이 전쟁 기사의 末尾에 "昔新羅寐錦未有身來[論事]△[國罡上廣] 開土境好太王△△△△寐[錦]△△[僕]勾△△△△朝貢"라고 하였듯이 신라 왕의 조공으로 마무리되고 있다. 즉 영락 10년 조 전쟁은 어디까지나 신라 구원전일 뿐 정복전쟁은 아니었다. 실제 전쟁의 동기와는 상관없이 능비문 상에서는 救援戰으로 포장하였고, 또 그렇게 마무리 지었다. 그리고 영락 14년 조(h)의 경우는 帶方界를 침입한 왜군을 격파한 방어전이었다. 영락 20년 조(j)의 동부여 정벌도 "王恩普覆 於是旋還 又其慕化隨官來者 味仇婁鴨盧 卑斯麻鴨盧 楊社婁鴨盧 肅斯舍[鴨盧] △△△ 鴨盧"라고 하였을 뿐 영토 점령은 없었다. 즉 '中叛不貢'한 동부여를 정벌하여 다시금 屬民化에 성공한 기사였다. 이때의 전쟁은 주지하듯이 동부여의 "中叛不貢"에 대한 응징이었다. 즉 조공체제의 복구가 목표였다. 그러한 목적을 이루자 광개토왕은 즉시 회군하였다.

그러면 능비문 상에서 광개토왕대에 점령한 지역은 어느 곳이었을까? 이것을 확인해 주는 근거가 다음의 〈表 1〉에 적힌 수묘인 연호의 출신지이다.

〈表 1〉에 적힌 新來韓穢 守墓人 烟戶의 출신지 36곳에는 영락 6년 조(e)에서 고구려가 백제로부터 빼앗은 다음의 城들과 일치되는 지역이 보인다.

〈表 2〉는 영락 6년인 396년에 고구려가 백제로부터 점령한 58城 名單이다. 이 가운데 그 왼편에 번호를 명기한 城들은 〈表 1〉의 수묘인 연호 조에도 동일한 城名이 보인다. 그리고 'o' 표시를 한 城들은 결락으로 인해 직접 확인은 어렵지만 수묘인 연호의 출신 城들과 부합 가능성 있는 城들을 摘示했다. 그 밖에 '△' 표시는 수묘인 연호 출신지와 유사성이 보이는 곳이다. 가령 『삼국사기』에서의 關彌城을 閣彌城으로 비정

〈표 1〉 수묘인 연호 명단

	출신지	國烟	看烟		출신지	國烟	看烟
1	沙水城	1	1	19	豆奴城	1	2
2	牟婁城		2	20	奧利城	2	8
3	豆比鴨岑韓		5	21	須鄒城	2	5
4	句牟客頭		2	22	百殘南居韓	1	5
5	求底韓		1	23	大山韓城		6
6	舍蔿城韓穢	3	21	24	農賣城	1	7
7	古模耶羅城		1	25	閏奴城	2	22
8	炅古城	1	3	26	古牟婁城	2	8
9	客賢韓		1	27	瑑城	1	8
10	阿旦城		10	28	味城		6
11	雜珍城			29	就咨城		5
12	巴奴城韓		9	30	彡穰城		24
13	臼模盧城		4	31	散那城	1	
14	各模盧城		2	32	那旦城		1
15	牟水城		3	33	句牟城		1
16	幹氐利城	1	3	34	於利城		8
17	彌鄒城	1	7	35	比利城		3
18	也利城		3	36	細城		3
계						20	200

〈표 2〉 영락 6년 조의 백제 58城

	寧八城	13	臼模盧城	14	各模盧城	16	幹氐利[城]	10	阿旦城
	閣彌城		牟盧城		彌沙城	*	△舍蔿城	23	勾牟城
	古利城	o	△利城	11	雜珍城	20	奧利城	27	[瑑]城
7	古[模]耶羅城		[頁]△△		△△城		△而耶羅[城]	o	△利城
	於[利]城		△△城	19	豆奴城		沸△		敦拔城
17	彌鄒城	18	也利城	23	太山韓城		掃加城	32	[那]旦城
	△△		△城	△	婁賣城	31	散[那]城		燕婁城
36	細城	2	牟婁城		于婁城		蘇灰城		△△
	析支利城		巖門△城		林城 (味城?)		△△	26	古牟婁城
	△△	o	△[利]城	△	就鄒城		△拔城		△△盧城
25	閏奴城		貫奴城	30	彡穰城		[曾]△[城]		
	仇天城		△△		△△△		△△城		

하듯이 婁賣城은 農賣城(24)과 就鄒城은 就咨城(29)과의 연관성이 엿보인다.232) 그리고 58城 가운데 대략 22곳 정도가 수묘인 연호의 출신지로 남아 있다. 이와 더불어 영락 17년 조에서 고구려가 백제로부터 점령한 6城이 수묘인 연호에 모두 포함된다고 가정하자. 그러면 현재 28城 정도가 수묘인 연호에 해당되고 있다. 그렇다면 광개토왕대에 백제로부터 점령한 64城 가운데 절반에도 못 미치는 정도가 수묘인과 연관된다. 그리고 위의 〈表 1〉에서 보듯이 新來韓穢 수묘인 연호와 관련된 지역은 총 36곳에 불과하다. 따라서 광개토왕대에 점령한 64城에서 모두 차출하여 수묘인으로 삼은 것은 아님을 알 수 있다. 이 사실은 광개토왕대 직접 점령한 지역과 영향권 내 지역을 區分할 수 있는 要諦로 헤아려진다.

그런데 〈表 1〉에 보이는 수묘인 연호 36 지역 가운데 城이 아닌 지명이 보인다. 즉 특정 종족 명이나 職名을 붙여 적어놓은 경우가 된다. 가령 豆比鴨岑韓(3)·句牟客頭(4)·求底韓(5)·舍蔦城韓穢(6)·客賢韓(9)·巴奴城韓(12)·百殘南居韓(22)의 7지역이 바로 그곳이다. 당시 백제의 지방 통치체제는 城·村體制였다. 그런데 舍蔦城과 巴奴城을 제외하고는 '城·村'과는 관련 없는 지명들이다. 이러한 점에 비추어 볼 때 그 나머지 5지역은 백제의 직할령과는 거리가 있다. 백제 영향권 내 지역을 가리킬 수 있는 것이다. 그렇다면 舍蔦城과 巴奴城도 이와 동일한 성격의 지역일 가능성도 있다. 그리고 이들 지명 가운데 句牟客頭는 영락 6년에 고구려가 점령한 句牟城에 속한 客頭를 가리킨다. 客頭가 차출된 것이다. 수묘인 연호 조에 보면 '句牟城(33)'과 '句牟客頭(4)'가 함께 기재되

---

232) 朴時亨, 『광개토왕릉비』, 사회과학원출판사, 1966, 221쪽.

었다. 「마운령진흥왕순수비」에 보이는 客의 용례와 연결 지어 客頭의 성격을 추정하는 것도 한 방법이다.[233]

그리고 豆比鴨岑韓·求底韓·舍蔦城韓穢·客賢韓·巴奴城韓·百殘南居韓을 통해 '韓'과 '韓穢'라는 종족의 존재를 상정할 수 있다. 이렇듯 地名末尾에 種族名이 부여된 경우는 특정 지역의 점령을 가리키지 않는다. 고구려가 領土로 지배하지 못한 掠取해 온 특정 지역 주민 자체를 가리킨다고 본다.[234] 즉 이러한 地名은 수묘인 연호로 차출된 이들의 출신지를 가리킬 뿐이다. 그런데 이들 주민들은 '韓'과 '穢'로 구분됨을 알 수 있다. 이와 관련해 '百殘南居韓'이 文面대로 백제 영역 남쪽의 '韓'을 가리킨다고 하자.[235] 그렇다면 수묘인 연호 조에 보이는 '韓'과 '穢'는 당시 백제 영역 밖의 영향권 내 수묘인 연호들의 출신지를 가리키는 것이다. 가령 충청북도 지역에 소재한 '穢'를 비롯하여 백제 주변부에 거주하는 '韓'의 존재를 상정하는 게 가능하다. 이 같은 수묘인 연호를 통

---

233) 李道學, 「磨雲嶺眞興王巡狩碑의 近侍隨駕人의 檢討」『新羅文化』9, 1992, 126~129쪽.
   客頭에 대해서는 조선시대 客主와 비슷한 상품의 運送과 荷役 등을 맡아본 商人層으로 간주한 바 있다(李道學, 「廣開土王碑文에 보이는 地名 比定의 再檢討」『광개토왕릉비문의 신연구』, 서라벌군사연구소, 1999 ; 『고구려 광개토왕릉비문 연구』, 서경문화사, 2006, 279쪽).

234) 李道學, 「廣開土王碑文에 보이는 地名 比定의 再檢討」『광개토왕릉비문의 신연구』, 서라벌군사연구소, 1999 ; 『고구려 광개토왕릉비문 연구』, 서경문화사, 2006, 279쪽.

235) 한편 '百殘南居韓'을 백제 王都 남방에 거주하는 韓人 集團을 의미한다(武田幸男, 『高句麗史と東アジア』, 岩波書店, 1989, 50쪽)는 견해도 있다. 조법종은 이를 "百殘의 남쪽에 거하는 韓"의 뜻으로 해석하였다(趙法鍾, 「廣開土王陵碑文에 나타난 守墓制研究」『韓國古代史研究』8, 1995, 228쪽).

해 고구려의 영향력이 백제 영역 외곽까지 미치고 있음을 읽게 된다. 부언하자면 '百殘南居韓'을 통해 백제와 구분되는 '韓'의 존재를 상정해 볼 수 있다. 즉 백제 주민들도 기본적으로 韓人이지만, 능비문의 '韓'은 백제 城·村體制 바깥의 세력을 가리킨다고 하겠다. 특히 백제 남쪽의 韓을 가리키는 '百殘南居韓'은 당시 백제 南界와 관련 지어 살필 수밖에 없다. 369년에 근초고왕이 남정을 단행하여 확정한 南界는 노령산맥이었다.[236] 이후 396년까지 백제 南方 境域이 확대되었다는 明證은 없다. 그런 만큼 '百殘南居韓'의 '百殘南' 즉 백제 南쪽은 명백히 노령산맥 이남인 영산강유역을 지칭할 가능성이 높다. 그렇지 않다면 백제 영역 남쪽에 공간적으로 달리 비정할 만한 세력은 없기 때문이다.

물론 마한 잔여 세력이 369년 이후에도 존속했다면 능비문에 '任那加羅'처럼 그 존재가 보이지 않았을 리 없다는 주장이 있다.[237] 하지만 능비문에 '任那加羅'가 등장한 이유는 고구려군이 추격하는 왜군의 퇴각로였기 때문이다. 백제 남부에 소재한 영산강유역의 마한은 공간상 고구려군과 직접 부딪칠 소지가 없었다. 그렇기 때문에 영산강유역 집단에 대한 기록이 남겨질 수 없었던 것이다. 따라서 능비문의 擧名 여부가 그 존재를 결정해 주는 잣대가 될 수는 없다. 게다가 이러한 주장에는 분명히 간과한 부분이 있다. 영산강유역 거대 고분의 성장이 백제의 南征이 있던 4세기 후반 이후에도 지속되어 6세기 초엽까지 이어진다는 것이다.[238] 그러므로 '百殘南居韓'은 백제 영향권 밖, 그것도 그 남부

---

236) 李道學, 『백제 고대국가 연구』, 一志社, 1995, 143~146쪽.

237) 노중국, 「백제의 영토 확장에 대한 몇 가지 검토」 『근초고왕 때 백제 영토는 어디까지였나』, 한성백제박물관, 2013, 15쪽.

238) 李道學, 「榮山江流域 馬韓諸國의 推移와 百濟」 『百濟文化』 49, 2013, 113~

지역에 소재한 독자 세력의 존재를 웅변해주는 물증이 아닐 수 없다.

그러면 이제는 '豆比鴨岑韓 · 句牟客頭 · 求底韓 · 舍蔦城韓穢 · 客賢韓 · 巴奴城韓 · 百殘南居韓'과 같이 백제 주변의 韓 세력이 광개토왕릉의 수묘인으로 차출된 사실을 주목해야 한다. 고구려가 직접 영유화하지 않은 지역에서도 수묘인을 차출했다는 증좌이기 때문이다. 실제 이들 地名 대부분은 영락 6년 조에서 점령한 58城에 보이지 않는다.[239] 따라서 이들 지역은 고구려가 점령한 지역이 아님을 알 수 있다. 이처럼 地名 末尾에 종족명을 붙여놓은 경우는, 수묘인 가운데 舊民인 '敦城民'이나 '平穰城民'처럼 차출에 불과하다고 본다. 요컨대 이들 地名은 고구려의 직접적인 領域 支配와는 무관한 곳이다.

그렇다면 이들은 어떠한 과정을 거쳐 광개토왕릉 수묘인으로 차출되었을까? 그 배경은 다음과 같은 영락 6년 조(e)의 戰爭決算 句節에서 해답을 찾을 수 있다. 즉 "而殘主困逼 獻出 男女生口一千人 細布千匹 跪王自誓 從今以後 永爲奴客 太王恩赦△迷之愆 錄其後順之誠 於是得五十八城村七百 將殘主弟幷大臣十人 旋師還都"라고 하였다. 이때 백제 왕은 광개토왕에게 항복한 대가로 '男女生口一千人'을 바쳤던 것이다. 이들 가운데 일부를 고구려에서는 광개토왕릉 수묘인 연호로 차출했을 수 있다. 그리고 이들의 출신지가 '百殘南居韓'을 비롯한 백제 남방을 포함한 그 주변이었을 가능성이다. 또 그렇다면 豆比鴨岑韓 · 求底韓 · 客賢韓 · 巴奴城韓 역시 이때 백제로부터 받은 生口들의 출신지일 수 있다. 그렇

124쪽.

239) 58城 중 '△舍蔦城'은 수묘인 연호의 '舍蔦城'과 구분되는 3字 城名이다. '△舍蔦城'의 △를 어떤 글자로 판독하든 상관없이 字數가 다르므로 舍蔦城과는 相異한 城이라고 보아야겠다.

게 본다면 '百殘南居韓'에 대한 이해가 가능해진다. 백제가 '百殘南居韓'인 영산강유역의 마한 주민을 고구려에 바칠 수 있었다는 것이다.[240] 이 사실은 영산강유역이 백제에 附庸되었기에 가능한 일로 보인다. 바꿔 말해 이는 곧 영산강유역 馬韓의 건재를 방증 해준다. 동시에 고구려의 영향력이 영산강유역 마한까지도 미치고 있음을 과시할 목적으로 生口 출신들을 수묘인 연호로 배정한 것으로 보겠다. 요컨대 백제 뿐 아니라 그 附庸 세력인 영산강유역 마한계 韓人이라는 적어도 2개 이상의 세력이 수묘인 연호에 포함된 정황을 포착할 수 있다.

그러면 능비문에 보이는 豆比鴨岑·求底·客賢·百殘南居 등과 같은 지역의 속성은 무엇이었을까? 앞에서 이들을 백제 주변의 부용 세력으로 지목한 바 있다. 4세기대 후반 근초고왕대에 백제는 천하관을 지니

---

240) 趙法鍾은 '百殘南居韓'의 소속지를 『日本書紀』 신공 50년 조에 등장하는 '海西諸韓'으로 지목했다(趙法鍾, 「廣開土王陵碑文에 나타난 守墓制研究」 『韓國古代史研究』 8, 1995, 235쪽). 그런데 '海西諸韓'은 신공 49년 조에서 "이에 군대를 옮겨 서쪽으로 돌아 古奚津에 이르러 南蠻의 忱彌多禮를 屠戮하여 백제에 내려주었다"고 한 康津과 해남으로 각각 비정된다. 이곳은 두륜산맥으로 에워싸인 지형구에 속한 전라남도 해안 지역으로 범위가 국한되고 있다. 따라서 '海西諸韓'은 나주를 중심으로 한 영산강유역과는 별개의 圈域인 것이다(李道學, 「馬韓 殘餘故地 前方後圓墳의 造成 背景」 『東아시아 古代學』 28, 2012, 172쪽). 따라서 '百殘南居韓'의 소재지에 대해서는 李道學과 趙法鍾의 견해는 일치하지 않는다. 그리고 趙法鍾은 백제가 369년에 馬韓 全域을 영토화시킨 것으로 간주했다. 이에 반해 李道學은 영산강유역의 羅州 세력을 附庸勢力으로 지목하였다(李道學, 「榮山江流域 馬韓諸國의 推移와 百濟」 『百濟文化』 49, 2013, 115~122쪽). 아울러 趙法鍾은 369년에 백제가 마한을 복속시키는 과정에서 확보한 주민들을 영락 6년에 바친 生口로 지목했다. 그러나 李道學은 이들 生口는 396년 당시 附庸되어 있던 羅州를 비롯한 영산강유역 세력들로부터 차출한 것으로 간주하였다.

고 있었다.[241] 그러한 선상에서 이들은 백제 주변의 부용 세력이라고 하겠다. 백제는 396년에 부용 세력으로부터 차출한 주민들을 고구려에 獻上한 것이다.

지금까지의 검토를 통해 광개토왕릉을 수묘하는 연호들은 고구려가 점령한 백제 지역 주민, 백제에 부용된 영산강유역 마한인, 그 밖의 주민들로 구성되었음을 알 수 있다. 고구려가 이때 복속시킨 지역은 동쪽의 동부여, 서북쪽의 패려 등이 있었다. 그러나 고구려가 영토화시킨 대상은 백제가 유일했음을 뜻한다. 이 사실은 고구려의 주된 정복 대상이 남방의 백제였음을 웅변해준다. 이와 더불어 400년의 南征을 통해 고구려는 신라에 대한 橋頭堡 구축에 성공하였다. 고구려군이 신라 왕도에 주둔하였을 뿐 아니라 죽령 동남 지역을 蠶食하는 데 성공했기 때문이다.[242]

3. 고구려의 南方 진출 과정

능비문 영락 20년 조 凱旋 기사에 잇대어 있는 '凡所攻破城六十四 村一千四百(j)'은 광개토왕대 정복전쟁의 결산이다. 능비문에서 고구려가 영역을 점령한 전쟁은 영락 6년과 영락 17년에 불과하다. 이들 전쟁은 모두 백제와의 전쟁으로 확인할 수 있다. 즉 고구려는 백제로부터 영락 6년의 58성과 영락 17년의 6성, 도합 64성을 확보한 것이다. 이는

241) 李道學, 「백제의 천하관」『백제 고대국가 연구』, 一志社, 1995, 243~246쪽.
242) 李道學, 「高句麗의 洛東江流域 進出과 新羅·伽倻經營」『國學研究』 2, 1988 ; 『고구려 광개토왕릉비문 연구』, 서경문화사, 2006, 407~411쪽.

능비문에서 말하고 있는 광개토왕 일대의 전과인 64성과 부합하고 있다.[243] 결국 고구려는 백제로부터의 戰果인 영역 확대를 가장 의미 있게 생각하였던 것이다. 그랬기에 제한된 공간인 능비문에 64성의 존재를 낱낱이 기재했다고 본다. 혹자는 영락 17년 조의 "斬煞蕩盡"이라는 거친 표현은고구려 屬民인 백제에 해당될 수 없다. 그러므로 後燕이라는 논리였다. 그러나 이러한 주장은 취신하기 어렵다. 영락 6년의 對百濟戰은 저항하던 백제가 항복했고, 영락 20년의 對東夫餘戰 역시 고구려군이 들이닥치자 동부여가 놀라 항복하였다. 그 결과 親征한 광개토왕에 의한 '恩赦'와 '王恩'이 베풀어질 수 있었다. 그러나 영락 17년 조는 광개토왕의 親政도 아닐 뿐 더러 백제가 고구려에 맞대응한 결과 "斬煞蕩盡" 式으로 무자비하게 응징되었음을 알리고 있다. 이와 관련해 광개토왕을 總評하는 능비문 冒頭의 稱頌 글귀에서 '廣開土境'을 이룬 방법으로써 '恩澤'과 '威武'를 꼽았다. 이러한 맥락에서 볼 때 영락 6년에 광개토왕은 백제 왕의 항복을 받고는 恩赦라는 恩澤을 베풀었다. 그럼에도 백제가 '違誓與倭和通'하였다. 그러자 영락 17년에 광개토왕이 파견한 고구려군은 威武로써 무자비하게 백제군을 격파하여 膺懲한 것이다.

이렇듯 고구려는 남방에 소재한 백제와의 戰場에 지대한 비중을 실었다. 고구려가 남방으로의 진출에 주력했음은 능비문 상에서도 포착된다. 가령 영락 9년 조에 보면 "王巡下平穰(g)"라고 하였듯이 광개토왕이 국내성에서 평양성으로 남하해서 거처하였다. 광개토왕은 평양성에서 구원을 요청하러 온 신라 사신을 접견했다. 그리고 對倭戰(h)에서 勝

---

243) 朴性鳳, 「高句麗 發展의 方向性 問題 -南進發展論의 民族史的 再吟味」 『東國大學校開校八十周年紀念論叢』, 1987 ; 『고구려 남진 경영사의 연구』, 白山資料院, 1995, 24쪽.

戰의 基點으로 평양성이 보인다. 사실 고구려는 다음의 l 기사를 제외하더라도 일찌감치 4세기대부터 국가의 중심축이 평양성으로 내려와 있었다. 이는 다음과 같은 『삼국사기』 기사에 등장하는 평양성의 존재를 통해 짐작할 수 있다.

l. 247년(동천왕 21): 봄 2월에 왕은 환도성이 난리를 겪어 다시 도읍할 수 없었으므로 평양성을 쌓아 백성들과 종묘와 사직을 옮겼다[평양은 본래 仙人 王儉이 살던 곳이다. 혹은 왕이 도읍한 왕검을 이르기도 한다].

m. 334년(고국원왕 4): 가을 8월에 평양성을 增築했다.

n. 343년(고국원왕 13): 가을 7월에 평양 동쪽 黃城으로 옮겨 거처했다[城은 지금 서경 동쪽 木覓山 속에 있다].

o. 371년(고국원왕 41): 가을 10월에 백제 왕이 군사 3만 명을 거느리고 와서 평양성을 공격하므로 왕은 군사를 거느리고 나가서 이를 막다가 流矢에 맞고 이달 23일에 세상을 떠났으므로 고국원에 장사지냈다.

고조선의 수도요 樂浪郡의 治所로서 상징성이 지대한 도시 평양성에서 고구려 왕들이 거처하는 기간이 적지 않았다. 게다가 광개토왕이 평양에 9寺를 창건하였다. 그리고 광개토왕은 國東에 禿山 등 6城을 축조하고 평양의 民戶를 옮기기까지 했다.[244] 이러한 일련의 사실들은 고구려의 무게 중심이 남방경영에 쏠렸음을 뜻한다. 반면 고구려가 서방인 요동반도에 정치적 거점을 설치한 증거는 없다. 남방에는 왕이 거처하

---

244) 『三國史記』 권18, 광개토왕 18년 조.

는 실질적인 수도로서 평양성이 기능하였다. 후술하겠지만 이 점은 능비문을 통해서도 확인할 수 있다.[245)

사실 고구려가 외형상으로는 신라 구원전을 표방했지만 步騎 5萬이 출병한 사건은 이례적인 일이었다. 소위 救援戰 치고는 대병력의 출병인 셈이다. 실제 고구려군이 낙동강유역에 출병한 틈을 타서 後燕이 기습하여 신성과 남소성 등 700여 里의 땅을 일거에 빼앗았다. 이는 고구려가 남방 진출에 사활을 건 징표로 해석할 수 있다. 고구려가 단순한 구원전이 아니라 정복전의 형태로 주력을 파병한 결과 본토의 후방이 기습을 받아 要鎭인 신성과 남소성을 비롯한 무려 700여 里에 달하는 광활한 지역을 약취당한 것이다.[246) 이러한 전반적인 사건들은 고구려의 주된 진출 방향이 서방이나 북방이 아니라 남방이었기에 파생될 수 있는 현상이었다. 게다가 이러한 추정은 능비문에 등장하는 여러 정치세력 가운데 유독 백제와 倭만 '百殘'이니 '倭賊(倭寇)' 등과 같은 멸칭으로 일컬어진 데서도 반증된다.

고구려는 자국의 동방에 소재한 동부여에 대하여 멸칭을 구사한 바 없다. 그리고 고구려의 서방에 소재한 모용선비의 후연에 대해서는 능비문에 아예 기재하지도 않았다. 고구려의 북방은 시조의 출원지로 인식된 북부여가 소재한 곳이다. 이곳은 고구려가 北夫餘守事를 파견한 지역이었다. 반면 남방은 고구려의 시선이 집중된 곳이었다. 가령 영락 6년 백제 진출과 58성 획득, 영락 8년의 백신토곡 초득, 영락 9년 신라

---

245) 李道學, 「廣開土王代 南方 政策과 韓半島 諸國 및 倭의 動向」 『韓國古代史研究』 67, 2012, 162쪽.

246) 李道學, 「高句麗의 洛東江流域 進出과 新羅·伽倻經營」 『國學研究』 2, 1988 ; 『고구려 광개토왕릉비문 연구』, 서경문화사, 2006, 406쪽.

사신의 구원 요청, 영락 10년 보기 5萬의 신라 지역 출병과 왜군 추격과 임나가라 진출, 영락 14년 왜군의 기습 공격 격파, 영락 17년 백제 지역 진출과 6城 획득으로 짜여 있다.[247] 게다가 능비문에는 勝戰의 기점으로서 평양성이 2회나 기재되어 있었고 수묘인 연호 관련해서도 1회 기재되었다. 반면 국도였던 국내성은 능비문에서 단 한 번도 언급된 바 없다. 능비문에 보이는 이 같은 서술은 고구려의 진출 방향이 남방에 쏠려 있었음을 뜻한다.[248] 그리고 고구려의 남방 진출에 걸림돌이 되는 兩大 軸으로서 백제와 倭가 설정된 것이다.

능비문의 내용이 죄다 사실은 아니겠지만, 고구려인들의 지향점과 관념이 게재되었다는 점에서 소중한 문구라고 하겠다. 가령 신묘년 조 (e)에 보면 백제와 신라를 속민으로 설정했다. 그런데 이 구절에 대해서는 경희대학교 혜정박물관 소장본에 따른다면 종전의 '海'는 '是'로 판독할 수 있어 다음과 같이 석문된다.

p. 百殘新羅 舊是屬民由來朝貢 而倭以辛卯年來渡 是破百殘任那加羅以爲臣民

신묘년 조는 그 앞의 구절에 적혀 있는 백제와 신라가 조공을 해 왔던 상황이 轉變되는 계기를 가리킨다. 신묘년 이후의 결과인 "百殘任那

---

247) 이에 대해서는 박시형이 "이것은 407년, 영락 17년 정미(丁未)에 왕이 5만 명의 군대를 파견하여 다시 백제를 정벌한 사실을 기록한 것이다. 복자가 많아서 꼭 백제라는 이름은 나오지 않지만 여기에 격파한 성들은 다 백제의 성들이다(朴時亨, 『광개토왕릉비』, 사회과학원출판사, 1966, 200쪽)"라고 한 언급은 적절하다.

248) 李道學, 「廣開土王陵碑의 建立 背景」 『白山學報』 65, 2002 ; 『고구려 광개토왕릉비문 연구』, 서경문화사, 2006, 204쪽.

加羅以爲臣民"은 백제와 임나가라를 실제 신민으로 삼았다는 결산은 아니다. 여기서 '是'는 字典的 의미에 따르면 지시하는 말로 쓰인다. 그렇다면 신묘년 조는 "그런데 왜가 신묘년 이래로 건너오자 격파하고 (광개토왕은) 백제와 임나가라를 臣民으로 삼고자 했다"는 뜻이 된다.

이러한 문투는 영락 6년에 광개토왕이 몸소 군사적 원정을 단행하여 백제를 공격한 명분에 걸맞다. 나아가 영락 10년에 단행된 임나가라 원정의 동기와도 어긋나지 않는다. 백제와 임나가라는 본시 모두 倭와 연계된 세력이었다. 고구려는 신묘년 이래로 건너 온 倭와 긴밀해진 백제나 임나가라를 격파하여 臣民으로 삼겠다는 의도에서 영락 6년에 백제 정벌을 단행했다. 영락 10년에 고구려는 신라 구원전까지 펼쳐 왜군을 격파하고 임나가라까지 진출했음을 천명하였다.

그런데 이와는 조금 달리 광개토왕이 백제와 임나가라 공격의 명분으로 倭를 걸고 있는 이유를 살필 수 있다. 倭는 광개토왕이 즉위하는 신묘년인 391년부터 건너왔다고 했다. 능비문에는 왜가 건너온 곳이 적혀 있지 않다. 그런데 영락 9년 조에 보면 "백잔이 약속을 어기고 倭와 더불어 和通했다"고 하였다. 문맥상 영락 6년에 광개토왕이 백제 왕의 항복을 받았을 때 서약했음을 알 수 있다. 이때 서약 내용은 "倭와 더불어 화통하지 않겠다"는 게 분명하다. 그렇다면 영락 6년 이전부터 백제가 倭와 '和通'한 관계였음을 암시해 준다. 이 사실은 신묘년 이래로 건너온 倭의 향방이 백제에도 미쳤음을 뜻한다. 백제가 왜와 연합하여 군사작전을 전개한 적은 369년의 마한 정벌에도 있었다. 그러니 백제로 건너온 왜군의 존재는 필시 고구려에 대한 위협 요인이었을 것이다. 결국 광개토왕은 자국에 대한 위협 요인을 제거하기 위한 목적에서 倭軍 격파를 명분삼아 백제와 임나가라를 공격하여 臣民으로 삼고자 하였다. 이러한 의도는 즉각 실행에 옮겨져 영락 6년에 광개토왕은 몸소 백제를 공격하였다. 영락 10년에는 속민이었던 신라 구원을 명분으로 출병하여 왜군을 격파하고 倭로 인해 파괴된 임나가라의 복구를 선언했다. 이렇게 본다면 大前置文인 "百殘新羅舊是屬民由來朝貢"으로의 還元 과정이 영락 6년 조와 영락 10년 조인 셈이다. 倭의 渡來가 이루어진 辛卯年 이전의 상황으로 백제와 신라를 복구시켰음을 천명하였다.[249]

고구려는 궁극적으로 백제와 신라를 신민화 시키려고 했다. 그러나 백제의 거센 저항과 신라 구원전의 실패로 인해 기도했던 목적은 이룰 수 없었다. 반면 고구려는 동부여에 대한 속민체제를 줄곧 인정해 주었다. 그러한 동부여도 물길에게 몰리자 급기야 494년에는 고구려 영역으로 편제되었다.[250]

4. 四界의 劃定과 領域化 과정

1) 四界의 劃定

광개토왕의 영역 확장과 관련해 고구려의 境域 意識을 살펴보고자 한다. 물론 고구려는 천하관 속에서 자국을 四海의 중심으로 인식했다는 것이다. 그러나 고구려의 천하관 속에 중국을 비롯하여 어느 세력까

---

249) 이상의 서술은 李道學, 「'광개토왕릉비문'의 역사적 성격과 특징」 『博物館學報』 23, 2012, 107~109쪽에 의하였다.

250) 『三國史記』 권19, 문자명왕 3년 조.

지 포함되는지는 불명확하다. 이 같은 관념적인 天下觀과는 달리 고구려인들은 궁극적인 자국의 四界를 설정하여 指向했을 것으로 본다. 일단 고구려인들이 설정한 東界는 동부여가 소재한 두만강과 연해주 남부 지역으로 지목된다. 494년에 물길에 쫓긴 동부여 왕실의 투항에 따라 동방 경역은 완결되었다. 『魏書』의 "東至柵城"[251]라는 境域이 그것을 말하고 있다. 이로써 추모왕의 속민으로 인식했던 동부여의 영역화가 완료되었다. 이러한 맥락에서 볼 때 '屬民'은 궁극적으로 고구려의 영역 편제 대상이었던 것이다. 고구려의 北界는 『魏書』에서 "北至舊夫餘"라고 하였다. 광개토왕대에 북부여수사를 파견하였던 '舊夫餘'가 있던 송화강유역까지로 지목된다.

고구려의 南界는 『魏書』에서 "南至小海"라고 했다. 이는 어디까지나 장수왕대의 南限을 가리킬 뿐이다. 고구려가 지향한 南界는 능비문에서 확인이 가능해진다. 능비문에서 국가의 정당한 최고 수반을 가리키는 '王'이라는 호칭은 고구려 왕에게만 국한되었다. 백제의 경우 '主', 신라는 '寐錦'으로 일컬었고, 여타 세력에 대해서는 거론조차 하지 않았다. 이 사실은 능비문에서 백제나 신라를 국가로 인정하지 않고 주민 집단에 불과한 '속민'으로 일컬었던 데서도 알 수 있다. 그러니까 고구려라는 거대한 國家體系 속의 官的秩序下에 동부여를 비롯하여 백제나 신라 등과 같은 조공 의무가 따르는 속민 집단이 布陣한 상황을 설정했다. 이러한 '屬民' 집단은 고구려가 궁극적으로 영토화시켜야 할 대상이었다. 문제는 倭가 고구려 의 관적질서에 속하느냐하는 문제이다. 이와 관련해 능비문 영락 14년 조(h)에 보면 왜군의 고구려 침략을 일컬어

---

251) 『魏書』 권100, 고구려전.

'不軌'라고 하였다. 不軌는 반역을 도모함을 가리킨다. 이는 고구려가 설정한 관적질서에 倭를 편제했기에 가능한 인식이었다.[252] 외국 군대의 自國 侵略을 叛逆으로 일컫지는 않기 때문이다. 이렇게 본다면 고구려는 한반도는 물론이고 대한해협 건너의 왜까지도 차제에 속민으로 삼고 궁극적으로 신민으로 이행시켜야 할 대상으로 설정했음을 알 수 있다. 나아가 고구려가 염원했던 궁극적인 南界는 한반도를 넘어 일본열도까지임을 시사해준다. 물론 倭에 대한 고구려의 이 같은 인식은 백제나 신라와는 구분된다. 어디까지나 구체성이 없는 관념적인 상정에 불과하였다.

2) 西界 인식과 千里長城 축조

漢族과 접한 西界에 대한 고구려의 意識을 살펴본다. 이와 관련해 능비문에 交戰 對象으로 후연이 포함되지 않은 이유를 고려해 보아야 한다. 그 이유는 後燕의 후신인 北燕과의 화해 등 여러 가지 요인이 깔려 있을 수 있다. 그러나 그 본질은 기본적으로 후연이 고구려가 설정한 관적질서 바깥에 위치하였기 때문일 것이다. 그렇게 설정된 본질은 고구려의 진출 방향이 남방에 쏠린 데 연유한다고 본다.

고구려는 광개토왕대에 확보한 遼東을 넘어 그 서편 지역까지 넘보았다. 그렇지만 고구려는 遼河를 界線으로 하는 西界를 지켜왔었다. 그러다가 598년에 영양왕은 몸소 말갈병을 이끌고 遼西를 침공한 바 있

---

252) 李道學, 「廣開土王代 南方 政策과 韓半島 諸國 및 倭의 動向」『韓國古代史研究』 67, 2012, 169쪽.

다.[253] 이 사실은 고구려가 요동만을 자국의 西界로 인식하지 않았음을 뜻한다.

그러면 고구려의 西境으로서 631년(영류왕 14)부터 16년 간에 걸쳐 축조한 千里長城이 지닌 의미를 상기해 본다. 왜냐하면 천리장성은 漢代 이래 중국 역대 왕조가 평양성을 공격했을 때 육로와 수로를 함께 이용한 점을 상기할 때 무모한 토목 공사일 수 있기 때문이다. 곧 線에 불과한 천리장성이 군사 방어적으로 유효한 기제가 되기는 어렵다고 볼 수 있다. 이와 관련해 千里長城 축조와 관련한 기사를 다음과 같이 인용해 본다.

> q. 唐은 廣州司馬 長孫師를 파견하여 隋의 戰士 무덤의 骸骨에 제사지내고, 그때 세운 京觀을 헐어버렸다. 2월에 왕은 백성을 동원하여 長城을 쌓되 東北은 扶餘城에서 西南은 바다에까지 이르니 길이가 千餘里요, 무릇 16년만에 준공되었다.[254]

위에 보이는 천리장성 축조의 동기를 "唐이 고구려 所立의 京觀을 헐었으므로, 王은 혹 (唐이) 自國을 칠까 두려워하여 西境 방비의 目的으로 시작한 것이니"[255]라고 해석하기도 했다. 그러나 이러한 해석은 지극히 현상적인 이해에 불과하다. 당태종 이전인 통일제국 隋代 이래 중국인들은 遼東 지역이 당초 중국 영역이었음을 강조하였다. 중국이 곧 탈환해야할 지역으로 설정했다. 소위 四郡 지역이 그러한 범주에 속하게

---

253) 『三國史記』 권20, 영양왕 9년 조.

254) 『三國史記』 권20, 영류왕 14년 조.

255) 李丙燾, 『國譯 三國史記』, 乙酉文化社, 1976, 319쪽, 註 6.

된다. 唐은 고구려 영역 가운데 과거 한사군의 영역과 魏代 이후의 요동 군을 수복지로 지목하였다. 당태종은 "遼東은 옛적에 중국 땅이었다. … 朕은 장차 가서 이를 經略하려 하는 것이다"[256]고 했다. 이에 대한 대응으로 고구려는 自國의 世界 내지는 圈域 설정 개념으로 천리장성 축조를 단행한 것으로 보인다. 요컨대 중국 진시황의 만리장성은 결과적으로 華와 夷의 정치·문화적 界線이 되었다. 이와는 달리 고구려 천리 장성은 당초부터 중국과 고구려를 구분 짓는 界線이라는 의미로 축조한 것이다. 그렇게 보아야만이 唐의 침공시 고구려 천리장성이 방어적 기능으로서는 의미가 없었던 이유를 알 수 있다. 즉 고구려 천리장성은 군사적 의미보다는 고구려 세계와 圈域의 설정이라는 상징성을 지니고 있었다. 바꿔 말해 唐의 침공 動機에 對應한다는 차원에서 그 築造 동기를 살펴야 맞을 것 같다.[257]

고구려 천리장성 축조의 직접적인 동기는 京觀을 허문 사건과 연계되어 있다. 일반적으로 唐人이 무단으로 京觀을 헐었던 사건이 고구려와 唐과의 대립으로 운위된다. 그러나 경관을 허문 때로부터 9년 후인 640년(영류왕 23)에 고구려는 世子를 당에 파견했다. 당은 그를 후대하였다. 이때 영류왕은 子弟를 唐 國學에 입학할 것을 요청하기도 했다.[258] 그러한 우호적인 기조는 이듬해인 641년까지 이어졌다. 경관을 허문 631년 이전에도 양국은 아주 우호적이었다. 고구려는 621년 (영류왕 4)부터 622~626년에 걸쳐 연달아 당에 사신을 파견하거나 唐

---

256) 『三國史記』 권21, 보장왕 3년 조.

257) 李道學, 「界線으로서 韓國史 속 百濟人들의 頭髮과 服飾」 『백제 하남인들은 어떻게 살았는가』, 하남문화원, 2013.10.11, 9쪽.

258) 『三國史記』 권20, 영류왕 23년 조.

使가 찾아 왔다.[259] 628년(영류왕 11)과 629년에도 당에 사신을 파견하여 조공했다.[260] 그런 직후인 631년에 京觀을 허문 사건이 발생한 것이다.[261] 이는 622년에 고구려 영내의 隋軍 포로들을 數萬 名이나 송환한 연장선상에서 해석이 가능하다.[262] 즉 631년에 고구려는 자국 영내에서 전사한 隋軍 해골에 제사지낸 후에 京觀을 헐었던 것이다.

이러한 맥락에서 볼 때 京觀을 헐게 된 배경에는 고구려측의 양해하에 이루어졌음을 알 수 있다. 즉 고구려와 唐間의 화평의 표지로써 경관을 헐고 천리장성 축조를 시작한 것으로 보인다. 고구려가 천리장성을 축조함으로써 중국을 넘볼 일이 없음을 가시적으로 宣言한 것이다. 598년 고구려군의 遼西 기습과 같은 시도가 재현되지 않을 것임을 선언하는 행위였다. 즉 중국에 대한 불가침 標識라고 하겠다. 동시에 唐으로 하여금 요동에 대한 故地修復論을 재론하지 말라는 경고이기도 했다. 고구려와 唐이 각자 절충하여 타협하는 선에서 고구려의 西界가 설정된 것이다. 그럼으로써 고구려는 兩國間의 화평을 이루고자 한 것으로 보인다. 아울러 고구려 西界에 대한 圈域의 확정이기도 했다.

그러나 이러한 화평 관계는 642년에 천리장성 감독관으로 파견한 연개소문이 그해 10월에 영류왕을 시해하고 집권함으로써 파탄 상태에 빠졌다.[263] 和平의 表象인 千里長城 築造에 파견된 이가 연개소문이

---

259) 『三國史記』 권20, 영류왕 5년·6년·7년·8년·9년 조.

260) 『三國史記』 권20, 영류왕 11년·12년 조.

261) 『三國史記』 권20, 영류왕 14년 조.

262) 『三國史記』 권20, 영류왕 5년 조.

263) 『三國史記』 권20, 영류왕 25년 조.

었다. 연개소문은 그에 대한 불만으로 對唐 宥和論者인 영류왕을 시해하고 對唐 强硬路線으로 치달았다.[264] 어쨌든 천리장성 축조는 광개토왕대에 완점하게 된 요동 지역에 대한 唐과의 지배권 갈등을 마무리하려는 차원에서 비롯되었다. 곧 고구려 西界의 확정이라는 의미를 지녔다.

3) 南界 인식

고구려는 자국이 설정한 四界 가운데 北界와 東界는 목표를 이루었던 것 같다. 北界는 광개토왕 당대에 영역화에 성공했다. 고구려의 東界는 광개토왕 曾孫子代인 문자명왕대에 이르러 완결 지었다. 고구려 西界는 요하 서쪽까지 일부 진출하는 선에 이르렀다. 그렇지만 南界는 광개토왕대보다 훨씬 축소되고 말았다. 고구려가 역점 사업으로 累代에 걸쳐 진출한 곳이 南方이었다. 광개토왕대에는 한강유역까지 진출하는 데 성공했었다. 그 아들인 장수왕대에 이르러서는 아산만에서 영일만까지 지배한 바 있다. 심지어 고구려군은 금강 이남까지 진출하기까지 했다. 그럼에도 불구하고 7세기대의 고구려는 南界만 오히려 축소되고 말았다. 이 점은 아이러니한 일이 아닐 수 없다. 그 요인에 대해서는 백제와 신라의 동맹결성이나 고구려의 內紛 등을 운위할 수 있다. 그렇지만 南方을 가장 중요하게 생각했기에 고구려가 포기하지 않고 오랜 기간에 걸쳐 재탈환을 시도했음은 분명하다. 능비문이라는 제한된 공간임에도 불구하고 백제로부터 빼앗은 64城의 존재를 낱낱이 모두 기

---

264) 李道學, 「高句麗의 內紛과 內戰」 『高句麗研究』 24, 2006, 35~36쪽.

재한 것도 이유 있음을 알 수 있다. 그 만큼 어려운 곳을 지배한 뿌듯한 심회의 발로가 아니었을까?

고구려인들의 南界 인식과 관련해 마목현 즉 계립현과 죽령이 고구려 失地 回復의 지표였음을 알 수 있다.[265] 이곳은 396년에 고구려가 점령한 남한강 상류 지역과 부합한다. 그런데 백제는 신라와 동맹하여 551년에 한강 하류 지역을 장악하였다.[266] 이후 온달이 탈환을 서약한 '계립현과 죽령 서쪽'은 신라가 551년에 점령한 한강 상류의 10郡에 속한다. 반면 백제가 탈환한 한강 하류의 6郡은 475년까지 통치한 백제 한성도읍기 영역이었다. 그렇기 때문에 한강 하류 지역은 고구려가 자국의 原領土로 내세우지 않았던 것 같다. 따라서 '계립현과 죽령 서쪽'은 남한강 상류 일원임이 분명해진다. 요컨대 고구려인들은 광개토왕대에 점령한 남한강 상류 지역을[267] 自國 故地로 간주했던 것이다. 따라서 6세기 후반~7세기대 고구려가 목표한 南界는 광개토왕대에 점령한 구간이었음을 알 수 있다.

---

265) 『三國史記』권45, 溫達傳.
  『三國史記』권41, 金庾信傳.
  『三國史記』권5, 선덕왕 11년 조.

266) 『三國史記』권4, 眞興王 12년 조. "王命居柒夫等 侵高句麗 乘勝取十郡"
  『三國史記』권44, 居柒夫傳. "十二年辛未 王命居柒夫 … 八將軍與百濟侵高句麗 百濟人先攻破平壤居柒夫等乘勝取 竹嶺以外高峴以內十郡"
  『日本書紀』권19, 欽明 12년 조. "是歲 百濟聖明王 親率二國兵[二國謂新羅·任那也]往伐高麗 獲漢城之地 又進軍討平壤 凡六郡之地 遂復故地"

267) 李道學, 「永樂6年 廣開土王의 南征과 國原城」『孫寶基博士停年紀念韓國史學論叢』, 知識産業社, 1988 ; 『고구려 광개토왕릉비문 연구』, 서경문화사, 2006, 373~378쪽.

5. 맺음말

「광개토왕릉비문」에는 고구려 왕실이 추구했던 방향성이 집약되어 있다. 건국설화에서 보듯이 고구려 왕실은 北 → 南으로 이동하는 공간 관념을 태생적으로 지녔다. 건국자가 개척한 남방은 풍요로운 곳으로서 일종의 未來鄕이었다. 그를 이은 고구려 왕들 역시 남방으로의 진출에 대한 이상을 품고 있었다. 또 그것을 구현하는 일이 고구려사의 전개 과정이기도 했다. 능비문에 보면 여러 件의 중요한 전쟁 기사 가운데 대부분이 남방 진출과 연관되어 있었다. 더욱이 광개토왕 일생일대의 戰果처럼 능비문에 기재된 64城의 존재 역시 백제와의 전쟁에 대한 결산이었다. 이러한 사실은 광개토왕대에 추진하였던 전쟁의 방향성이 남방이었음을 웅변해 준다. 광개토왕대에 진출하거나 확보한 지역은 이보다도 광활하였을 수 있다. 그럼에도 고구려 왕실이 남긴 능비문에서는 백제와의 戰果로만 국한시켜 놓았다. 이 戰果야 말로 고구려 왕실이 지향한 지역을 躍如하게 闡明해주는 단적인 근거였다. 광개토왕의 시호인 '廣開土境'은 백제로부터 확보한 領域開拓의 結實을 가리킨다. 이 점 부인할 수 없는 명백한 사실인 만큼 남방 진출의 성과가 지닌 지대한 의미를 다시금 환기시켜준다.

능비문에 적혀 있는 광개토왕릉 수묘인들의 구성에는 '百殘南居韓'을 비롯한 백제 영역 바깥의 세력도 포함된 사실이 밝혀졌다. 이 사실은 백제 영향권 내 영산강유역의 마한 잔여 세력을 비롯하여 부용된 세력에서도 주민이 차출된 증좌였다. 그렇게 된 동기는 영락 6년에 광개토왕이 勝戰한 직후 백제 왕으로부터 男女 生口 1천여 명을 공납받았을 때 포함된 주민들로 보인다. 고구려는 백제 주변부의 주민들까지 차출하여 광개토왕릉을 수묘하게 한 것이다. 광개토왕대에 백제뿐 아니라 한반도 南端까지 영향력을 행사했음을 선전하려는 의도가 깔려 있었다. 아울러 한반도 전체를 영향권 내에 넣은 양하는 정치적인 계산을 통해 궁극적으로 群小勢力까지도 통합의 대상으로 여겼음을 가리킨다. 이때 광개토왕이 편제 대상으로 삼았던 세력에는 倭도 포함된 사실을 읽을 수 있었다. 능비문에서 倭의 고구려 침공을 나타내는 '不軌'는 고구려에 대한 반역 행위를 가리킨다. 이 사실은 고구려의 官的秩序 속에 倭가 포함되었음을 뜻한다. 그렇기 때문에 왜군의 고구려 침공은 반역 행위가 되었던 것이다. 이러한 관념은 궁극적으로 왜까지 지배하려는 고구려의 궁극적인 지향점을 읽게 된다. 요컨대 능비문에 적힌 세력은 고구려의 官的秩序에 모두 포함되었다. 後燕과의 전쟁이 능비문에 수록되지 않은 이유는 고구려의 관적질서 바깥에 후연이 위치하였기 때문이었다.

고구려의 天下觀은 추상적인 인상을 준다. 반면 고구려가 추구했던 四界가 있었다고 본다. 이와 관련해 고구려는 광개토왕 당대에 北界는 완결 지었다. 그리고 東界는 屬民支配에서 출발하여 5세기 말엽에야 영역화시켰다. 西界는 광개토왕대에 지배한 遼東에서 머물지는 않았다. 遼西 地域까지 일부 진출하였던 것이다. 가장 관심이 쏠렸던 南方은 광개토왕대에 진출했던 한강유역에서부터 그 다음 장수왕대에 이르러 그보다 훨씬 남쪽으로 진척되었다. 그러나 6세기 중반경에 심혈을 기울여 개척했던 남방 영역을 대거 상실하고 말았다. 물론 그 이후에도 고구려는 南方 失地回復을 위해 국력을 크게 기울였지만 더 이상 漢江流域을 지배하지는 못했다. 6세기 후반~7세기대까지 고구려인들이 自國故地로 인식했던 곳이 남한강 상류 지역이었다. 이 곳은 광개토왕대에 점령한 구간에 속한다.

　그런데, 7세기대에 접어들어 隋·唐과 같은 통일제국의 등장과 더불어 광개토왕대에 완결 지은 遼東 지역의 西界에 대한 동요가 발생했다. 이때 遼西를 공격했던 고구려의 입장에서는 唐과 타협하여 요동을 界線으로 하는 西界를 확정 짓게 되었다. 그 산물이 곧 고구려의 천리장성 축조였다. 천리장성 축조 배경은 단순한 군사적인 목적과 그러한 用途에만 있지 않았다. 界線의 역사적 宣言이라는 차원에서 중요한 의미를 지녔던 것이다.

제6장
광개토왕릉 守墓制 論議

1. 머리말

주지하듯이 「광개토왕릉비문」(이후 '능비문'으로 略記한다)은 건국설화·
정복전쟁·수묘인 烟戶의 3단락으로 구성되었다. 능비문 가운데 공간
적으로 많은 文面을 접하고 있는 단락이 수묘인 연호에 관한 내용이다.
광개토왕 생전에 下敎한 수묘인에 관한 규정은 고구려 수묘제의 실태
를 파악하는데 누락될 수 없는 글귀였다. 근래에 집안고구려비가 발견
되어 수묘제에 대한 실마리가 풀리는 듯했다. 그렇지만 집안고구려비
는 가장 기본적인 문제, 즉 건립 시기에 대해서도 광개토왕릉 조성 이
전과 이후로 나누어지고 있다. 심지어 집안고구려비 위작설까지 제기
되었다.[268] 이로 인해 「집안고구려비문」을 적극적으로 원용하지 못하

---

268) 鄭求福, 「'집안고구려비'의 眞僞考」『한국고대사탐구』18, 2014.

는 아쉬움이 따르고 있다.[269] 더욱이 「집안고구려비문」에는 본고의 중심 논제인 國烟과 看烟에 관한 글귀가 없다.[270]

본고에서는 이러한 이유로 「집안고구려비문」 대신 실체가 분명한 능비문 수묘인 연호 조를 토대로 광개토왕릉 管理와 관련한 수묘제에 대한 지금까지의 논의를 검증해 보고자 한다. 사실 광개토왕릉의 守墓役이 지닌 성격과 守墓 범위와 守墓 대상에 대해서는 논의가 구구하였다. 이러한 논의에 대한 개별적인 검토는 同調 여부를 떠나 이미 이루어진 바 있다. 즉 관련 학설사는 圖表로 정리되어졌다. 본고에서는 그것을 보완하여 대신하고자 한다.

고구려 수묘제에 대한 정리는 자칫 학설사적인 지리한 나열에 불과할 수도 있다. 그로 인해 본고에서는 쟁점이 되는 근자의 몇몇 견해를 중심으로 검토를 시도해 보았다. 그럼으로써 왜곡된 주장이 아니라 객관적인 검증의 계기를 마련하고자 했다. 본고를 통해 광개토왕릉의 守墓役이 지닌 성격과 守墓 범위와 대상을 새롭게 고찰하는 계기가 될 것으로 본다. 특히 看烟의 성격에 대한 지금까지의 논의를 전면 재검토할 수 있는 전기를 마련하고자 했다.

---

269) 이와 관련해 金賢淑은 "그러나 기대와 달리 기존의 견해가 좁혀지지는 않았다"고 했다(金賢淑, 「高句麗 守墓制 研究의 現況과 爭點」 『國學研究』 26, 한국국학진흥원, 2015, 10쪽).

270) 집안고구려비에 대해서는 李道學, 「高句麗 守墓發令碑에 대한 接近」 『韓國思想史學』 43, 2013, 85~115쪽을 참조하기 바란다.

2. 守墓制에 관한 검증

1) 國烟과 看烟의 성격 검토

능비문을 크게 3개의 단락으로 나누어 본다면 건국설화와 광개토왕의 정복전쟁, 그리고 수묘제가 된다. 능비문은 총 44행 가운데 16행이 수묘제에 관한 규정과 수묘인 연호에 관한 내용이다. 광개토왕의 훈적을 명시한 능비문에서 상당히 비중 있게 文面을 할애했음을 알 수 있다. 능비문에 보이는 수묘인 연호에 관한 기사는 다음과 같은 내용으로 짜여졌다. 즉 수묘인의 출신 지역과 차출 연호의 종류와 인원 수, 광개토왕 이전과 그 이후 수묘인 편성 내용, 墓 곁에 비를 세우게 된 배경과 수묘제의 유지를 위해 수묘인의 전매를 금하는 내용이다. 이와 관련해 國烟과 看烟의 성격과 맡은 역할에 대한 문제, 수묘인의 신분 또는 사회적 위상에 대한 문제, 그리고 수묘인의 거주 지역과 수묘역의 수행 방식 및 수묘제의 정비 시기와 능비문에 보이는 매매의 대상에 관한 접근이 있다. 그 밖에 수묘인의 소속 왕릉이나 광개토왕릉비의 성격에 대한 논의도 있었다.[271]

그런데 지금까지 수묘인 연호 연구는 國烟과 看烟의 성격 파악에 집중하다시피 했다. 본고에서는 응당 이에 대한 정리를 하고자 한다. 이와 관련해 다음은 능비문에 보이는 수묘제에 대한 규정이다.

　a. 國罡上廣開土境好太王이 살아계셨을 때 敎를 내려 말하기를 "祖王 先王

---

271) 金賢淑, 「廣開土王陵碑文의 守墓制와 守墓人」『廣開土王陵碑文의 新研究』, 서라벌군사연구소, 1999, 141쪽.

들은 다만 教를 내려 遠近의 舊民만을 취하여 守墓洒掃하게 했다. 나는 舊民이 점점 약하고 못해질까 걱정이다. 내가 죽은 뒤에 守墓에 배치하는 者는 단지 내가 몸소 순행하며 經略해서 取해 온 韓穢들만을 취하여 洒掃를 맡도록 하라"고 말씀하신 教가 이와 같았다.

이 때문에 教와 같이 令을 내려 韓穢 220家를 取하게 하였다. 그들이 法을 알지 못하는 것을 염려한 즉 다시 舊民 110家를 취했다. 新舊 守墓戶가 國烟 30, 看烟 300, 도합 330家이다.

위로는 祖先王 이래로부터 墓上에 石碑를 두지 않았기 때문에 守墓人 烟戶들이 어긋나게 되었다. 國罡上廣開土境好太王께서 모든 祖先王들을 위해 墓上에 碑를 세워 그 烟戶를 새겨 어긋나지 않게 하라고 令하셨다.

또 制하기를 守墓人은 지금 이후부터는 다시금 서로 팔아넘기지 못한다. 비록 富足한 者가 있더라도 역시 마음대로 사들이지 못한다. 令을 어기고 파는 자에게는 刑이 가해지고, 사는 자는 制하여 수묘하게 하라고 하셨다.[272]

위의 능비문에는 광개토왕의 능을 관리하고 지키는 수묘인 연호에 관한 기록이 적혀 있다. 이를 표로 작성하면 다음과 같다.

---

272) 韓國古代社會硏究所, 『譯註 韓國古代金石文Ⅰ』, 가락국사적개발연구원, 1991, 16쪽. "國罡上廣開土境好太王 存時敎言 祖王先王 但敎取遠近舊民 守墓洒掃 吾慮舊民轉當羸劣 若吾萬年之後 安守墓者 但取吾躬巡 所略來韓穢 令備洒掃 言敎如此 是以如敎令 取韓穢二百卄家 慮其不知法則 復取舊民一百十家 合新舊守墓戶 國烟卅看烟三百 都合三百卄家 自上祖先王以來 墓上不安石碑 致使守墓人烟戶差錯 唯國罡上廣開土境好太王 盡爲祖先王 墓上立碑 銘其烟戶 不令差錯 又制 守墓人 自今以後 不得更相轉賣 雖有富足之者 亦不得擅買 其有違令 賣者刑之 買人制令守墓之"

	출신지	國烟	看烟		출신지	國烟	看烟
1	賣勾余民	2	3	8	俳妻人	1	43
2	東海賈	3	5	9	梁谷		2
3	敦城民		4	10	梁城		2
4	于城		1	11	安夫連		22
5	碑利城	2		12	改谷		3
6	平穰城民	1	10	13	新城		3
7	此連		2	14	南蘇城	1	
					계	10	100

	출신지	國烟	看烟		출신지	國烟	看烟
1	沙水城	1	1	19	豆奴城	1	2
2	牟婁城		2	20	奧利城	2	8
3	豆比鴨岑韓		5	21	須鄒城	2	5
4	句牟客頭		2	22	百殘南居韓	1	5
5	求底韓		1	23	大山韓城		6
6	舍蔦城韓穢	3	21	24	農賣城	1	7
7	古模耶羅城		1	25	閏奴城	2	22
8	炅古城	1	3	26	古牟婁城	2	8
9	客賢韓		1	27	瑑城	1	8
10	阿旦城			28	味城		6
11	雜珍城		10	29	就咨城		5
12	巴奴城韓		9	30	彡穰城		24
13	臼模盧城		4	31	散那城	1	
14	各模盧城		2	32	那旦城		1
15	牟水城		3	33	句牟城		1
16	幹氐利城	1	3	34	於利城		8
17	彌鄒城	1	7	35	比利城		3
18	也利城		3	36	細城		3
					계	20	200

<표 5> 수묘인 연호 합계

	國烟	看烟	計
舊民	10家	100家	110家
新來韓穢	20家	200家	220家
合計	30家	300家	330家

위에 보이는 수묘인은 주지하듯이 무덤을 맡아서 관리하는 이를 가리킨다. 수묘인의 근원적인 역할은 文子 그대로 도굴이나 훼손으로부터 능묘를 지키는 役이었다. 이러한 직위는 세습되는 지 여부는 불분명하다. 그렇지만 능비문의 경우를 놓고 볼 때 烟 즉 家戶 단위로 차출하였다. 그러므로 대물림하여 수묘역에 종사한 것으로 해석되고 있다. 비록 신라의 예이기는 하지만 "2월에 有司에게 여러 王陵園에 各 20戶의 주민을 이주시키도록 命하였다"[273]거나 "金山原에서 장례를 하게 하고, 有司에게 碑를 세워 功名을 기록하게 했다. 또 民戶를 배정하여 守墓하게 했다"[274]라는 기사가 보인다. 즉 民戶로써 守墓를 삼았다. 이로 볼 때 고구려 광개토왕릉의 경우도 民戶가 守墓役을 맡았다고 하겠다.

광개토왕릉에 대한 守墓役은 國烟과 看烟으로 구성되었다. 수묘인의 사회적 신분은 구민과 신민으로 구분되었다. 이들은 외형상으로 모두 '民'이었으므로 혹자가 운위하듯이 사회적 불이익이 드러나는 구분은 아니었다.[275] 광개토왕은 舊民이 '羸劣'해지는 것을 우려하였다. 그랬기

---

273) 『三國史記』 권6, 문무왕 4년 조. "二月 命有司 徙民於諸王陵園 各二十戶"

274) 『三國史記』 권43, 金庾信傳. "出葬于金山原 命有司立碑 以紀功名 又定入民戶以守墓焉"

275) 金賢淑은 신래한예가 아직 民으로 간주되지 못했다고 했다(金賢淑, 「高句麗 守墓制 研究의 現況과 爭點」『國學研究』 26, 한국국학진흥원, 2015, 17쪽). 그러나 능비문에 보이는 舊民은 新民에 대응하는 개념일 뿐 아니라 "合

에 광개토왕은 생전에 자신이 경략한 新民에서 차출하여 수묘를 맡기고자 했다. 이로 볼 때 高句麗民으로서 신민의 비중이 증대한 현실을 자각할 수 있다. 광개토왕이 신민에게 수묘역을 맡겼다고 하자. 이는 舊民이 기피하는 일을 복속 주민인 新民에게 떠맡기는 차원의 문제가 아닌 것이다. 즉 지배와 피지배의 관계가 아니다. 구민과 대등한 사회적 위상을 신민에게 부여하려는 의도였다.

그러면 수묘인으로서 국연과 간연의 성격을 검토해 보고자 한다. 일단 舊民 중에서 國烟만 있고 看烟이 없는 경우는 碑利城과 南蘇城 2곳에 불과하다. 동일한 사례로서 新民 중에는 散那城 1곳에 불과하였다. 따라서 이 경우는 총 3곳이다. 반면 看烟은 존재하지만 國烟이 없는 경우를 보자. 구민에서는 敦城民·于城·此連·梁谷·梁城·安夫連·改谷·新城 등 8곳이다. 신민의 경우는 牟婁城·豆比鴨岑韓·句牟客頭·求底韓·古模耶羅城·客賢韓·阿旦城·雜珍城·巴奴城韓·臼模盧城·各模盧城·牟水城·也利城·大山韓城·味城·就咨城·彡穰城·那旦城·句牟城·於利城·比利城·細城 등 22곳이 된다. 이 경우는 총 30곳이다. 총 50곳의 수묘인 출신지 가운데 국연과 간연의 출신지가 각각 겹치는 경우도 있다. 그러므로 국연 출신지는 총 20곳인 반면, 간연 출신지는 총 46곳이다. 여기서 국연의 總 戶數 30家는 간연인 300家의 10분의 1에 불과하다. 그러나 국연의 차출 지역은 간연의 2분의 1에 근접했다. 戶數에 비하면 국연의 출신지 숫자는 간연보다 많은 셈이다. 이는 간연의 성격에 대한 암시를 준다. 이 문제는 다음 3節에서 밝히겠다.

新舊守墓戶"의 '新舊'는 新民과 舊民을 가리키고 있다. 따라서 그 실제적 의미를 떠나 신래한예가 외형상 民으로도 간주되지 못했다는 주장은 성립이 어렵다.

지금까지 진행된 국연과 간연의 성격에 대한 연구사적 정리는 다음의 표와 같다.

〈표 6〉 국연과 간연에 대한 기존 견해[276]

분류	연구자	국연	간연
국연감독 수묘설	趙仁成 1980	간연을 지휘 감독	수묘의 실무를 담당
	耿鐵華 1988	城民 출신 수묘호	谷民 출신 수묘호
	金賢淑 1989	상위 계층 신분으로서 수묘역 지휘 감독	하위 계층 신분으로서 실질적인 노동 수행
	임기환 1994	국가의 공적인 역을 수행하는 연호	왕릉의 간수를 담당하는 연호
	李仁哲 1996	간연 활동 지휘 감독과 왕릉 제사 준비	교대로 왕릉의 看守와 청소 등 실질적 수묘역
	김구진 2005	死者의 영혼을 위로하는 샤만	왕릉 수호 및 제사 희생물 준비 등
	정호섭 2012	조장 역할을 하는 豪民 집단	下戸에 해당하는 집단
국연중심 수묘설	那珂通世 1893	수묘역에서 주된 역할	수묘역에서 국연을 보조
	박시형 1966	수묘역에서 주된 복무	국연의 복무를 각 방면에서 보좌
	武田幸男 1979	國岡上에 사민되어 수묘역을 주도	왕릉을 看守하면서 국연을 보조

---

276) 김락기, 「高句麗 守墓人의 구분과 立役方式」 『韓國古代史研究』 41, 2006, 209쪽.
　　위의 〈표 6〉은 이후의 연구 성과까지 수록하여 필자가 작성했다. 이와 관련한 연구사적 정리는 다음의 논문에 체계적으로 잘 정리되어 있다(金賢淑, 「高句麗 守墓制 研究의 現況과 爭點」 『國學研究』 26, 한국국학진흥원, 2015, 7~42쪽).

분류	연구자	국연	간연
	손영종 1986	스스로 수묘역을 감당하는 부유한 호	10호가 합쳐서 수묘역을 감당하는 영세한 호
	趙法鍾 1995	국강 지역에서 실질적인 수묘	별도의 지역에서 농경 및 생산 활동을 통해 국연의 수묘 활동 보장
	공석구 2011	수도로 와서 왕릉을 지키는 수묘역	예비 수묘역
국연단독 수묘설	李道學 2002	정복 지역민 중에서 국내성으로 徙民되었다가 수묘인으로 차출된 연호	정복된 원 거주지에 그대로 머물러 있다가 수묘인으로 차출된 연호
	권정 2002	나라에 예속된 천민 수묘인	국연의 부족을 메우기 위해 징발된 양민 수묘인
	김락기 2006	광개토왕릉 수묘인	국연의 결원에 대비한 예비 수묘호
별개왕릉 수묘설	기경량 2010	광개토왕릉 수묘인	광개토왕릉 이외 왕릉 수묘인

　위의 表에서 보듯이 國烟과 看烟의 성격에 대한 많은 논의가 있었다. 우선 國烟과 看烟의 개념에 대한 정의가 전제되어야만 한다. 일단 양자는 동일한 수묘역에 종사하지만 구분되는 역할을 했다고 본다. 그러나 그 역할이 업무적인 구분에만 국한된다면 너무나 현상적이라는 인상을 준다. 국연과 간연 간에는 근원적인 역할 구분이 존재했다고 보인다. 근원적인 역할은 地緣과 무관할 수 없다. 그렇다고 할 때 국연과 간연은 지연과 관련한 상대적인 호칭으로 지목할 수 있다. 국연은 '國都의 烟'이라는 의미로 밝혀진다. 반면 간연은 국연과 대응 관계에 있는 '地方의 烟'을 가리키는 개념으로 간주되었다. 간연은 '현재 거주하는 그곳의 호구'를 가리키는 見戶와 동일한 뜻을 지녔다. 『新唐書』食貨志에서 "若流亡多 加稅見戶者 殿亦如之"[277]의 見戶는 '현재 거주하는 그곳의 戶

---

277) 『新唐書』 권52, 食貨志2.

口'[278])를 가리킨다. 見戶의 존재는 436년(장수왕 24)에 고구려로 망명했던 後燕의 馮弘과 관련한 기사에 "燕王率龍城見戶東徙"[279])라고 하여 보인다. 시기적으로 보더라도 看烟의 경우도 이 같은 용례를 원용하는 것이 가능해진다. 그러므로 見戶와 의미가 동일한 看烟은 國烟에 대응되는 '地方의 戶'를 가리킨다고 하겠다.

그런데 수묘인 연호를 '△△城 國烟△ 看烟△'라고 한데서 알 수 있듯이 동일한 지역에서 국연과 간연이 한꺼번에 차출되고 있다. 여기서 국연은 고구려가 정복한 지역민 가운데 국도로 이주시킨 호이고, 간연은 원래 지역에 그대로 거주하는 호를 가리킨다.[280]) 그런데 혹자는 이도학을 국연감독 수묘설론자로 분류했다. 이와 관련한 필자의 주장은 다음과 같다. 즉 "국도로 徙居된 국연층은 5部民과 구분되는 동시에, 그 출신 지역에 거주하는 간연과 더불어 여전히 △△城 출신으로서 그와 관련된 國役의 대상이었다. 요컨대 5세기대까지 고구려의 피정복민 지배 방식은 국도로의 徙民層과 출신 지역 거주층으로 이원화되었음을 알 수 있었다"[281])고 했다. 필자는 간연의 성격을 분명히 원주지에 거주하는 戶를 가리킨다고 하였다. 물론 간연도 차출된다고 했지만, 차출 동기를 설명하지는 않았다.

---

278) 中文大辭典編纂委員會,『中文大辭典 8』, 中華學術院, 1973, 788쪽.

279) 『三國史記』 권18, 長壽王 24년 조 ;『資治通鑑』 권123, 元嘉 13년 조. "五月 乙卯 燕王帥龍城見戶東徙"

280) 李道學,「廣開土王陵碑文의 國烟과 看烟의 性格에 대한 再檢討」『韓國古代史研究』 28, 2002, 92~97쪽 ;『고구려 광개토왕릉비문 연구』, 서경문화사, 2006, 296~304쪽.

281) 李道學,「廣開土王陵碑文의 國烟과 看烟의 性格에 대한 再檢討」『韓國古代史研究』 28, 2002, 104쪽.

혹자는 "국연과 간연은 서로 대응하는 개념인데, 만약 간연이 곧 '見戶'로서 '지방의 戶'라면 간연은 수묘역에 한정된 용어가 아니라 고구려에서 지방민을 편제하는 凡稱으로 사용했다는 의미가 되며, 이것은 역으로 국연을 '國都의 戶' 전체로 해석해야 한다는 것을 의미하기 때문이다"[282]고 했다. 그러나 국연과 간연이라는 용어를 수묘역에만 국한해서 사용해야할 이유는 어디에도 없다. 당시 고구려인들이 수묘역과 관련해 지방민들을 국도로 차출했다. 이때 國都에서 광개토왕릉을 수묘하는 戶는 국연이 된다. 반면 지방에 그대로 있으면서 광개토왕릉과 관련한 일정한 역할을 부여받은 戶가 간연인 것이다. 따라서 국연과 간연을 수묘제와 관련한 용어로만 한정시키는 것은 적절하지 않다. 실제 수묘비로 알려진 집안고구려비에서 국연과 간연이라는 용어가 사용되었던가?

또 『延喜式』・『令集解』 등에 기록된 일본의 사례를 통해 볼 때, 국연은 광개토왕릉비(이후 '능비'로 略記한다) 완성 당시에 광개토왕릉이 있는 國岡上에 사민되어 수묘역에 종사하는 연호를 가리키고, 간연은 국연의 사망이나 사고 등에 따른 결원이 있을 경우에 국강상에 가서 수묘하도록 지정되어 있는 예비 수묘호일 것이라 보며, 수묘인 연호 330가 중에서 직접 수묘역에 종사하는 숫자는 구민 국연 10가와 신래한예 국연 20가 등 30가에 한정된다고 하여 '국연단독 수묘설'을 주장하였다.[283]

---

282) 김락기, 「高句麗 守墓人의 구분과 立役方式」 『韓國古代史研究』 41, 2006, 213쪽.

283) 김락기, 「高句麗 守墓人의 구분과 立役方式」 『韓國古代史研究』 41, 2006, 226쪽.

그러면서 혹자는 "즉 국연은 능비의 성립 당시에 국내성으로 사민되어 왕릉 부근에 거주하면서 수묘역에 종사하고 있던 대상이고, 간연은 원래 살던 곳에 그대로 거주하면서, 자신의 차례 또는 동원명령을 기다리고 있던 예비수묘호라고 할 수 있다"[284]고 했다. 그리고 혹자는 국연과 간연의 의미를 일본의 常陵守와 借陵守에 각각 대응한다고 하였다.[285] 그런데 간연에 대응된다는 借陵守에 '원래 살던 곳에 그대로 거주'한다는 의미가 있던가? 이는 순전히 자의적인 해석인 것이다. 그러면 간연을 '원래 살던 곳에 그대로 거주'한다는 의미로 해석한 이는 누구일까? 이는 앞에서 이미 소개했듯이 필자가 정의한 바 있다.

앞서 정리했듯이 국연이 '國都의 烟'이라면, 간연은 '지방의 연'을 가리키는 개념이었다. 여기서 광개토왕릉이 소재한 國都에서 수묘하는 烟은 응당 국연이 된다. 이와 관련해 혹자는 지방에 거주하는 간연의 역할을 국연의 결원에 대한 예비 자원으로 간주하였다. 그러나 간연 없이 국연만으로도 결원이 생겼을 때 얼마든지 충원이 가능하다고 본다. 주지하듯이 수묘역은 烟 즉 家戶 단위로 편제되었다. 그러므로 가계의 단절 없이는 결원의 발생이 어렵다. 국가 보호하에 수묘직에만 종사하는 1개 烟은 질병을 포함한 災害나 전쟁, 기타 범죄 등과 같은 이유로 인한 流亡을 제외하고서는 해체되지 않는다. 각 烟은 후손의 생산을 통해 家戶 자체가 유지되거나 늘어날 수도 있다. 그렇기에 예비 자원으로서 간

---

284) 김락기, 「高句麗 守墓人의 구분과 立役方式」『韓國古代史研究』41, 2006, 219쪽.

285) 김락기, 「高句麗 守墓人의 구분과 立役方式」『韓國古代史研究』41, 2006, 218쪽.

연의 의미를 설정하기는 어렵지 않을까 한다. 더욱이 간연의 烟戶 數가 국연의 무려 10배나 된다. 이는 누가 보더라도 국연의 결원에 대한 예비 자원 치고는 너무나 많은 숫자이기 때문이다. 더구나 『令集解』에서는 常陵守(84戶)와 借陵守(150戶)의 인원 차이가 2배도 채 되지 않는다. 일본의 常陵守와 借陵守를 인원 차이가 정확히 10배가 나는 고구려의 國烟과 看烟에 대응하기에는 조건이 동일하지 않다. 그러므로 예비 자원이라는 이유로써 수묘역을 국연과 간연으로 나누었다면 납득이 어려워진다.

간연의 당초 성격은 代替上京하여 국도에서 수묘역을 수행하는 烟이라고 본다. 그러면 그 家戶는 국연이 되는 것이다. 즉 輪上交代役이 된다. 광개토왕릉 수묘와 관련해 간연 윤상의 실제 이행 여부는 다음 3節에서 검토하기로 한다.

능비문에서 엿볼 수 있듯이 수묘인은 身役免除되었다. 다른 役을 수묘인에게 부과할 수 없었다. 이는 다른 나라의 경우도 동일하였다. 심지어 朝鮮의 수묘인도 이와 마찬가지였다. 그랬기에 광개토왕이 우려했던 일이 발생할 수 있었다. 즉 '富足之者'들은 시간적 여유가 발생하는 수묘인들에게 私的으로 役을 부과하는 게 가능하였다. 이와 관련해 오대산사고 守直僧徒들의 경우가 참고된다. 이들에게는 身役을 면제해주고 다른 役을 부과하는 것을 엄격하게 금지했으며 이를 어기는 수령들은 엄히 처벌하도록 했다. 그럼에도 지방관들이 수직승도를 다른 역에 동원하는 일이 나타났다. 이는 다른 외사고의 경우에도 공통적으로 나타난 현상이었다. 결국 한번 차출되면 영구히 史庫 守直만하는 '永定守直'의 원칙이 지켜지지 않았다. 도망이나 환속, 고령 및 여러 가지 이유로 수직승도에 결원이 생길 경우 즉시 임무를 대신할 승려를 차정하였다.[286] 그러나 이와는 달리 수묘역은 家戶 단위였다. 當代로 끝나는 獨身 승려들의 史庫 守直과는 성격이 다르다고 하겠다.

2) 國烟=광개토왕릉 守墓, 看烟=국내성 왕릉 守墓說 검증

혹자는 수묘인 330家 중 국연 30家는 광개토왕릉에, 나머지 300家 는 국내성인 集安 지역의 11處 왕릉에 배정된 것으로 간주했다. 즉 신 대왕릉~광개토왕릉이 집안에 소재했다는 것이다. 그러면서 신대왕을 실질적인 고구려 왕실의 시조라고까지 규정하였다. 이와 관련한 중요 한 논거를 『삼국지』에 보이는 왕위계승과 관련한 산상왕과 發岐間의 갈등 기록에서 찾았다. 즉 "伊夷模更作新國 今日所在是也"[287]라는 구절 이 되겠다. 이 구절에 따르면 "伊夷模 즉 延優(山上王)가 다시 新國을 만 들었는데, 오늘 날 소재한 그 나라이다"라는 뜻이다. 三品彰英은 伊夷模 의 新國 건설과 연노부·계루부간의 왕실 교체를 동일한 사건으로 간주 했다. 이때 桓仁 지역이 發岐 勢力下에 놓이자 山上王(伊夷模)은 丸都로 천도했다고 보았다.[288] 新國을 현재의 集安으로 지목한 것이다. 그런데 三品彰英의 논지 가운데 왕실 교체설은 타당성이 전혀 없다. 그러면 천 도설은 어떤가? 『삼국사기』에 따르면 3년(유리왕 22)에 고구려는 卒本 에서 國內 尉那巖城으로 천도하였다. 그리고 209년(산상왕 13)에 도읍을 丸都로 옮긴 기록이 보인다. 그 이전인 3~209년 사이에는 천도 기사가 없다. 그러던 터에 산상왕대의 천도 기록이 보이자 『삼국지』의 '新國'과

---

286) 강문식, 「오대산사고의 守直僧徒 운영」 『東國史學』 57, 2014, 58~59쪽.

287) 『三國志』 권30, 東夷傳 高句麗 條.

288) 三品彰英, 「高句麗の五族について」 『朝鮮學報』 6, 1954, 53쪽.

결부 지어 천도로 해석한 것이다. 후학들 가운데 최근 기본적으로 이러한 입장에서 논지를 전개한 경우가 적지 않았다. 그러나 이 구절은 중국인 陳壽가 요동군에 붙은 발기 쪽을 정통으로 간주했을 때, 그 弟인 伊夷模側의 朝廷은 새로운 국가를 구성한 것처럼 여기게 되어 그러한 표현이 나왔다고 한다. 즉 公孫氏의 입장에서 자신의 승인을 받은 소노부 국가를 정통으로 내세우고, 集安에 있는 계루부를 적대시하고 輕視하려는 動向이 있었다. 이것이 '伊夷模更作新國'과 같은 문면상의 혼란으로 반영된 것으로 보여진다고 했다.[289] 사실 위의 기록은 "오늘 날 소재한 그 나라이다"라는 문구를 통해서도 都邑地와는 관련 없음을 알 수 있다. 전혀 맞지도 않는 해석을 번안하여 丸都와 구분되는 고구려의 國都를 비정한다고 牽强附會한 경우가 적지 않았다.

그 다음에 검증해야 할 사안은 집안으로 천도한 첫 번째 왕을 신대왕으로 지목한 件이다. 신대왕 즉위 3년(167)에 始祖廟에 배알하기 위해 졸본에 행차했다는 것은, 이때 이미 고구려 國都가 卒本이 아니라 國內 즉 集安 지역이었다고 단정했다.[290] 그러나 고구려는 이미 卒本 → 國內 尉那巖城으로 천도한 바 있었다. 여기서 국내 위나암성은 환인의 오녀산성으로 지목되었다.[291] 따라서 신대왕대 고구려 國都는 國內 尉那巖

---

289) 金哲埈, 「高句麗・新羅의 官階組織의 成立過程」『韓國古代社會研究』, 知識産業社, 1975, 123쪽.
국사편찬위원회, 『중국정사조선전 1』, 탐구당, 1990, 256쪽.

290) 기경량, 「高句麗 國內城 시기의 왕릉과 守墓制」『韓國史論』56, 2010, 16쪽.

291) 이에 대한 상세한 논의는 다음의 논고를 참조하기 바란다.
李道學, 「『三國史記』의 高句麗 王城 記事 檢證」『韓國古代史研究』79, 2015, 145~151쪽.

城이었다. 그랬기에 신대왕이 始祖廟 拜謁 次 卒本으로 행차하는 일이라면 가능한 것이다.

신대왕은 산상왕 이전의 왕으로서 천도와 관련한 어떠한 기록도 보이지 않는다. 그럼에도 혹자는 신대왕의 장례 기록에 보이는 故國谷은 그 직후의 왕인 故國川王의 故國川原과 마찬 가지로 '국내의 모 지역'임을 말하는 것이라고 했다. 따라서 신대왕은 집안에 도읍하고 있었다는 것이다.[292] 그러나 '국내의 모 지역'이 반드시 집안 지역만을 가리키지 않는다. 國內 尉那巖城 도읍기에 소재한 고구려 왕릉도 '국내 모 지역'이 되기 때문이다.

혹자는 고구려 초기 왕들은 장지명을 남기고 있지만, 4~5세기 고구려 왕실에서는 시조 추모왕~태조왕·차대왕까지의 능묘의 소재지를 파악하지 못했다고 하였다. 더구나 태조왕과 차대왕의 능묘 소재지는 누락되기까지 했다는 것이다.[293] 그러면서 "신대왕이 계보상 후대 고구려 왕실의 실질적 시조이고, 혈연적 계승 또한 단절 없이 이어진 이상 고구려 왕실이 그의 장지를 유실하는 상황은 생각하기 힘들다"[294]고 논단했다. 그러나 이러한 주장은 당장 성립이 어렵다. 4세기대 고구려 왕실의 혈연 의식이 담긴 능비문에 따르면 시조인 추모왕부터 그 17世孫 광개토왕에 이르기까지 '혈연적 계승 또한 단절 없이 이어진' 바 있기 때문이다. 고구려 왕실은 천도한 이후에도 卒本의 始祖廟에 배알하였을 정도로 始祖 인식이 투철하였다. 그럼에도 시조 능묘부터 차대왕

---

292) 기경량, 「高句麗 國內城 시기의 왕릉과 守墓制」 『韓國史論』 56, 2010, 16쪽.
293) 기경량, 「高句麗 國內城 시기의 왕릉과 守墓制」 『韓國史論』 56, 2010, 23쪽.
294) 기경량, 「高句麗 國內城 시기의 왕릉과 守墓制」 『韓國史論』 56, 2010, 24쪽.

릉까지를 沒却했다는 것은 상상하기 어렵다. 그렇지 않은가?

설령 신대왕릉이 집안에 소재했다고 가정하자. 그렇더라도 신대왕 직전의 태조왕이나 차대왕에 대한 葬地 기록이 보이지 않는다고 해서, 이들 능묘가 집안에 소재하지 않았다는 근거가 될 수는 없다. 더욱이 신대왕~광개토왕까지는 모두 12명의 왕이다. 이는 혹자가 계산했던 11명의 숫치를 벗어나기 때문에 1기의 왕릉을 존재하지 않은 것으로 지목해야 했다. 이러한 혹자의 노림수 계산에 이용된 능묘가 봉상왕릉이다. 봉상왕은 포악하여 廢黜된 후 사망하였고, "왕을 봉산원에 장사하고 시호를 봉상왕이라고 했다"295)고 한 봉산은 집안 지역 바깥이라는 것이다. 이와 관련해 혹자는 봉상왕이 사냥 나갔다가 죽은 侯山에 봉화가 설치되었기에 烽山之原으로 표기되었고, 또 집안 지역 바깥에 소재했을 것으로 추측했다.296) 그러나 봉상왕이 사망한 '別室'의 소재지가 혹자가 주장하는 侯山行宮이라는 근거는 어디에도 없다.297) 게

---

295) 『三國史記』 권17, 봉상왕 9년 조.

296) 기경량, 「高句麗 國內城 시기의 왕릉과 守墓制」 『韓國史論』 56, 2010, 48~49쪽.

297) 왕이 수도 밖에서 변란을 만나 유폐된 상태로 왕위가 移讓된 사례는 고려 의종이 참고 된다. 『고려사』에 따르면 개경 밖인 보현원에 놀러간 의종은 무신들에게 잡힌 채 개경의 軍器監에 유폐되었다. 그 상태에서 왕위가 명종에게 移讓된 직후 의종은 멀리 거제현으로 유배 보내졌다. 즉 정변을 일으킨 주체가 정권을 잡기 위해서는 왕을 수도로 데려와 王命으로 移讓 절차를 밟았던 것이다. 이 과정에서 명분상 필요한 왕은 근왕군이나 또 다른 야심가와 같은 누군가에게 뺏기지 않게 감시가 삼엄한 곳에 유폐시켜둘 필요가 있었다. 그러한 장소로서 適格은 권력의 심장부라는 상징성을 지니면서 관리가 쉬운 도성이었다.

그러면 고구려 봉상왕의 사례를 다시 보자. 창조리는 역성혁명이 아니라 단순히 왕을 교체하는데 목적을 두었다. 그러기 위해서는 폐위시킬 왕이지만

다가 侯山과 烽山이 동일한 山인지 여부도 파악할 수 없다. 후산이 集安 지역 바깥에 소재했다는 근거 역시 확인되지 않았다. 그러므로 이는 추측과 상상이 중첩된 주장이라고 하겠다.

물론 혹자는 봉상왕의 뒤를 이은 미천왕의 입장에서는 봉상왕이 자신의 父를 살해하였고 자신마저 살해하려고 하였기에 능묘를 집안 바깥에 조성하게 했을 것이라고 했다. 그러나 이는 단선적인 생각에 불과하다. 선사시대 이래로 분묘를 조성하는 목적은 亡者의 혼령이 生者를 괴롭히지 말라는 차원에서 비롯되었다. 미천왕의 입장에서는 이제 자신으로 인해 살해된 봉상왕의 혼령을 위로하는 일이 필요해졌다. 이는 결국 능묘의 정중한 조성으로 발현될 수밖에 없는 것이다. 따라서 혹자의 주장은 타당성이 없게 되었다.

그리고 간과할 수 없는 사안은 혹자의 주장처럼 국연이 광개토왕릉 수묘인이고, 간연이 집안 지역 그 나머지 10基 왕릉 수묘인이라고 하자. 각 왕릉 當 30家의 수묘인이 배정된 것이다. 그렇다면 굳이 광개토왕릉과 여타 왕릉을 구분할 필요가 있었을까? 간연 300家의 경우 어느 왕릉에 배정되는지 능비문에 적시되어 있지도 않다. 이 점은 능비문 a

---

봉상왕이 명분상 필요했다. 이때 봉상왕을 죽이거나 지방에 유폐시켜둔다고 하자. 그러면 백제 멸망기 때 의자왕의 왕자들처럼 왕이 없는 사비도성에서 왕을 자처하는 경우가 발생할 수 있다. 혹은 창조리가 역적으로 몰리는 경우도 상정해야 한다. 그러니 미천왕에게 移讓되기까지는 봉상왕은 반드시 필요한 존재였다. 미천왕에게 이양된 직후 봉상왕은 존재 의미가 없어져 죽임을 당했거나 유배되어 자살했을 것이다. 우왕이나 창왕 그리고, 공양왕 같은 고려 왕들도 도성에서 移讓한 직후에 몰아내고 죽였다. 그러나 이들은 왕의 신분으로 지방에 유배 보내거나 죽이는 경우는 없었다. 따라서 봉상왕이 유폐된 '별실'은 절대 도성 밖의 장소가 될 수 없다.

에서 "위로는 祖先王 이래로부터 墓上에 石碑를 두지 않았기 때문에 守墓人 烟戶들이 어긋나게 되었다. 國罡上廣開土境好太王께서 모든 祖先王들을 위해 墓上에 碑를 세워 그 烟戶를 새겨 어긋나지 않게 하라고 令하셨다"라고 한 구절과 배치되고 있다. 능비문에서 어떤 구체적인 기록도 없는 간연 300家가 10명의 왕릉에 배정되는 것이라고 하자. 그렇다면 300家를 10명으로 나누어서 계산해야 한다. 이러할 경우에는 출신지를 합했을 때 30명으로 딱딱 떨어져야 된다. 그러나 필시 1개 출신지에서 2곳 왕릉으로 배정되는 등의 착오 요인을 안게 되어 있다. 따라서 광개토왕이 우려했던 '差錯'은 明若觀火한 것이다. 게다가 혹자가 주장하듯이 國烟과 看烟이 광개토왕릉과 여타 10基의 왕릉을 각각 가리킨다고 하자. 그렇다면 國烟과 看烟이라는 용어에 각각 그러한 의미가 담겨 있는지에 대한 풀이라도 시도했어야 하지 않았을까? 능비문만 보면 國烟과 看烟에 그러한 의미를 포착할 수 있는 것은 아니기 때문이다. 따라서 이 경우에도 혹자의 주장은 성립되지 않는다.

무엇보다 중요한 사실은 앞서 인용한 능비문 a의 다음 구절이다. 이 구절을 간과한 경우가 태반이었기에 이와 관련해 앞서 언급한 a의 기사 일부를 재차 소개하지 않을 수 없다.

> a. 國罡上廣開土境好太王이 살아계셨을 때 敎를 내려 말하기를 "祖王 先王들은 다만 敎를 내려 遠近의 舊民만을 취하여 守墓洒掃하게 했다.

위의 글귀에서 분명히 확인되듯이 광개토왕 이전의 陵墓에도 守墓人이 배정되었다. 이는 명림답부라는 고구려 權臣의 묘소에도 수묘인 20家가 배정된 데서도 알 수 있다. 다만 광개토왕 이전 선왕들의 능묘에는 舊民만이 수묘했었다는 차이 밖에는 없다. 그럼에도 광개토왕릉 수묘인 배정 때 집안에 葬地를 둔 11명의 왕릉에 수묘인을 처음으로 배정할 이유가 없다고 본다. 광개토왕 이전부터 왕릉에는 수묘인들이 이미 배정되어 있었기 때문이다. 이는 a에서 "위로는 祖先王 이래로부터 墓上에 石碑를 두지 않았기 때문에 守墓人 烟戶들이 어긋나게 되었다"고 한데서도 확인된다. 그러므로 광개토왕릉 조성시 각 왕릉에 30家씩을 배정한다는 것은 어불성설이다. 이 뿐만이 아니다. 혹자는 집안 지역 고구려 왕릉은 광개토왕릉을 포함하여 모두 12기로 단정했다. 이러한 주장에 따라 보자. 그렇더라도 왕릉으로 비정할 수 있는 '초대형 적석묘'는 13기나 된다.[298] 봉산왕릉까지 포함시키면 딱 13기의 왕릉이 되는 것이다. 이 점에 대해서도 혹자는 크게 고심하지 않았다.

지금까지의 논의를 통해 광개토왕릉 수묘인 30家와 그 밖의 집안 지역 10기의 왕릉에 대한 수묘인 300家의 배정 견해는 결국 성립되지 않음을 밝혔다.

3) 守墓人 配定 人員 문제

한국 고대사회에서 수묘인에 대한 구체적인 기록은 희소한 편이다. 다만 국왕은 아니지만 그에 준하는 고구려 귀족과 신라의 왕릉 수묘에 관한 기록이 다음과 같이 보인다.

　b. 가을 9월에 國相 答夫가 卒하였다. 나이가 113세였다. 왕이 직접 찾아

---

298) 여호규, 「태왕권의 확립과 초대형 적석묘의 조영」 『고구려 초기 정치사 연구』, 신서원, 2014, 448~451쪽.

가 통곡하고 朝會를 7일간 罷하였다. 禮를 다하여 質山에 장례하고 守墓 20家를 두었다.[299]

c. 2월에 有司에게 여러 王陵園에 各 20戶의 주민을 이주시키도록 命하였다.[300]

위의 기사는 광개토왕대나 장수왕대의 수묘제를 이해하기에는 미흡하기 이를 데 없다. 그렇지만 백제를 병합하여 인구가 증가한 7세기 중엽 신라 왕릉에서도 20家의 수묘인 배정만 있었다. 權臣인 명림답부의 墓所에 20家의 수묘인이 배정되었다. 이로 볼 때 고구려 왕릉의 경우는 30家 정도의 수묘인이 배정되었을 가능성이 높다.

사실 광개토왕릉과 관련한 수묘인 330家는 과다한 숫자라는 인상을 준다. 중국 황제릉의 경우 수릉제가 시행되었지만 구체적인 인원 수는 파악되지 않았다. 北涼의 건국자 沮渠蒙遜(368~433)이 사망했을 때 수묘인 30家를 두었다.[301] 멸망한 後梁의 2主의 능묘에는 수묘인이 각 10戶씩 배정되었다.[302] 이와 관련해 다음과 같은 北燕王 高雲의 능묘를 참조해 본다.

d. 義熙 6년 馮跋이 글을 내려 말하기를 "… 禮로서 高雲과 그 처자를 장례 지내고, 菲町에 高雲의 廟를 세우고 20家의 園邑을 두어 4時마다 음

---

299) 『三國史記』 권16, 신대왕 15년 조. "秋九月 國相答夫卒 年百十三歲 王自臨慟 罷朝七日 乃以禮葬於質山 置守墓二十家"

300) 『三國史記』 권6, 문무왕 4년 조. "二月 命有司 徙民於諸王陵園 各二十戶"

301) 『魏書』 권92, 盧水胡沮渠蒙遜傳.

302) 『北史』 권88, 僭偽附庸 後梁 蕭氏.

식을 바쳐 올리게 하라"[303]

비록 피살되기는 했지만 馮跋이 예를 갖춰 장례지낸 北燕王 高雲 능묘의 수묘인이 20家에 불과했다. 물론 北魏 황후릉에는 수릉인 200家를 둔 바 있다.[304] 그렇더라도 고구려에서 당초 220家든 330家든 이러한 수치는 북위에 견주어 볼 때 당시 고구려 인구 수에 비하면 과도한 수묘인 투입이 분명하다. 그러니 수묘인 330家는 정치선전문이라는 능비문의 성격과 결부되어진다.[305] 수묘인 330家 중 국연 30家의 무려 10배인 300家를 占하는 간연은 실제의 수묘역과는 무관하게 정치적 목적에서 비롯되었다는 인상을 준다. 오히려 광개토왕의 시호인 '廣開土境'에 걸맞는 수묘인 범위를 광활하게 설정한 것으로 해석된다.

사실 국연 30家만으로도 광개토왕릉에 대한 수묘는 충분할 것이다. 그럼에도 무려 그 10배나 되는, 그것도 전례가 없는 간연을 굳이 배정한 이유는 무엇일까? 이는 간연이 지닌 진정한 의미를 생각하게 하는 것이다. 능비문에 따르면 광개토왕은 당초 자신이 略有한 지역의 주민들을 수묘인으로 차정하려고 했다. 물론 이들은 고구려의 수묘제를 몰라 구민과 함께 배치되었다. 그런데 여기서 광개토왕의 취지는 자신이 점령한 지역의 주민들로 하여금 '吾萬年之後'라고 하였듯이 영원히 자신의 능묘를 守直하게 함으로써 자신의 勳績을 반추시키려고 했던 것

---

303) 『晉書』 권125, 馮跋.

304) 『魏書』 권13, 景穆恭皇后郁久閭氏.

305) 李道學, 「廣開土王陵碑文에 보이는 戰爭記事의 分析」 『高句麗硏究』 2, 1996, 765쪽 ; 『고구려 광개토왕릉비문 연구』, 서경문화사, 2006, 254쪽.

이다. 광개토왕은 자신이 몸소 경략한 韓穢 220家만을 수묘인으로 차정하고자 했다. 그러나 수묘인 숫자가 역대 왕들에 비해 너무 많았다. 그랬기에 광개토왕 死後 "그들이 法을 알지 못하는 것을 염려"한다는 명분으로 구민들을 수묘인으로 대거 差定했다. 아울러 광개토왕이 당초 수묘인으로 차정했던 한예 상당수를 간연으로 배정하였다.[306]

그러한 작업은 결과적으로 광개토왕 死後 구민과 신민이 함께 차정됨으로써 고구려 주민 전체를 수묘인 대상으로 지목하는 의식을 생성시켰다고 본다. 이때 간연인 지방민들에게도 그들의 뇌리에 광개토왕의 영원한 奴僕이라는 심리적 열세감을 고취하려는 의도로도 해석된다. 다시 말해 수묘제로서의 간연 輪上制를 상기시키는 것이다. 그렇다면 이는 광개토왕릉 수묘인이라는 긴장감을 심어주려는 고도의 정치적 발로였다고 본다. 국연과 간연의 존재는 수묘비라는 집안고구려비에도 보이지 않고 있다. 그렇기에 광개토왕릉 수묘와 관련해 과다한 看烟 戶口에 대한 의문을 품지 않을 수 없었다.

그러면 실제 간연 輪上이 시행되었을까? 이와 관련해 먼저 능비문 수묘인 연호 조를 보면 지역 명만 기재된 경우와 지역 명 뒤에 民·人·

---

306) 광개토왕릉 수묘인은 장수왕대에 배정되었다. 그러다 보니까 능비문처럼 광개토왕릉 수묘인이 처음부터 220家를 기획했는지는 불명확하다고 하자. 그렇더라도 국연과 간연으로 구분되었고, 국연이 30家였을 가능성이다. 광개토왕의 敎로 국연 30家는 신래한예로써 구성되었다고 본다. 그런데 장수왕대에 新民이 法을 모른다는 이유로써 舊民을 차정하였다. 이와 엮어져 넘치는 신래한예 국연을 간연으로 전환시켰을 수 있다. 豆比鴨岑韓과 百殘南居韓의 각각 5家, 總 10家는 국연에서 간연으로 전환한 수치로 보인다. 그리고 광개토왕이 韓穢 수묘에 대한 강력한 의지를 표명한 관계로 능비문에 간연의 출신 지역을 일일이 명기한 것일 게다.

韓·穢·韓穢 등이 혼재되어 있는 경우가 적지 않다. 그 이유를 수묘인 연호 작성 과정의 비체계성을 운위하기도 한다.[307] 그러나 능비문은 잘 짜인 정치선전문이다. 그러므로 비체계성으로만 단정하는 것은 지극히 현상적인 인식에 불과하다. 오히려 능비문의 수묘인 운영 기록이 실제적인 의미가 없을 수 있음을 뜻한다. 즉 관념적 修辭일 가능성을 암시해 주는 것이다. 그리고 국연에 수묘인은 배정되었지만 간연에는 배정되지 않았다거나, 그 반대인 경우도 나타나고 있다. 이 사실은 국연과 간연이 서로 연계되지 않았음을 가리킨다. 간연 輪上 가능성이 없음을 뜻하는 증좌로 해석된다.

이와 더불어 광개토왕릉 수묘와 관련한 수직인들의 출신 범위를 살펴보자. 먼저 왕성인 국내성을 기준으로 하여 동쪽 국경 부분에 해당하는 동해 지역(매구여·동해고·돈성·비리성)에서 남쪽 국경의 거점 지역(평양성), 서쪽의 태자하 부근에 해당하는 지역(양곡·양성), 마지막으로 서북쪽의 국경 부근에 해당하는 거점 지역(신성·남소성)의 순으로 기록되었다고 한다.[308] 여기서 구민의 공간적 범위가 평양 이남으로 설정된 바 없음을 알 수 있다. 더구나 구민은 신민을 가리키는 種族名인 신래한 예와 상대되는 개념이었다. 그렇다면 구민은 공간적으로 평양 이북의 주민을 가리킨다고 하겠다. 신민은 평양 이남의 백제를 포함한 한반도 중부와 남부 지역 주민에 대한 총칭으로 보인다.

---

307) 기경량, 「高句麗 國內城 시기의 왕릉과 守墓制」 『韓國史論』 56, 2010, 59쪽. 일례로 舍蔦城韓穢의 경우 '韓穢'는 舍蔦城이 韓人과 穢人의 混居 지역임을 가리키고 있다. 錯誤가 아닌 것이다.

308) 공석구, 「『광개토왕릉비』 守墓人 烟戶 記事의 고찰」 『高句麗渤海硏究』 47, 2013, 37~38쪽.

이 점은 대단히 중요한 의미를 지녔을 것으로 보인다. 즉 광개토왕을 이은 장수왕대의 평양성 천도는 그간의 舊民 공간에서 벗어나 新民의 공간 範疇인 한예 지역으로 본격 진입하려는 시도였음을 알려준다. 이 는 광개토왕이 당초 신래한예만으로 수묘인을 삼으려고 했던 바와 같 이 남방 진출에 대한 확고한 의지의 표상으로 보인다. 훗날 신라의 김 춘추가 당태종과 더불어 고구려를 멸망시킨 이후의 영역 획정과 관련 해 그 경계선을 패강 즉 대동강으로 잡았다. 여기에는 대동강 이남을 기존 고구려 영역과 구분되는 界線으로 인식했음을 뜻할 수 있다.[309]

이와 더불어 '豆比鴨岑韓·句牟客頭·求底韓·舍蔦城韓穢·客賢韓·巴 奴城韓·百殘南居韓'과 같이 백제 주변의 韓 세력이 광개토왕릉의 수묘 인으로 차출된 사실이 주목된다. 고구려가 직접 영유화하지 않은 지역 에서도 수묘인을 차출했다는 증좌이기 때문이다. 실제 이들 地名 대부 분은 영락 6년 조에서 점령한 58城에 보이지 않는다.[310] 따라서 이들 지역은 고구려가 점령한 지역이 아님을 알 수 있다. 이들 地名은 고구려 의 직접적인 領域 支配와는 무관한 곳이다.

그렇다면 이들은 어떠한 과정을 거쳐 광개토왕릉 수묘인으로 차출되 었을까? 그 배경은 396년에 백제 아화왕이 광개토왕에게 항복한 대가 로 영산강유역의 마한 세력 등의 부용 세력에서 차출한 '男女生口一千 人'을 바쳤던 데서 찾을 수 있다. 이는 문자 그대로 '백제 남쪽에 거주하

---

309) 李道學, 「三國統一期 新羅의 北界 確定 問題」『東國史學』 57, 2014, 308~ 313쪽.

310) 58城 중 "… 彌沙城△舍蔦城 …"의 '△舍蔦城'은 수묘인 연호의 '舍蔦城'과 구 분되는 3字 城名이다. '△舍蔦城'의 △를 어떤 글자로 판독하든 상관없이 字 數가 다르므로 舍蔦城과는 相異한 城이라고 보아야겠다.

는 韓'이라는 의미를 지닌 '百殘南居韓'이 암시해준다.[311] 이들 가운데 일부를 고구려에서는 광개토왕릉 수묘인 연호로 차출했을 것으로 보인

---

311) 趙法鍾은 '百殘南居韓'의 소속지를 『日本書紀』 신공 50년 조에 등장하는 '海西諸韓'으로 지목했다(趙法鍾, 「廣開土王陵碑文에 나타난 守墓制研究」 『韓國古代史研究』 8, 1995, 235쪽). 그런데 '海西諸韓'은 신공 49년 조에서 "이에 군대를 옮겨 서쪽으로 돌아 古奚津에 이르러 南蠻의 忱彌多禮를 屠戮하여 백제에 내려주었다"고 한 康津과 해남으로 각각 비정된다. 이곳은 두륜산맥으로 에워싸인 지형구에 속한 전라남도 해안 지역으로 범위가 국한되고 있다. 따라서 '海西諸韓'은 나주를 중심으로 한 영산강유역과는 별개의 圈域인 것이다(李道學, 「馬韓 殘餘故地 前方後圓墳의 造成 背景」 『東아시아 古代學』 28, 2012, 172쪽). 따라서 '百殘南居韓'의 소재지에 대해서 李道學과 趙法鍾의 견해는 일치하지 않는다. 그리고 趙法鍾은 백제가 369년에 馬韓 全域을 영토화시킨 것으로 간주했다. 이에 반해 李道學은 영산강유역의 羅州 세력을 附庸勢力으로 지목하였다(李道學, 『백제 고대국가 연구』, 一志社, 1995, 146쪽·187쪽 ; 「榮山江流域 馬韓諸國의 推移와 百濟」 『百濟文化』 49, 2013, 115~122쪽). 그랬기에 이곳은 백제 영역 남쪽 바깥의 '百殘南居韓'으로 기재되었다고 본다. 아울러 趙法鍾은 369년에 백제가 마한을 복속시키는 과정에서 확보한 주민들을 영락 6년에 바친 生口로 지목했다. 그러나 李道學은 이들 生口는 396년 당시 附庸되어 있던 羅州를 비롯한 영산강유역 세력들로부터 차출한 것으로 간주하였다. 趙法鍾의 견해대로라면 369년에 백제는 영산강유역을 영역화했다. 그런데 이때 확보한 이들 주민을 무려 27년 후에 고구려에 바친 것이다. 1세대 가까운 기간이 경과한 후에 貢納한 게 된다. 그렇다면 이러한 生口들이 경제적인 효용성이 있었을까? 일례로 369년 당시 30세였던 이가 396년에는 57세 老人이 된 것이다. 生口로서 생산성이 없는 老人層을 대거 바친 게 된다. 이는 사리에 맞지 않다고 본다. 물론 이들은 369년에 확보한 마한 주민의 후예일 수는 있다. 그렇다면 이들이 원주민과 격리되어 한성에 거주했다는 증거가 마련되어야 할 것이다.

이와 관련해 혹자는 '百殘南居韓'을 영락 6년에 아화왕이 광개토왕에게 바친 生口와 엮었다(기경량, 「집안비의 성격과 고구려의 수묘제 개편」 『韓國古代史研究』 76, 2014, 225쪽). 그러나 이 견해는 趙法鍾 등이 먼저 제기하였다.

다.312) a에서 보듯이 수묘인들은 賣買의 위험이 따랐을 정도로 낮은 신분이었음을 암시해 준다. 그러므로 396년에 고구려가 백제로부터 차출한 生口들은 수묘역으로 문제가 없다. 아울러 구민과 신민은 고구려에 복속된 시점 개념만은 아니라고 본다. 즉 공간적 개념도 포함했음을 알 수 있다.

이러한 추정은 구민 출신 지역이 과연 어느 시점에 고구려 영역이 되었는지를 떠나서 보자. 백제 영역 이북은 구민 공간으로 인식한 관념의 발로라고 생각된다. 반면 신민 개념은 광개토왕이 추구했던 남방으로의 진출과 차제에 고구려 영토가 될 남방 지역에 거주하는 주민을 포괄하였다고 본다. 즉 광개토왕대의 신개척지인 고구려 남방에 거주하는 주민이 新民이었다. 게다가 '百殘南居韓'은 백제 영역은 물론이고 고구려 영역은 더욱 아니었다. 그러므로 이 지역 주민들은 396년에 生口로 확보한 그 이상의 지속적인 守墓人 조달은 가능할 수 없다. 그럼에도 '百殘南居韓' 출신의 간연을 5家나 배정하였다. 이 사실은 간연 자체가 실제적인 의미가 없음을 웅변해 준다. 그러니 광개토왕릉에만 국한된 간연에 대한 윤상이 실제 시행되었을 가능성은 없다. 다만 법제적인 간연 輪上을 통해 광개토왕릉에 대한 守直은 全國土와 새로 복속된 韓穢까지 미친다는 상징성을 지녔던 것으로 보인다. 그럼으로써 광개토왕대에 설정한 官的秩序313) 속의 屬民까지 守墓役에 속한다는 무언의 긴장감을 유발하고자 한 의도였다.

---

312) 李道學, 「「廣開土王陵碑文」에 보이는 '南方'」 『嶺南學』 24, 2013, 18~22쪽.

313) '官的秩序'에 대해서는 李道學, 「廣開土王代 南方 政策과 韓半島 諸國 및 倭의 動向」 『韓國古代史研究』 67, 2012, 168~169쪽을 참조하기 바란다.

    지금까지 살펴본 바에 따르면 수묘인의 출신 지역 범위는 만주와 요동, 그리고 한반도 남단에 미치고 있다. 이처럼 수묘인의 출신 지역 범위는 광활하였다. 즉 전국적인 규모뿐 아니라 새로 정복한 지역을 포괄하여 최대 규모의 수묘역 동원 양상을 보여주고 있다.

    간연의 경우는 굳이 설정할 필요도 없다. 그럼에도 수묘역으로 지방의 家戶인 간연을 설정한 것은 광개토왕대의 광활한 영역에 대한 정복 사실을 환기시키려는 의도였다고 본다. 이는 舊民의 출신 지역 대부분이 변경이며 모두 고구려 영역 확장 과정에서 편입된 곳이라는 데서 암시받을 수 있다.[314] 그럼으로써 현재에 이르는 고구려의 강대한 국력과 더불어, 시호에 응결된 廣開土王의 영역 확장이라는 勳績을 과시하고자 한 산물이었다.

3. 맺음말

    광개토왕릉 守墓制에서 비롯된 國烟과 看烟의 성격 구명은 여전히 과제로 남아 있었다. 그런데 國烟은 '國都의 烟'이 분명하다. 이와는 상대적인 의미를 포함한데다가 중국의 見戶와 동일하게 지목할 수 있는 존재가 看烟이었다. 看烟은 '지방의 烟'을 가리킨다고 정리된다. 따라서 國烟은 國都에 소재한 광개토왕릉을 수묘하는 家戶를 가리킨다. 문제는 看烟의 역할이다. 이에 대해서는 구구한 해석이 제기되어 왔다. 여기서

---

314) 김현숙, 「광개토왕비를 통해 본 고구려수묘인의 사회적 성격」 『한국사연구』 65, 1989, 29쪽.

국연의 舊民 출신지를 놓고 볼 때 고구려 邊境에 위치하고 있다는 공통점을 제시할 수 있었다. 간연의 경우는 광개토왕이 점령한 지역의 주민인 韓穢로 짜여졌다. 즉 新民이 대상인 간연 가운데는 백제로부터 점령한 이외의 지역이 보이고 있다. 가령 '百殘南居韓'과 같은 백제 영역 바깥, 그것도 백제 남쪽에 소재한 馬韓 주민까지도 차출되었다. 이러한 경우라면 '지방의 炯'으로서의 看炯의 역할 수행은 현실적으로 어렵다.

국연으로서 國都로 이주된 구민의 출신 지역은 고구려가 팽창할 때 점령한 변경 지역이었다. 이 점은 간연의 성격에 대한 示唆를 준다. 무엇 보다 중요한 사실은 고구려 영역이 아닌 지역 출신의 수묘인이 되겠다. 이들도 간연으로서 광개토왕릉 수묘역으로 나타나고 있다. 이는 간연의 수묘역이 현실적이지 않음을 암시해주는 명증이 된다. 사실 국연과 간연의 출신지를 놓고 본다면 고구려의 광대한 영역을 펼쳐놓은 것이나 진배없다. 당초 광개토왕 자신이 점령한 지역의 주민들만 차출하여 수묘하게 했다는 것은, 자신의 功績을 과시하려는 선전 효과를 염두에 둔 발상이었다. 결국 300家에 이르는 방대한 규모의 간연은 실제 수묘역은 아니었다. 광개토왕릉에 수묘했던 대상은 국연 30家에 국한된다는 사실을 밝혔다. 그러나 법제적인 看炯 輪上을 통한 광개토왕릉에 대한 守直은 새로운 官的秩序의 발로였다. 광개토왕대의 官的秩序는 舊民과 새로 복속된 韓穢의 新民은 물론이고, 屬民과 그 이상의 대상까지도 미쳤기 때문이다.

제7장
고구려 守墓發令碑에 대한 접근

1. 머리말

2013년 1월 4일자 「中國文物報」에 따르면 중국 吉林省 集安市 麻線鄕 麻線村 주민이 2012년 7월 29일 麻線河 가에서 발견한 비석을 集安市 文物局에 신고했다. 문물국은 현장에 조사팀을 파견해 비석에 새겨진 글자를 정밀 조사한 결과 고구려 비석임을 확인했다고 「중국문물보」는 전했다.[315] 곧 이어 이 사실을 취재한 기사가 중국에서 보도되었다.[316] 그러자 한국 언론에서도 중국에서 발견된 새로운 고구려비의 존재를 알렸다.[317] 그리고 한국 학계에서도 한국고대사학회 주최로 2013년 1월 29일에 비공개로 관련 비석에 대한 분석을 진행한 바 있다. 나아가 고구려발해학회에서는 同年 2월 22일에 '신발견 고구려비의

---

315) 集安文物局, 「吉林集安新見高句麗石碑」, 『中國文物報』 2014.1.4.

316) 盧紅, 「吉林集安發現高句麗時期記事碑」, 『新文化報』 2013.1.15.

317) 황윤정 등, 「中 지안서 고구려 비석 발견돼 -"고고학적 사건"」, 『연합뉴스』 2013.1.16.

예비적 검토'라는 주제의 정기발표회가 개최되었다.

　2013년 3월 9일에는 한국고대사학회에서 비공개로 '집안 고구려비 판독회'가 있었다. 그 직후 중국으로부터 입수한 고구려비석 탁본과 새로운 釋文이 공개되었다. 이 탁본은 기존에 공개된 문물국 탁본과는 구분될 정도로 탁본 상태가 좋을 뿐 아니라 새롭게 판독된 문자들이 적지 않았다. 그랬기에 중국 측이 당초에 내 놓은 140여 자보다 30여 자를 더 판독할 수 있다고 한다. 더구나 '丁卯年'이라는 干支와 '罡上太王'이라는 글자가 아주 선명하였다.[318] 이 탁본에 따른다면 기존의 판독문에 따른 비석의 건립 시기와 성격은 달라질 수 있는 것이다. 그러나 최근에 입수한 탁본에 대해서는 미심한 구석이 있는 관계로 전적으로 신뢰하기 어렵다는 의견도 제기되었다. 이 모든 상황은 적어도 한국 학계에서는 비석을 實見한 사람이 없는 상황에서 나온 태생적 한계에서 기인한 현상이었다. 2013년 4월 13일의 한국고대사학회 제131회 정기발표회에서는 중국의 耿鐵華와 孫仁杰이 참석한 가운데 「신발견 '集安高句麗碑' 종합검토」가 개최되었다.

　本碑는 중국에서는 이례적으로 빨리 공개된 것이다. 발해 3대 문왕의 부인인 孝懿皇后와 9대 簡王의 부인인 順穆皇后의 이름을 새긴 묘지석이 2005년에 발굴조사 완료되었다. 그렇지만 중국사회과학원 고고연구소의 『考古』 2009년-제6기에서 그 발굴 사실과 실체만 발표되었을 뿐 2장의 묘지석 명문은 아직까지 공개된 바 없다. 그 이유는 황후 묘지석 2장은 "묘지에 황후라는 호칭을 썼다는 것은 발해가 지방정권

---

318) 배영대, 「고구려비문 '정묘년' 수수께끼 … 중국 왜 공개 안했나」 『중앙일보』 2013.3.13.

이 아니라 황제국을 지향했다는 증거이고, 무덤 양식이나 부장품을 보면 발해가 고구려를 계승하고 있음을 명백히 알 수 있다"는 증거가 되는 것이다. 그리고 "새의 날개 이미지를 세 가닥으로 갈라진 식물 이파리처럼 표현한 금제 관식은 고구려 조우관의 전통이 발해까지 계승되고 있음을 보여주는 중요한 실물 자료"[319]라는 평가 때문이다. 즉 발해 황후 묘지석은 중국의 동북공정 논리에 위배되는 금석문인 관계로 발굴이 끝난 지 7년이 지났건만 명문 자체가 공개되지 않고 있다. 반면 본 비석은 현재까지 확인된 바에 따르면 광개토왕릉비와는 달리 국가 독자성의 표상이기도 한 年號가 보이지 않는다. 게다가 고구려의 법제나 사회사 연구에 도움이 되는 자료일 뿐 정치적으로 민감한 내용은 없는 것이다. 결국 중국 당국은 5개월에 걸친 판독 결과 본 비석이 동북공정 논리에 위배되지 않는다고 판단한 것 같다. 그 결과 비석을 공개한 것으로 보인다. 본비의 성격에 대해서는 '제2의 광개토왕비'라는 호칭이 붙었을 정도로 광개토왕릉비와의 관련성이 제기되었다. 그렇게 간주하는 근거는 비석의 내용이 「광개토왕릉비문」의 축약판이라는 인상을 줄 정도로 유사한 구절이 확인되기 때문이다. 특히 수묘인에 관한 구절이 명확하게 양자 간의 연관성을 시사하고 있다. 본고에서는 기본적으로 본비의 내용 분석을 통한 성격과 수묘제에 관한 새로운 지견을 摘出해보고자 한다. 본비에는 수묘인 법령과 관련해 비문에 '發令'이라는 문구가 분명히 보인다. 이와 중첩되는 내용이 담긴 「광개토왕릉비문」에도 수묘인 연호와 관련한 광개토왕의 지시로서 '令'이 몇 차례 보인다. 律令制下에 국가제도 전반에 관한 규정을 담고 있는 命令法으로서 '令'인

---

319) 허윤희, 「무덤은 말한다, 발해의 진실을」 『조선일보』 2009.8.26.

것이다. 그러므로 本碑는 '高句麗 守墓發令碑'로 호칭하는 게 맞을 것 같다. 다만, 본문 서술의 편의상 '本碑'로 약칭하여 일컫도록 하겠다.

2. 守墓發令碑의 현황과 중국 및 한국의 연구

1) 중국 학계의 연구

本碑는 현지 주민이 麻線河의 강변에서 발견하여 지게차를 이용해 민가로 이동한 후 문물보호파출소로 연락하였다. 비석이 출토된 곳은 천추총에서 456m 가량 동남쪽에 떨어진 곳이며, 서쪽으로는 서대총과 약 1,149m 정도 거리를 두었다. 비석에 대한 검증 결과 길림성 文物鑑定委員會 常務委員이자 通化市文物保護研究所 所長 王志敏은 석재·형태와 비문을 근거로 이 비석이 광개토왕시대 이전의 비석일 가능성이 높다는 추정을 내렸다. 그의 조사에 따르면 비석은 장군총의 석재와 거의 비슷하며, 麻線 현지의 建疆·紅星 채석장에서 채굴한 것임이 밝혀졌다. 碑身은 扁長方形으로 이뤄졌으며 위가 넓고 아래가 좁은 모습으로, 앞뒤 면과 좌우면 양쪽에 가공하였으며, 규칙적으로 고르게 되어 있다. 碑首는 圭形으로 오른쪽 위의 모서리가 약간 결손되었으며, 저부 양쪽 모서리는 둥그스름하게 처리되었고, 중간에는 자루를 박는 榫頭가 있다. 비석의 앞뒤 면과 양쪽은 정교하게 가공되었으며, 표면은 평평하고 매끈하다. 앞면 위의 절반은 비문의 마모 상태가 심한 편이고, 아래의 절반은 비문의 마모 상태가 가벼운 편이다. 뒷면은 전체적으로 마모 상태가 심한 편이고 인위적으로 훼손한 자국이 있다. 비석의 잔존 규모는 높이 173cm, 너비 60.6~66.5cm, 두께 12.5~21cm, 너비 42cm, 두께

21cm, 중량 464.5kg이다. 명문은 모두 218字가 새겨져 있었지만, 오른쪽 윗부분이 파손되어 약 10餘 字가 결실되었고, 비석이 장기간 강변에 있었기에 강물에 씻겨 나가고 모래에 마모되어 현재 판독할 수 있는 글자는 140字 정도이다.[320)]

그런데 2013년에 集安市博物館에서 간행한 책자에 따르면 본비는 156字가 판독되었다. 이에 따라 판독한 명문은 다음과 같다.[321)]

a. △△△△△世必授天道自承元王始祖鄒牟王之創基也

b. △△△子河伯之孫神靈祐護蔽蔭開國辟土繼胤相承

c. △△△△△△炯戶以此河流四時祭祀然而△備長炯

d. △△△△炯戶△△△△富足△轉賣△△守墓者以銘

e. △△△△△△罡△太王△△△△王神△△輿東西

f. △△△△△△追述先聖功勳弥高悠烈繼古人之慷慨

g. △△△△△△△△自戌△定律教△發令其修復各於

h. △△△△立碑銘其炯戶頭卄人名以示後世自今以後

i. 守墓之民不得擅自更相轉賣雖富足之者亦不得其買

j. 賣如有違令者後世△嗣△△看其碑文与其罪過

通化師範學院 高句麗研究院 院長 耿鐵華는 비석은 주로 고구려왕릉 수묘연호 매매의 문제를 다루었으며, 수묘연호의 매매를 금지하고, 또

---

320) 盧紅,「吉林集安發現高句麗時期記事碑」『新文化報』2013.1.15.

321) 集安市博物館,『集安高句麗碑』, 吉林大學出版社, 2013, 11쪽.

제7장 고구려 守墓發令碑에 대한 접근 205

한 20명의 烟戶頭를 새김으로써 後人들에게 보인다고 한다. 이로써 비석은 고구려가 수묘연호 관리를 강화하기 위해 세운 것이었다. 耿鐵華는 "우리의 추측에 따르면, 이 비석은 광개토왕 이전 왕의 것이라고 볼 수 있다"고 밝혔다. 이어서 그는 "비석의 내용과 광개토왕릉비는 서로 비슷하기에, 광개토왕릉비와 서로 관련 있는 것으로 인정됩니다"고 했다. 비문은 예서체이며, 圭形의 비석은 後漢 이래로 널리 쓰인 형태로서 고구려와 중원의 문화적 상관 관계를 반영한다. 한편, 吉林省文史館 館員·省高句麗研究中心·專家委員會 주임 張福有는 "追述先聖功勳弥高悠烈繼古人之慷慨"에서 '先聖'은 장수왕대 그 부친인 공개토왕을 칭하는 것으로 볼 수 있으며, 이는 광개토왕의 居功至偉의 地位와 서로 부합한다. 장수왕이 천도하기 전 광개토왕의 "存時敎言"에 따라 연호두에 대한 수묘의 '定律碑'를 세웠을 가능성 또한 있다고 했다.[322]

요컨대 本碑를 耿鐵華는 광개토왕대에 건립된 '守墓碑'로, 張福有는 장수왕대에 건립된 '定律碑'로 지목하였다.

2) 한국 학계의 연구

한국고대사학회는 중국 『문물보』가 보도한 판독 내용과 탁본 사진을 토대로 비문을 추가로 판독해 2013년 1월 30일 발표했다. 여호규 한국외대 교수는 "왕릉 수묘제와 제사 제도의 정비, 문란해진 수묘제에 대한 대응책, 수묘제와 관련된 율령을 제정하고 수묘비를 건립한 내용이 담겨 있다"고 소개했다. 특히 비문 일곱 번째 행의 "戊△(△는 훼손된 글자)는 戊子年으로 판독될 수 있다"면서 "지안 고구려비는 광개토대왕이

---

322) 盧紅, 「吉林集安發現高句麗時期記事碑」 『新文化報』 2013.1.15.

부왕인 고국양왕이 (무자년인) 388년 제정한 律에 입각해 건립한 수묘비의 하나일 가능성이 가장 높다"고 분석했다. 수묘인을 두고 제사 등 왕릉을 관리하게 했는데 수묘 제도가 문란해지자 부유한 사람이라도 수묘인을 사고팔 수 없게 하고 이를 어기는 사람에게는 罪過를 부여한다는 게 비석의 주요 내용이다. 여 교수는 "광개토대왕비에는 고구려 개국과 광개토대왕의 공적 내용이 차례로 나오고 비문 마지막 부분에 수묘제 내용이 나온다"면서 "지안 고구려비에는 광개토대왕비보다 수묘제 내용이 상세하다"고 말했다. 따라서 "광개토대왕비의 수묘제 내용은 지안 고구려비 내용을 축약해 재서술한 것으로 볼 수 있다"[323]고 분석했다.

그런데 高句麗 守墓發令碑에 대한 僞刻 가능성도 제기되었다. 문성재(우리역사연구재단 책임연구원)는 고구려를 漢의 지방정권으로 조작하는 증거로 만들어냈을 개연성이 크다고 했다. 비문 표현과 내용이 기존의 광개토왕릉비와 비교해 가짜일 가능성이 농후하다는 주장이다. 고구려 수묘발령비는 반듯한 예서체를 구사하고 있고 또 고구려 문장으로 보기에는 너무 매끄러운 한문으로 일관한 점도 의문으로 제기되었다. 광개토왕릉비에 나온 守墓 부분만 이 비석에 중복해 써놓은 것도 의심스러울 뿐 아니라 비석을 세운 주체에 대한 헌사조차 없다. 광개토왕릉비는 명백한 왕릉 비석임에도 자연에서 채취한 거대한 원석을 거의 그대로 썼다. 또 전서·해서·예서 등 여러 서체가 섞여 있다. 그런데 반해 본비는 烟戶, 즉 능지기의 거주지 인근에 세웠음에도 오히려 석질과 글

---

323) 황윤정, 「제2의 광개토대왕비 새로 판독한 내용은」 『연합뉴스』 2013.1.30.

꼴에 더 많은 신경을 쓴 점도 이해가 되지 않는다.[324] 현재는 本碑의 僞刻 가능성에는 무게가 실리지 않고 있다. 다만 本碑의 건립 시점과 관련한 서영수의 지적과[325] 더불어 시사하는 바는 있어 보인다.

「중앙일보」에 따르면 한국 학계에서 본비의 실물을 보지 못한 상황에서 중국으로부터 관련 탁본을 입수하여 분석한 결과 중국측이 당초 내 놓은 140자 기존 판독문 보다 30자 정도를 더 추가한 판독문을 얻었다는 것이다. 가장 주목되는 것은 '丁卯年'이라고 한다. 광개토왕 재위기에는 정묘년이 없다. 그의 아들 장수왕 시기에는 두 번의 정묘년이 나온다. 427년과 487년이다. 둘 다 광개토왕릉비가 세워진 414년 이후다. 비석의 건립 시기를 둘러싼 그간의 논란에 마침표를 찍게 됐다는 것이다. 그리고 '罡上太王'이라는 글자도 새로 밝혀졌다고 한다. 광개토왕의 시호가 '國罡上廣開土境平安好太王'이다. '罡上太王'은 이를 줄인 말로 보인다. '罡上'은 사후에 묻힌 지역을 가리킨다. 그리고 탁본에 나타난 '先聖' 같은 글자를 예로 들며 "이렇게 세련된 형태와 필획은 광개토왕릉비보다 훨씬 후대의 서체로 봐야 한다"는 지적이다.[326] 그러나 중국 문물국 탁본과 중국에서 입수한 탁본 간에는 차이가 드러나고 있다. 게다가 후자의 경우는 書格의 일관성이 없다는 점에서 의문이 제기된다.

---

324) 문성재, 「제2 광개토대왕비 가짜일 가능성은?」『중앙일보』 2013.2.6.

325) 서영수, 「說林'-지안 신고구려비' 발견의 의의와 문제점」『高句麗渤海研究』 45, 2013, 20~22쪽.

326) 배영대, 「고구려비문 '정묘년' 수수께끼 … 중국 왜 공개 안했나」『중앙일보』 2013.3.13.

3. 守墓發令碑의 건립과 계통

1) 본비의 체재

지금까지 탁본 사진을 토대로 학회에서 논의한 本碑의 釋文은 衆志가 모아지지 않은 데다가 전체적인 문장의 흐름에 기초한 推讀에 의존한 부분이 많았다. 高句麗 守墓發令碑를 실견한 후에 정확한 석문이 작성될 것으로 보인다. 그렇지만 지금까지의 조사 성과를 토대로 명확한 글자만 놓고서 다음과 같이 釋文해 보았다.

a. △△△△世必授天道自承元王始祖鄒牟王之創基也

b. [皇天(天帝)之]子河伯之孫神△△甄△△開國辟土繼△相承

c. △△△△△△烟戶以△河流四時祭祀然而世△長烟

d. △△△△烟戶△△△△△△△轉賣△△守墓者以銘

e. △△△△△△△罡上太王△△△△王神△△輿車西

f. △△△△△△追述先聖△勳弥高悠烈繼古人之慷慨

g. △△△△△△△△自戊△定△敎內發令其修復各於

h. △△△△立碑銘其烟戶頭卅人名△示後世自今以後

i. 守墓之民不得擅自更相轉賣雖富足之者亦不得其買

j. 賣△有違令者後△△嗣△△△看其碑文与其罪過

위의 비문 가운데 a에서 '天道'의 '天'으로 판독한 字는 漢代 石文頌에서 '元'으로도 읽힌다.327) 먼저 "△△△△世必授天道自承元王始祖鄒牟王之創基也"라고 적힌 冒頭의 문장을 살펴보자. 이 구절에서 '△△△△世'라고 한 문구는 時點을 말하는 것 같다. 그리고 "~~한 세상에 반드시 天道를 부여받아 스스로 元王을 이으신 시조 추모왕께서 기업을 여셨도다"고 했다. 이 구절의 '道'와 관련해 「광개토왕릉비문」의 "顧命世子儒留王 以道興治 大朱留王紹承基業" 즉 "(추모왕의) 遺詔를 받은 世子 儒留王은 道로서 興治하였고, 大朱留王은 基業을 받아 이었다"라는 구절과의 상관성이다. 이 구절에 보이는 '以道興治'의 '道'와 '天道自承'의 '道'가 연결될 수 있는 속성을 지닌 것 같다. 사실 天命을 받은 '道'는 王道의 中核이었다.328)

그리고 d와 e, 그리고 f와 g는 기존의 판독문에서 과도하게 推讀이 가세한 구절이다. 여기서 e의 '罡上太王'은 수묘제를 정립한 광개토왕일 가능성은 있다. 罡上太王의 '罡上'은 葬地名이므로 永樂太王과는 달리 死後에 부여된 諡號이다. 그렇다면 본비가 광개토왕 死後에 건립된 증거가 될 수 있다. 그런데 고국원왕도 『삼국사기』에서 '一云 國罡上王'이라고 하였다. 그러므로 고국원왕도 罡上太王에 속한다. 본비의 罡上太王이 고국원왕일 가능성도 배제할 수 없다. 고국원왕대는 後燕의 침공으로 왕릉이 도굴되는 등 그 어느 때보다도 수묘제에 관한 정립이 필요한 시점이었다. 본비에서는 고국원왕과 관련한 시점으로서 罡上太王이 언급될 수는 있다. 그러한 여지도 남겨 놓아야 한다. 그리고 e의 '王神'

---

327) 范韌庵 等 編著, 『中國隸書大字典』, 上海書畵出版社, 1991, 127쪽.

328) 李道學, 「廣開土王陵碑文의 思想的 背景」 『고구려 광개토왕릉비문 연구』, 서경문화사, 2006, 229쪽

은 함경남도 新浦市 출토 고구려 金銅板 銘文에서 "원하옵건대 王神 곧 왕의 영혼이 도솔천에 올라가 彌勒을 뵙고 天孫이 함께 만나며 모든 四生이 경사스러움을 입으소서"[329]라고 하여 보인다. 그리고 g의 '戊△定△'은 '戊子(午)定律'로 판독하고 있지만 '律' 字는 명확하지 않다. 오히려 이 글자는 '神'으로 보인다.

한편 g에서 "自戊△定"라고 한 구절 바로 앞의 '△'을 '曰'로 판독하여 고구려 왕의 존재를 그 앞에 상정하기도 한다. 字形으로 보면 曰처럼 보인다. 그러나 본비와 유사성이 강한 광개토왕릉비에는 王의 말씀을 '曰'이라고 하지 않았다. 즉 뒤에서 인용한 k·l·m·n에서 "國罡上廣開土境好太王 存時教言 … 言教如此 是以如教令 … 又制"라고 하였듯이 '教言'·'言教'·'制'였다. 그러한 본비의 문장은 대략 다음과 같은 내용으로 정리된다.

a. ~~한 세상에 반드시~~하여 天道를 받아 스스로 元王을 이으신 시조 추모왕이 기업을 여셨도다.

b. 皇天(天帝)의 아드님이요 하백의 손자께서 신성한

c. ~~~~烟戶로써 河流에서 四時에 제사지냈다. 長烟을~~

d. ~~烟戶가~~轉賣하니 守墓者를 두어 銘記함으로써

e. ~~罡上太王께서~~王神이 輿車를 西쪽으로~~

f. ~~~先聖의 功勳이 널리퍼져 높고 悠烈함을 追述하고, 古人의 慷慨

---

329) 李道學, 「新浦市 출토 고구려 金銅板 銘文의 검토」『민족과 문화』1, 한국민족학회, 1995 ;『고구려 광개토왕릉비문 연구』, 서경문화사, 2006, 501쪽. 508쪽.

g. ~~~~戊△에~~敎하여 令을 發하여 修復하고

h. 各 (祖先王墓에) 碑를 세워 그 烟戶頭 20인의 이름을 새겨 후세에 보이게 하고, 지금 이후로부터

i. 守墓之民을 서로 轉賣하지 못하도록 하고, 비록 富足之者라도 역시 賣買하지 못하게 한다.

j. 令을 어기는 자가 있으면 後에~~하고~~자손~~그 비문을 보고 그 罪過를 賦與한다.

2) 본비의 건립 시점

본비의 건립 시점은 「광개토왕릉비문」에서 얻을 수 있다. 이와 관련해 「광개토왕릉비문」의 수묘인 연호 조를 다음과 같이 인용하여 비교해 보도록 한다.

k. 國罡上廣開土境好太王存時教言 祖王先王 但教取遠近舊民 守墓洒掃 吾慮舊民轉當羸劣 若吾萬年之後 安守墓者 但取吾躬巡所略來韓穢 令備洒掃言教如此

l. 是以 如教令取韓穢二百廿家 慮其不知法 則復取舊民一百十家 合新舊守墓戶國烟卅看烟三百 都合三百卅家

m. 自上祖先王以來 墓上不安石碑 致使守墓人烟戶差錯 唯國罡上廣開土境好太王 盡爲祖先王 墓上立碑銘其烟戶 不令差錯

n. 又制守墓人 自今以後 不得更相轉賣 雖有富足之者 亦不得擅買 其有違令賣者刑之 買人制令守墓之

위의 인용에서 "위로는 祖先王 이래로부터 墓上에 석비를 안치하지 않은 관계로 수묘인 연호들이 어긋나게 되었다. 국강상광개토경호태왕 께서 모든 祖先王들을 위하여 墓上에 碑를 세워 그 연호를 새겨 착오가 없게 하라고 명령하였다"라고 하였다. 광개토왕 이전에는 고구려 왕릉 에는 비석이 없었음을 알 수 있다. 더구나 '墓上立碑'는 광개토왕의 敎言 이었기에 그에 관한 기록은 광개토왕대 이전으로 소급할 수는 없다. 본 비에서는 그러한 수묘인과 수묘비에 관한 기록이 d·h·i·j에서 보인 다. 그러기에 본비는 광개토왕릉비 건립을 전후한 어느 시점에 세워진 것은 분명하다. 이와 결부시켜 다음과 같은 공석구의 견해를 살펴본다.

> 광개토왕이 먼저 시행한 조치는 '祖先王의 무덤에 비석을 세우는 일이 었다. 이후에 시행된 조치는 매매, 전매금지령을 어긴 자에 대한 구체적이 고 세부적인 처벌조항을 단계적으로 규정한 것이었다. 요컨대 위의 두 단 계 개혁 중에서 『집안고구려비』는 먼저 시행된 조치에 해당하는 것이라고 생각된다. … 그렇다면 『집안고구려비』는 현존하는 最古의 고구려시대 비 석이라는 의미를 갖게 된다.[330]

그런데 본비나 「광개토왕릉비문」 모두 "自今以後"라고 시점을 명시 하였다. 그런 만큼 앞서의 근거만으로는 건립 시점의 선후를 판단하기 는 어렵다. 「광개토왕릉비문」에는 祖先王陵에 舊民만 수묘하던 상황에 서 신래한예가 광개토왕릉 수묘인으로 배정되었다. 本碑에는 그러한 '新民'의 존재가 명시되지 않았다. 이러한 점에 비추어 보면 본비는 장

---

330) 孔錫龜, 「『集安高句麗碑』의 發見과 내용에 대한 考察」 『高句麗渤海研究』 45, 2013, 37쪽, 52쪽.

수왕대에 건립된 광개토왕릉비 보다 먼저 세워진 것으로 판단할 수 있다. 이와 더불어 g의 판독되지 않은 글자 가운데 '好太△王'의 존재를 상정한 견해가 제기되었다. 그런 연후에 그를 광개토왕으로 지목하여 본비의 건립 주체로 간주하기도 한다. 만약 '好太△王'이 광개토왕을 가리키고 또 본비가 왕 생전에 건립되었다고 하자. 그렇다고 하면 '△'에 자리할 문자가 마땅하지 않다. 혹 '△'에 '聖'이 적혀 있었다면 好太聖王이 된다. 이러한 경우는 「모두루묘지」에서 고국원왕을 가리키는 國罡上聖太王을 연상시킨다. 그런 만큼 好太聖王은 광개토왕 死後의 호칭일 가능성이 높다. 요컨대 '△'에 대한 적절한 대안 제시도 없이 '好太△王'을 광개토왕 生時의 호칭이라고 단정할 수는 없다.

아울러 본비에 보이는 "看其碑文與其罪過"라는 구절이다. 여기서 '其碑文'라는 구절만으로는 구체적으로 어떤 碑를 가리키는지 알 수 없다. 다만, 本碑보다 앞서 세워진 비석임은 분명하다. 그렇다고 할 때 '其碑文'이 포괄하는 범주에는 응당 광개토왕릉비도 포함될 수 있다. 만약 이러한 추정이 타당하다면 본비는 광개토왕릉비보다 후대에 세워진 게 된다. 실제 본비의 문장이 「광개토왕릉비문」보다 세련되었기 때문에 능비문보다 후대에 만들어졌다는 견해가 제기되었다.

이와 더불어 本碑에서의 '河伯之孫'을 「광개토왕릉비문」에서는 '母河伯女郞'라고 기재한 점이다. 추모왕의 母系에 대해 「광개토왕릉비문」은 구체적으로 기술한데 반해 본비는 축약시켰다. 이러한 축약형 기술은 「모두루묘지」에서 '河泊之孫'라고 하여 보인다.[331] 「부여융묘지」의

---

331) 서영수, 「'說林'-지안 신고구려비' 발견의 의의와 문제점」『高句麗渤海研究』 45, 2013, 22쪽.

'元△△孫啓祚'은 '元出河孫啓祚'으로 추독한다. 실제 「부여융묘지」의 銘
에서도 "河孫效祥"라고 했다. 따라서 '△孫'은 '河孫'으로 추독이 가능하
다.[332] 그렇다면 '母河伯女郎' → '河泊之孫' → '河孫'이라는 축약 과정이
포착된다. 곧 본비의 '河伯之孫'은 그 건립 시점을 광개토왕릉비보다 후
대로 지목할 수 있는 근거가 된다. 이 점 앞으로의 연구 과제인 것이다.

3) 본비의 계통

圭形인 本碑는 형태적 계통이 어디에서 유래했을까? 일반적으로 이
와 같은 형태인 圭形碑의 기원을 4세기대 중국의 동일한 형태의 비석에
서 찾고 있다. 그러나 正始 6년 즉 246년에 관구검이 丸都山에 새긴 기
공비가 淸 光緖 32년(1906)에 集安 교외 小板岔嶺에서 도로를 改修할 때
발견되었다.[333] 잔존 길이 39cm, 넓이 30cm에 불과하지만 우측 상부
의 일부분이긴 하지만 高光儀의 견해대로 비신과 비수가 이어지는 부
분이 남아 있어 전체적인 형태가 이번에 새로 발견된 본비와 유사한 규
형비라는 점이다.[334]

고구려 영역에서 규형비는 관구검기공비가 제일 먼저 세워졌다. 그
러므로 鄧太尉祠碑(前秦)와 같은 4세기대의 영향보다는 그 이전으로 계
통을 잡는 게 타당할 것 같다. 더구나 관구검기공비는 고구려 국도였던
집안에 소재한 비석이었기 때문이다. 물론 고구려가 국도를 수복한 후

---

332) 한국고대사회연구소, 『譯註 韓國古代金石文 I』, 가락국사적개발연구원, 1992,
545~548쪽.

333) 葛城末治, 『朝鮮金石攷』, 大阪屋號書店, 1935, 97~104쪽.

334) 高光儀, 「신발견 〈集安高句麗碑〉의 형태와 書體」 『高句麗渤海研究』 45, 2013,
63쪽.

에 관구검기공비를 파괴했을 가능성은 있다. 그러나 비근한 예를 제시해 본다면 꼭 그렇게 단정할 수 없는 측면도 있다.

현재 국립부여박물관 뜰에 유인원기공비가 비각 안에 안치되어 있다. 그런데 유인원기공비는 당초 부소산의 삼충사 뒤편에 세워져 있었다. 주지하듯이 유인원기공비는 唐軍이 백제인들의 국가회복운동을 타멸한 후에 唐將 유인원의 戰功을 기리기 위해 663년경에 세운 것이다. 이와 관련해 『삼국사기』에서 "百濟 餘衆이 泗沘山城에 웅거하여 배반함으로 웅진도독이 兵을 발하여 攻破하였다"[335]라고 한 기사가 주목된다. 여기서 사비산성을 부소산성으로 비정하는 견해에[336] 따른다면 664년에 백제군이 이곳을 점령한 것이다. 그렇지만 그 안에 소재한 유인원기공비는 파괴되지 않았다. 이는 다음의 사실을 통해서 입증된다. 먼저 『세종실록』 지리지 부여현 조에 따르면 "현의 북쪽 산 언덕에 큰 비가 하나 있는데, 글자가 깎여 없어져서 사실을 상고하기가 어렵다(縣 北山阿有一大碑 頹殘字缺事實難考)"고 했다. 여기서 부여현의 북쪽 산은 부소산이다. 언덕의 큰 비는 유인원비를 가리키고 있다. 그리고 徐有榘(1764~1846)는 『扶餘志』를 인용하여 유인원기공비가 "扶蘇山 中臺에 있다"[337]고 했다. 『세종실록』 지리지에서 유인원기공비가 부러지거나 넘어졌다는 기록이 없다. 秋史가 지은 『해동비고』에 따르면 "右(大의 誤寫: 필자)唐劉仁願紀功碑 在今忠淸道扶餘縣西北三里 距平百濟碑二里 萬歷(曆의 誤寫: 필자) 壬辰之難(亂의 誤寫: 필자) 此碑爲倭所破 只餘一半蹄 在野中

---

335) 『三國史記』 권6, 문무왕 4년 조.

336) 李丙燾, 『國譯 三國史記』, 乙酉文化社, 1977, 94쪽.

337) 『林園十六志』 권5, 東國金石 條.

撰書人 姓氏俱闕 或稱褚河南書然"라고 언급하였다. 즉 유인원기공비는 임진왜란 때 倭人들에 의해 파괴되었다는 것이다. 유인원기공비가 부러진 시기는 알 수 없지만 『扶餘縣邑誌』에 보면 "유인원비는 부소산 中臺에 있는데 부러져서 傷하였고, 剝落되었다"고 했다. 그리고 『忠淸南道邑誌』에는 邑人들의 말을 빌어 百年 前에 '一縣의 宰'가 비석을 가지고 墓道를 설치하려고 몽둥이로 파괴했다는 전승을 수록하고 있다. 어떠한 전승이 맞든 간에 임진왜란 이전에는 유인원기공비가 건재했음을 알게 된다.

이러한 맥락에서 본다면 관구검기공비 역시 246년 이후에도 건재했을 수 있다. 다만 다음의 인용처럼 342년에 前燕이 다시금 환도성을 점령한 적이 있었다. 이때 관구검기공비가 파괴되었을 수는 있다.

> 모용황이 장차 還國하려고 하자, 韓壽는 말하기를 … 청컨대 그 아비의 시신을 싣고 그 어미를 사로잡아 갔다가 고구려 왕이 항복해 오기를 기다려 그 후에 돌려주고 은덕과 신뢰로 어루만지는 것이 상책입니다." 皝이 그 말을 좇아 미천왕의 무덤을 파서 그 시신을 싣고, 창고 안의 여러 대의 보물을 거두고, 남녀 5만여 명을 사로잡고 그 궁실을 불지르고, 환도성을 허물고는 돌아갔다.[338]

모용황의 전연 군대가 환도성을 허물고 퇴각하는 과정에서 漢人이 세운 관구검기공비를 파괴하였을 수는 있다. 그러나 이도 명확한 사실은 아니다. 설령 현재 남아 있는 관구검기공비가 圭首 부분만 남아 있는 상황이기는 하지만 45字나 판독되고 있다. 그러므로 관구검기공비가 산산 조각이 난 것은 아님을 알 수 있다. 어쨌든 4세기 중엽에 前燕

---

338) 『三國史記』 권18, 고국원왕 12년 조.

軍에 의해서 관구검기공비가 파괴되었다고 하자. 그렇더라도 고구려인들은 그 이전까지는 이 비석의 존재를 인지했음은 분명하다. 그로부터 반세기 이상의 시간이 경과한 후에 본비가 건립되었다. 이러한 점에서 본다면 본비는 막연히 중국의 영향이라기보다는 고구려 영토 안에 세워져 있던 관구검기공비의 영향을 직접적으로 받았을 가능성이 현실적으로 더 높다. 문제는 정제된 규형비에서 갑자기 선돌 양식의 광개토왕릉비로 비석 형태가 확 바뀌는 것은 계기적인 영향 관계로는 설명이 어렵다. 차후 심도 있는 논의가 더 필요할 것 같다.

4. 수묘발령비의 성격 검토

1) '墓上立碑' 관련 與否

본비와 관련된 왕릉에 관한 문제이다. 본비를 '墓上立碑'와 관계된 祖先王들의 능묘에 세워진 비석으로 간주하는 견해가 많았다. 가령 공석구는 "오히려 연호두 20인의 이름을 일일이 기록하였다는 사실을 통하여 이 비석은 어느 왕 개인 무덤의 수묘를 위해 세웠다는 것을 짐작할 수 있을 것이다. … 필자는 『집안고구려비』는 이때 건립한 여러 수묘비 중의 하나일 것이라고 생각한다"[339]고 했다. 그러나 기실은 本碑와 '墓上立碑'는 무관할 수 있다. 그렇게 간주하는 근거는 다음과 같다.

첫째, 본비가 발견된 지점은 천추총에서 456m 가량 동남쪽에 떨어

---

339) 공석구, 「『集安高句麗碑』의 發見과 내용에 대한 考察」 『高句麗渤海研究』 45, 2013, 43~44쪽.

진 곳이며, 서쪽으로는 서대총과 약 1,149m 정도 거리를 두었다. 본비의 위치를 천추총으로 단정하기도 하지만, 464.5kg이나 되는 석재가 수심이 얕은 마선하에서 떠내려갔다는 것은 상상하기 쉽지 않다. 게다가 이처럼 무거운 비석을 운반하는 일은 용이하지 않고, 또 누가 옮겼는지 명확하지도 않을 뿐더러 알기도 어려운 상황이다. 능묘에서 떨어진 하천에서 발견된 것으로 볼 때 본비가 이동했다는 주장은 성립이 쉽지 않다.

둘째, 현재 명문이 완전하지 않다는 한계는 있지만 능묘의 주인공 이름이 일단 비석에 보이지 않는다. 본비가 2面碑라고 하더라도 건국시조에 관한 문구가 명기된 부분이 1면인 것은 분명하다. 이와 관련해 본비 e에서 "△△△王國罡上太王國平安好太"로 판독하고 있지만[340] '太王' 2글자만 빼 놓고는 모두 推讀에 불과하다. 게다가 推讀 銘文이 모두 맞다고 하더라도 이러한 문구만으로는 본비의 주체가 누구인지 알 수 없다. 곧 현재 판독된 碑面이 정면임에도 불구하고 능묘주의 이름이 명확하지 않다. 요컨대 비문에는 墓主에 관한 明證이 보이지 않고 있다.

셋째, f에서 "追述先聖△勳弥高悠烈繼古人之慷慨"라고 한 구절이다. 이는 특정 祖先王에 관한 구절이 아니다. 祖先王 전체를 뭉뚱거려서 언급한 것인데, 이 자체가 특정 왕릉의 수묘비가 아님을 암시한다.

넷째, h에서 "立碑銘其烟戶頭卅人名△示後世"라고 한 문구는 어디까지나 수묘제 원칙을 명기한 데 불과하다. 陵墓 관련 수묘비라면 烟戶頭卅人을 직접 명기하여 시행된 것을 밝히면 된다. 물론 비석의 뒷면에 烟戶頭卅人이 기재되었을 수는 있다. 그렇지만 아직까지 확인된 사실은 아닐뿐더러 "碑를 세우고 그 烟戶頭卅人의 이름을 명기하여 후세

---

340) 한국고대사학회, 『신발견 '集安高句麗碑' 종합검토』, 2013, 10쪽.

에~~"는 구절은 수묘제 시행의 원칙일 뿐이다. 各 王陵 수묘비에 이러한 원칙을 명시한 문구가 들어간다는 자체가 어색하다. 그런 만큼 이는 烟戶頭 廾人의 이름을 명기하라는 것이지 그것을 본비에 기록했다는 뜻은 아닐 수 있다.

다섯째, j에서 "看其碑文與其罪過" 즉 "그 비문을 보고 그 죄과를 賦與한다"고 했다. 여기서 '其碑文'이 본비 자체를 가리킨다면 '本碑文'이라고 하면 된다. 그러나 그게 아닌 만큼 '其碑文'은 본비와는 다른 제3의 비문을 가리킨다. 그렇다면 '其碑文'은 각 능묘의 守墓碑文이거나 「광개토왕릉비문」을 가리킬 수도 있다.[341] 前者라면 墓上立碑를 염두에 둔 서술이 된다. 그러나 본비 자체가 고구려 各 王陵들의 수묘비였다면 이러한 서술이 나올 리 없다.

여섯째, 본비의 발견 지점은 인근에 있는 고구려 왕릉인 서대총이나 천추총 등과 관련 지어 볼 때 연결 짓기 어렵다. 본비는 마선하 서쪽에서 발견되었기에 마선하 동쪽에 위치한 천추총과의 관련에 장애가 된다.[342] 그렇다면 본비는 특정 왕릉과 결부되지 않는다는 판단이 선다.

결국 본비는 수묘제에 관한 일반 원칙을 명기해 놓고 있는 만큼, 특정 왕릉의 수묘비라기 보다는 총체적으로 수묘에 관한 규정을 수록한 守墓發令碑 정도의 성격을 지닌 비석으로 간주된다. '墓上立碑'가 실제 행하여졌을 가능성을 배제할 수야 없겠지만, 현 상황에서는 본 비석만으로는 그것이 행해진 구체적인 증거물로 받아들이기는 어렵다.

---

341) 孫仁杰, 「집안 고구려비의 판독과 문자비교」『신발견 '集安高句麗碑' 종합검토』, 2013, 53쪽.

342) 孔錫龜, 「『集安高句麗碑』의 發見과 내용에 대한 考察」『高句麗渤海研究』45, 2013, 41쪽.

2) 수묘인의 祭儀 勞役

본비에 보이는 수묘인의 역할에 관한 문제이다. 이와 관련한 구절은 「광개토왕릉비문」의 k 구절에 보인다. 즉 k의 "守墓洒掃"가 수묘인들의 일차적인 소임이었다. 본비문 b에서는 "烟戶以△河流四時祭祀"라고 하여 河流 곧 江에서 四時祭祀를 지냈다는 것이다.

그런데 이 구절에 대해서는 "그런데 천도 이후에 해당하는 평양 지역의 고구려 왕릉에서 이와 같은 제대유적이 보이지 않는 다는 점은 적어도 장수왕릉 이후부터 고구려의 왕실제사, 수묘제에 큰 변화가 나타나 시행되었음을 암시하고 있다. 이와 같은 상황을 정리해보자면 적어도 『광개토왕릉비』가 건립되는 단계 이전에 이르러 고구려의 왕실제사, 수묘제 등을 비롯한 喪葬制에 대한 제도적개편이 이루어졌다고 생각된다. 사시제사에 동원되어 고통을 겪었던 수묘인이 수묘역을 이탈하게 되는 등의 여러 가지 문제가 나타나게 되자 『광개토왕릉비』 단계에 이르러는 이 문제를 해소하기 위해, 수묘인에게 무덤을 지키고 청소나 하라는 정도의 보다 경감된 역을 부과한 것이라고 생각해 볼 수 있다"[343]라는 견해가 제기되었다.

그런데 수묘제에서는 掃除와 제사가 별개의 사안이 될 수 없다. 조선시대까지만 보더라도 제사 역시 勞役과 더불어 수묘인들의 소임인 것은 분명하다. 실제 "怪由가 죽었다. … 때마다 제사지내게 했다"[344]는 기사를 놓고 볼 때 고구려 귀족에게도 국가적 차원에서 제사가 때맞춰

---

343) 孔錫龜, 「『集安高句麗碑』의 發見과 내용에 대한 考察」 『高句麗渤海研究』 45, 2013, 46~47쪽.

344) 『三國史記』 권14, 대무신왕 5년 조.

행해졌음을 알 수 있다. 이때 수묘인이 제사를 준비했을 것임은 자명하다. 수묘인의 역할과 관련해 祭需 준비 등의 제사 관련 勞役도 담당했을 것이다. 이는 陵域 內에 제사와 관련한 건물지가 남아 있는 데서도 짐작할 수 있다.[345] 그러면 왕릉에 배속된 수묘인 숫자에 대해 살펴보도록 한다. 비록 왕릉 관련 수묘인 배당 인원은 기록에 보이지 않지만 다음과 같은 특별한 대우를 받은 귀족 묘의 수묘인 숫자가 참조된다.

> * 가을 9월에 국상 명림답부가 죽었는데, 나이가 113세였다. 왕은 스스로 애통해하며 7일 동안 정사를 보지 않았다. 마침내 질산에 예로써 장례지내고 수묘 20家를 두었다.[346]

> * 15년 가을 9월에 죽으니 나이가 113세였다. 왕이 친히 빈소에 가서 애통해하고, 7일간 조회를 파하였고, 예를 갖추어 질산에 장례지내고 수묘인 20家를 두었다.[347]

고구려에서는 명림답부라는 귀족에게는 사후에 수묘인 20家가 배정되었다. 이미 지적되고 있듯이 명림답부의 경우는 특별한 사례로서 왕의 예에 준했던 것으로 보인다. 그렇게 볼 수 있는 것은 다음에 보듯이 7세기 후반대임에도 불구하고 신라의 경우도 수묘인은 20家이기 때문이다.

---

345) 金賢淑, 「廣開土王碑를 통해 본 高句麗守墓人의 社會的 性格」『韓國史研究』 65, 1989, 23쪽.
346) 『三國史記』 권16, 신대왕 15년 조.
347) 『三國史記』 권45, 명림답부전.

* 有司에게 命하여 諸 王陵園에 각 20戶를 徙民하였다.[348]

위와 같은 정황에 비추어 볼 때 왕릉 수묘의 경우도 20戶에서 벗어나지 않았을 것이다. 실제 이는 본비에서 연호두 20인을 수묘인으로 기재한 사실과도 부합한다.[349] 그렇다면 광개토왕릉비를 토대로 한 王陵當 수묘인 연호가 33家라는[350] 해석은 극히 불리해졌다. 수묘인에게 부과했던 제사 勞役을 없애주었다고 하자. 그러면 祭需 준비를 비롯한 제사 勞役은 누가 담당했을까? 공석구는 그에 대한 대안을 제시하지 못했다. 게다가 논거로 삼았던 소위 祭臺는 제대가 아닌 것으로 간주하는 시각이 일반적이다.[351] 특히 여호규는 "'祭臺'라고 파악한 石臺 시설은 실제로 제사의례를 거행했던 祭臺나 祭壇으로 파악하기는 힘든 것이다. 이러한 사실은 중소형 적석묘의 제단시설을 통해서도 확인할 수 있다"[352]고 단언했다. 따라서 이러한 현상에 근거한 공석구의 주장은 성립이 어렵다.[353]

---

348) 『三國史記』 권6, 문무왕 4년 조.

349) 조법종, 「집안 고구려비의 특성과 수묘제」 『신발견 고구려비의 예비적 검토』, 고구려발해학회 제59차 정기발표회, 2013.2.22, 100쪽.

350) 정호섭, 「廣開土王碑의 성격과 5세기 高句麗의 守墓制 改編」 『先史와 古代』 37, 2012, 154쪽.

351) 李道學, 「太王陵가 將軍塚의 被葬者 問題 再論」 『高句麗研究』 19, 2005 ; 『고구려 광개토왕릉비문 연구』, 서경문화사, 2006, 312~320쪽.

352) 余昊奎, 「集安地域 고구려 超大型積石墓의 전개과정과 그 被葬者 문제」 『韓國古代史研究』 41, 2006, 123쪽.

353) 이와 관련해 공석구는 정호섭이 소위 제대를 "제사 또는 제사 준비와 관련되는 유적이라고 이해(공석구, 「『集安高句麗碑』의 發見과 내용에 대한 考察」 『高句麗渤海研究』 45, 2013, 46쪽)"했다고 하였다. 그러한 정호섭은 소

그리고 본비에 보이는 문구를 수묘인의 거주지로 해석한 문제이다. 즉 공석구는 "수묘인이 왕릉에 와서 수묘역에 참여하다가 인근의 물가 옆에 있던 자신의 집으로 돌아가는 상황도 추정해 볼 수 있게 되었다. 이 비석의 내용대로라면 어쩌면 이 왕릉의 수묘인 연호가 국도부근의 물가(河流)지역을 근거로 하여 생활하면서 수묘역을 감당하였을 가능성을 전해주는 정보일 가능성도 있겠다. 이를 바탕으로 압록강 및 주변 지역의 물가에 살면서 릉역에 참여했던 수묘인과 물가를 배경으로 생활했던 수묘인가정의 삶을 연상해 볼 수 있을 것이다"[354]라고 했다.

그런데 本碑의 "烟戶以△河流四時祭祀"라는 구절은 수묘인의 거주지를 말하는 것이 아니다. '河流'는 제사처를 반영한다고 보아야 할 것 같

위 제대와 관련해 다음과 같이 언급했다. "… 그러나 현재까지 제대 추정 유구에서 발견할 수 있는 제의와 관련된 직접적인 유물은 별로 없다는 점이 약점이며, 이와 관련하여 추정되고 있는 제대 유구 주위에서 발견되는 유물도 제의와는 직접적인 관련이 없는 것으로 생각된다. … 따라서 현재로선 제대 유구의 성격에 대해 명확하게 규정하기 힘든 형편이다. … 제대 유구의 성격에 대해 정확하게 규정하기 힘든 형편에서 향후 고구려 적석총에 대한 묘역의 발굴조사가 구체화되고 통계화가 더 이루어져야 제대 유구에 대한 명확한 규정이 이루어질 듯하다. 그러나 이 유구들이 어떠한 의례나 제의와 관련되었음은 인정할 수 있을 듯한데, 이 제대 유구가 실제로 제의 공간이라고 한다면 묘소에서의 葬送儀禮, 매장이 끝난 이후의 墓前儀禮와 관련이 있는 유구라고 추측해 볼 수 있다(정호섭, 『고구려 고분의 조영과 제의』, 서경문화사, 2011, 261~262쪽)." 그런데 정호섭은 앞에서는 소위 제대 유구와 유물들이 '제의와는 직접적인 관련이 없는 것으로 생각된다'고 해 놓고서 뒤에서는 '어떠한 의례나 제의와 관련되었음은 인정할 수 있을 듯한데'라고 하여 自家撞着的인 서술을 하였다.

354) 孔錫龜, 「『集安高句麗碑』의 發見과 내용에 대한 考察」『高句麗渤海硏究』 45, 2013, 47~48쪽.

다. 고구려에서는 국동대혈 제사도 국왕이 압록강에서 집전한 바 있다. 평양성 천도 이후에는 패수에서도 祭儀가 행해진 바 있다. 다음의 기사에 그러한 사실이 보인다.

 * 그 서울 동쪽에는 大穴이 있는데 隧穴이라고 이름한다. 10월 國中大會에는 隧神을 맞아 國東上에서 이것을 제사하고는 돌아와 木隧를 神坐에다가 둔다.[355]

 * 年初마다 浿水之上에서 모여 놀이를 하는데, 王은 腰輿를 타고 羽儀를 나열해 놓고서 이것을 바라본다. 놀이가 끝나 王이 衣服을 물에 던지면, (군중들은) 좌우로 나누어 두 패가 되면, 물과 돌을 서로 뿌리거나 던지고, 소리치며 쫓고 쫓기기를 두세 번하다가 그친다.[356]

위의 기사에 보이는 국내성 도읍기의 隧神 제사처인 國東上은 압록강가였다. 그리고 평양성 도읍기의 '浿水之上'은 대동강가였다. 이곳의 遊戱는 풍년을 기원하는 행사로 물의 呪術的인 효과를 높이는 목적이 있었다고 한다.[357] 그렇듯이 江神인 하백의 외손이 創基했다는 고구려에서 하천은 주요한 祭儀 대상이었다. 그럴 수밖에 없는 것은 「광개토왕릉비문」에서 보듯이 追兵들에게 쫓기고 있던 始祖가 魚鼈의 도움으로 渡江에 성공하지 않았던가?

그리고 이러한 하천의 존재는 美川王의 美川, 國川 · 東川 · 中川 · 西川

---

355) 『三國志』 권30, 東夷傳 高句麗 條. "其國東有大穴 名隧穴 十月國中大會 迎隧神還于國東上祭之 置木隧于神坐"

356) 『隋書』 권81, 東夷傳 高麗 條.

357) 井上秀雄, 『東アジア民族史 1』, 平凡社, 1974, 172쪽.

등과 같은 고구려 고유의 하천에서 연유한 고구려 왕들의 葬地名 諡號와 연관지어 볼 수 있지 않을까. 즉 능묘와 엮어진 祭儀處로서 河川의 意味를 살피는 것도 원상에 접근하는 한 방법이 되지 않을까 싶다.[358] 실제 집안 지역 고구려 왕릉은 國罡만 제외하고는 마선하·통구하·압록강 같은 河川들에 근접하였다.[359] 또 이로 인해 川名 시호가 생겨난 것이었다. 이러한 맥락에서 볼 때 국내성 일원에서는 하천을 경계로 왕릉 구간이 구획되었음을 알 수 있다. 그랬기에 하천가에 수묘발령비가 세워질 수 있었을 것이다.

3) 수묘제에 관한 새로운 지견

本碑를 통해 守墓人 烟戶의 구체적인 존재가 확인되었다. c의 "然而世△長烟"로 판독한 구절을 『集安高句麗碑』의 석문처럼 '備'를 넣어 "然而世備長烟"라고 해 보자. 여기서 '備長'을 '오래되어' 등으로 해석하고 있다. 그렇다면 이 경우는 '久' 등으로 표기하는 게 文意에 맞다. 그것 보다는 '備'를 동사로 처리하여 뒷말을 받는다고 하자. 그러면 '長烟'은 한 개념이 되는 것이다. 그리고 長烟을 통해 烟戶 가운데 우두머리 연호가 존재했음을 알 수 있다. 자신의 연호를 통솔했던 h의 烟戶頭는 보다 큰 범위의 우두머리를 연상시킨다. 그러므로 이미 언급되고 있듯이 戶長보다는 家口主인 戶主 정도의 개념이 걸맞은 것 같다. 그렇다면 c는 "… △烟

---

358) 李道學, 「신발견 고구려비의 예비적 검토에 대한 토론문」 『신발견 고구려비의 예비적 검토에 대한 토론문』, 고구려발해학회 제59차 정기발표회, 2013.2.22, 113쪽.

359) 李道學, 「高句麗 王號와 葬地에 관한 檢證」 『慶州史學』 34, 2011, 1~32쪽.

戶以△河流四時祭祀然而世備長烟"라고 판독되므로, 이 구절은 烟戶로써 河流에 四時祭祀했다는 것이다. 여기서 '備長烟'은「광개토왕릉비문」k 의 '令備洒掃' 구절과 견주어진다. 이 구절은 '洒掃를 맡도록 하라'고 해석된다. 그렇다면 과거에는 烟戶로써 河流에 四時祭祀하였지만 이제는 '長烟이 맡도록 한다'로 해석할 수 있다. 河流에 四時祭祀를 '△△烟戶'가 맡았는데, 이제는 長烟이 주관하도록 한 것이다. 여러 烟戶 가운데 우두머리격인 長烟이 맡도록 河流 四時祭祀의 격을 높인 것으로 보인다. 이러한 석문에 따른다면 守墓 烟戶의 역할은 능묘의 소제 뿐 아니라 四時祭祀였음을 확인시켜 주었다.

그리고 g와 h에 보면 "△△△△△△△△△自戌△定△教內發令△修復各於△△△△立碑銘其烟戶頭廿人名"라는 구절이 있다. "各於△△△△"라는 문구의 결락자에는 처소격의 어떤 장소를 가리킨다고 보아야 한다. 이미 지적되듯이 이곳은 선왕릉묘를 가리킨다고 하겠다. 그리고 發令에 따라 각 祖先王墓마다 修復과 立碑가 이루어졌음을 알 수 있다. 여기서 修復은 '修理' 개념이다.[360] 그러므로 능묘에 대한 대대적인 정비가 단행되었고, 왕릉 형식의 정형성이 갖춰졌음을 뜻한다고 본다. 집안 지역 고구려 왕릉 규정은 이때 확립된 것으로 보인다.

吉林省文物考古研究所·集安市博物館 編著,『集安高句麗王陵 -1990 ~2003年 集安高句麗王陵調査報告』에 따르면 집안에서 확인되는 왕릉급 고분은 다음과 같은 특징을 지닌 것으로 밝혔다.[361]

---

360) 民衆書林 編輯局,『全面改訂·增補版 漢韓大字典』, 2007, 196쪽.

361) 吉林省文物考古研究所·集安市博物館 編著,『集安高句麗王陵 -1990~2003年 集安高句麗王陵調査報告』, 2004, 4쪽.

1) 동일한 시기 분묘 가운데 규모가 가장 크다.

2) 분묘 위에 기와를 사용했다.

3) 陪塚과 祭臺가 있다.

4) 분묘의 입지는 전통 관습과 풍수사상이 결합되어 선정하였다.

5) 독립적인 墓域을 확보하고 있다.

6) 출토 유물 가운데 왕권을 상징하는 儀狀品이 있다.

위와 같은 기준 가운데 소위 '祭臺'의 경우는 祭臺로 곧이 수용하기 어렵다. 더욱이 '祭臺'가 확인되는 분묘의 경우에도 왕릉으로 단정하기 어려운 요소가 포착된다. 가령 위의 보고서에서 왕릉으로 단정했던 우산하 992호분의 경우는 '祭臺'가 확인되지만, 왕릉이 아닌 왕족이나 귀족의 분묘로 지목하는 견해가 많기 때문이다.[362] 그렇지만 '祭臺'의 속성이 무엇인지 여부를 떠나 왕릉의 조건으로 지목되는 대체적인 경향성을 제기하기도 한다. 追封王의 경우도 '제대' 시설이 갖추어진 것 같다. 가령 6대 태조왕의 父인 再思, 15대 미천왕의 父인 咄固의 능이 이 경우에 해당할 것이다. 992호분의 경우도 追封王陵일 수 있다. 이들 능묘는 追封王陵이 되더라도 봉분의 외적 규모를 갑자기 늘릴 수는 없었을 것이다. 그런 관계로 왕릉의 양식을 띠고 있었음에도 불구하고 왕족묘 정도로 간주된 것 같다.

---

362) 余昊奎, 「集安地域 고구려 超大型積石墓의 전개과정과 그 被葬者 문제」 『韓國古代史研究』 41, 2006, 128~129쪽.

5. 國烟과 看烟 문제

본비 h에서 "立碑銘其烟戶頭廿人名△示後世"라고 한 것을 볼 때 능묘의 수묘인은 20호였음을 알 수 있다. 이는 179년(신대왕 15) 무렵에 조영된 明臨答夫墓의 수묘인 數는 20家였던[363] 사례에 비추어 볼 때 20호를 단위로 했음을 알게 된다. 그럼에도 불구하고 광개토왕릉의 경우는 h의「광개토왕릉비문」에서 보듯이 330家에 이른다. 그러나 광개토왕릉도 기본적으로 20戶에서 연유하였다. 광개토왕릉에 배치된 국연 30家 가운데 왕이 몸소 略取해온 신래한예는 20家에 불과했다. 광개토왕릉의 수묘인도 전통적인 능묘 수묘인 20호의 원칙을 유지하고자 했던 것이다. 그런데 이들은 법칙을 모를까 염려하여 다시 舊民을 3분의 1을 배치한 관계로 '新舊守墓戶'가 구성된 것이다. 국연 30家 중에서 舊民 10家는 불가피하게 배정되었음을 알리고 있다. 즉 광개토왕 이전에는 舊民만으로 수묘인이 구성되었다. 왕 생전의 敎에 따라 신래한예가 주축이 되었다는 것이다. 그런데 본비에는 그러한 사실이 적혀 있지 않다. 이로 볼 때 新來韓穢가 수묘인으로 배치된 것은 광개토왕릉이 처음이거나 광개토왕릉에만 국한된 현상일 수 있다. 이와 더불어 국연을 후원해 주는 간연의 존재가 설정된 것으로 보인다.

國烟은 고구려가 정복한 지역에서 國都로 徙居시킨 烟을 가리킨다. 반면 看烟은 고구려가 정복한 지역에 그대로 거주하는 烟을 가리키는 개념이었다. 즉 原 지역에 그대로 거주하는 戶를 看烟이라 했다. 여기서

---

363)『三國史記』권16, 新大王 15년 조.

國烟의 신분을 피정복지의 지배층으로 지목하였다. 실제 『삼국사기』에는 신라와 고구려의 정복 과정에서도 피정복지의 지배층을 국도로 사거시키고 있다. 가령 "사도성을 개축하고 사벌주의 豪民 80餘 家를 이주시켰다(유례니사금 10년 조)"는 기사에 보이는 徙民 대상인 豪民은 물론 國都로 이주한 것은 아니다. 그러나 豪民의 존재는 『삼국지』 부여 조의 "邑落有豪民 民下戶皆爲奴僕"라는 기사에서 확인되듯이 지배층을 가리킨다. 지배층의 徙居가 확인되는 것이다. 국연층은 피정복민이기는 하였지만 豪民과 같은 지배층 출신의 신분인 관계로 國都에 거주하는 특전을 입었다. 그러나 당초 출신 지역에 거주하는 간연과 더불어 여전히 △△城 출신으로서 그와 관련된 國役의 대상으로 남아 있었다. 국연층의 國都 이주는 일종의 특전이겠지만 고구려의 입장에서는 피정복 지역의 지배 세력을 토착 기반과 유리시키는 동시에, 해당 지역에 대한 통제 수단의 일환이기도 했다. 이렇듯 고구려는 5部民을 제외한 피정복지의 주민들을 國烟과 看烟으로 구분하였다.[364] 국연과 간연의 사회적 위상에 대해 "국연은 일종의 조장 역할을 하는 豪民 집단, 간연은 下戶에 해당하는 집단이지 않았나 여겨진다"[365]라는 기술도 기본적으로는 앞

---

364) 李道學, 「'광개토왕릉비문'의 國烟과 看烟의 性格에 대한 再檢討 -被征服民 施策과 관련하여-」『韓國古代史研究』28, 2002 ; 『고구려 광개토왕릉비문 연구』, 서경문화사, 2006, 298~303쪽.

365) 정호섭, 「廣開土王碑의 성격과 5세기 高句麗의 守墓制 改編」『先史와 古代』 37, 2012, 143쪽.
한편 氏는 김현숙이 "신분과 관련하여서는 국연을 피정복민 가운데 豪民에 해당하는 지배층 혹은 부유층으로, 간연은 下戶에 해당하는 피지배층 혹은 평민층으로 보는 견해가 있다(정호섭, 위의 논문, 142쪽)"고 했다. 그러나 김현숙의 해당 논문에서는 豪民이나 下戶와 직접 결부 지어 서술한 구절은

서와 동일한 해석에 속한다.

　광개토왕릉만 정복지에서 차출한 주민들로 수묘인의 기본 구성을 하였다. 이와 관련해 國都에서 수묘하는 수묘인의 단절을 방지하는 동시에 연대책임 형식을 강구했다. 그 결과 신래한예 국연 출신의 지역 주민들로 하여금 간연이라는 수묘인을 설정한 것으로 보인다. 이 점은 분명히 광개토왕릉과 祖先王墓의 차이라고 하겠다. 장차 개편될 수묘제의 중심이자 근간을 광개토왕릉에 두었음을 뜻하는 것이었다.

6. 맺음말

　중국은 2012년 7월에 중국 吉林省 集安市 麻線鄉 麻線村 麻線河邊에서 발견된 비석의 존재를 2013년 1월 4일자로 보도했다. 그럼에 따라 본비의 존재는 한국 학계의 비상한 주목을 받게 되었다. 몇 차례 분석

없었다.
　그리고 氏는 "조법종은 구민과 신래한예의 차이를 사회경제적인 측면에서 농업생산력의 차이로 이해하고 있다(조법종, 1995, 앞의 글, 211쪽). 임기환 역시 이 견해에 동의하고 있는 듯하다(임기환, 1994, 앞의 글, 196쪽)"고 했다. 조법종의 논문은 「광개토왕릉비에 나타난 수묘제 연구」 『한국고대사연구』 8, 1995이고, 임기환의 논문은 「광개토왕비의 국연과 간연」 『역사와 현실』 13, 1994이다. 이대로 본다면 조법종의 논문이 임기환의 논문보다 뒤에 출간된 것인데, 어떻게 먼저 나온 임기환이 조법종의 견해에 동의할 수 있는지 의아하다. 필자가 찾아보니 임기환은 "조법종 역시 구민과 신래한예의 농업생산력의 차이가 수묘인 교체의 배경이 되었다고 보았다(1992, 앞의 글, 5쪽)"고 인용했다. 그런데 조법종의 논문은 1992년이 아니라 1995년에 간행되었다. 무슨 착오가 있는 것 같다.

을 통해 본비의 성격에 대한 논의가 오갔다. 본비의 내용은 「광개토왕릉비문」의 수묘제 규정과 유사한 구절이 많았다. 그런데 광개토왕의 수묘제에 관한 敎言은 장수왕대에 시행된 것으로 간주하여 왔다. 그러나 본비를 통해 광개토왕 생전에 수묘제에 관한 일련의 정비가 시행되었음을 알 수 있었다.

한편 본비의 성격을 守墓碑로 간주하는 견해가 많았지만 守墓發令碑로 지목하는 게 맞다. 본비는 고구려 왕릉 구역에서 떨어진 하천에서 발견되었다. 이로 볼 때 본비는 특정 왕릉과 결부 짓기는 어려웠다. 아울러 본비의 수묘제에 관한 서술은 특정 비문을 가리키지 않고 개괄적으로 일관하였다. 따라서 本碑는 고구려 各 王陵에 墓上立碑 형태로 존재했던 게 아니었음을 알 수 있었다. 곧 왕릉 守墓와 관련한 令을 기록한 發令碑로 간주되어졌다.

본비의 건립 시점에 대해서는 광개토왕 死後에 세워진 광개토왕릉비와는 달리 왕 생전에 세워진 것으로 지목하는 견해가 많았다. 그렇지만 그 반대로 지목할 수 있는 근거도 있기에 지적해 보았다. 한편 본비의 계통을 4세기대 중국의 圭形碑에서 찾고 있다. 그러나 3세기 중엽에 集安에 세워진 관구검기공비가 전형적인 圭形碑였다. 관구검기공비는 4세기 중엽에 前燕의 침공으로 파괴되었을 수 있지만, 그러나 이는 어디까진 추측에 불과한 만큼, 본비의 계통과 형식에 직접적인 영향을 미친 비석으로 간주할 수 있었다. 본비를 통해 수묘인의 祭儀 역할을 확인할 수 있는 동시에 고구려인들의 河流 신앙을 엿볼 수 있었다. 사실 고구려 왕들의 장지명식 시호에는 미천·중천·동천·서천·국천 등의 河川 名에서 기원한 경우가 많았다. 이 사실은 장지명식 시호의 근거가 되었을 정도로 河流 신앙과 깊은 연관성을 지녔음을 알려준다. 수묘발령비가 하천가에 세워진 배경도 하천을 경계로 한 왕릉 구획과 관련 있는 것이었다. 그리고 본비에 기재된 '修復'은 왕릉에 대한 '修理'를 가리키는 것이었다. 수묘제의 정비와 더불어 祖先王陵 전체에 대한 정비가 이루어졌음을 시사하고 있다.

참고문헌

1. 사료

『三國史記』『高麗史』『高麗史節要』『林園十六志』『孟子』『三國志』『曹子建集』
『宋書』『魏書』『晋書』『北史』『隋書』『新唐書』『資治通監』『投筆膚談』『日本書紀』
『令集解』
韓國古代社會研究所, 『譯註 韓國古代金石文 I』, 가락국사적개발연구원, 1992.

2. 단행본

葛城末治, 『朝鮮金石攷』, 大阪屋號書店, 1935.
국사편찬위원회, 『중국정사조선전 1』, 탐구당, 1990.
孔錫龜, 『高句麗領域擴張史研究』, 서경문화사, 1998.
耿鐵華, 『好太王碑新考』, 吉林人民出版社, 1994.
耿鐵華, 『好太王碑一千五百八十年祭』, 中國社會科學出版社, 2003.
吉林省文物考古研究所·集安市博物館 編著, 『集安高句麗王陵－1990～2003年
　　　集安高句麗王陵調查報告』, 2004.
김영하, 『한국고대사의 인식과 논리』, 성균관대학교출판부, 2012.
金鍾武, 『孟子新解』, 민음사, 1991.

金哲埈,『韓國古代社會研究』, 지식산업사, 1975.

金賢淑,『고구려의 영역지배방식연구』, 모시는 사람들, 2005.

단국대학교 부설 동양학연구소,『漢韓大辭典 1』, 1999.

丹齋申采浩先生紀念事業會,『改訂版 丹齋申采浩全集(上)』, 螢雪出版社, 1987.

데이비드 데이 著·이경식 譯,『정복의 법칙―남의 땅을 빼앗은 자들의 역사 만
　　　들기』, human&Books, 2006.

末松保和,『新羅史の諸問題』, 東洋文庫, 1954.

武田幸男 編,『廣開土王碑原石拓本集成』, 東京大學出版會, 1988.

武田幸男,『高句麗史と東アジア』, 岩波書店, 1989.

武田幸男,『廣開土王碑との對話』, 白帝社, 2007.

民衆書林 編輯局,『全面改訂·增補版 漢韓大字典』, 2007.

朴時亨,『광개토왕릉비』, 사회과학원출판사, 1966.

朴眞奭,『호태왕비와 고대조일관계연구』, 연변대학출판사, 1993.

朴眞奭,『高句麗好太王碑硏究』, 예하, 1996.

버나드 로 몽고메리 著·승영조 譯,『전쟁의 역사』, 책세상, 2004.

范韌庵 等 編著,『中國隷書大字典』, 上海書畵出版社, 1991.

山尾幸久,『古代の日朝關係』, 塙書房, 1989.

여호규,『고구려 초기 정치사 연구』, 신서원, 2014.

王健群,『好太王碑研究』, 吉林人民出版社, 1984.

劉建,『五體漢字彙編(下)』, 文物出版社, 2004.

李道學,『백제고대국가연구』, 一志社, 1995.

李道學,『꿈이 담긴 한국고대사 노트(上·下)』, 一志社, 1996.

李道學,『고대문화산책』, 서문문화사, 1999.

李道學,『고구려 광개토왕릉비문 연구』, 서경문화사, 2006.

李丙燾,『韓國史(古代篇)』, 乙酉文化社, 1959.

李丙燾,『韓國古代史研究』, 박영사, 1976.

李鎔賢,『한국 고대사 속의 가야』, 혜안, 2001.

李鎔賢,『가야제국과 동아시아』, 통천문화사, 2007.

이인철, 『고구려의 대외정복연구』, 백산자료원, 2000.

이종학, 『클라우제비츠와 전쟁론』, 주류성, 2004.

이치수 外 譯, 『曹子建集』, 소명출판사, 2010.

李亨求, 『廣開土大王碑의 新研究』, 동화출판공사, 1988.

李亨求 等, 『廣開土大王陵碑新研究(2판)』, 동화출판사, 1996.

임기환, 『고구려 정치사연구』, 한나래, 2004.

장창은, 『신라 상고기 정치 변동과 고구려 관계』, 신서원, 2008.

中文大辭典編纂委員會, 『中文大辭典 1』, 中華學術院, 1973.

中文大辭典編纂委員會, 『中文大辭典 4』, 中華學術院, 1973.

中文大辭典編纂委員會, 『中文大辭典 8』, 中華學術院, 1973.

井上光貞, 『日本の歷史 1』, 中央公論社, 1982.

井上秀雄, 『古代朝鮮』, 日本放送出版協會, 1972.

井上秀雄, 『東アジア民族史 1』, 平凡社, 1974.

정호섭, 『고구려 고분의 조영과 제의』, 서경문화사, 2011.

諸橋轍次, 『大漢和辭典 5』, 大修館書店, 1984.

池內宏, 『日本上代史の一研究』, 近藤書店, 1947.

池內宏, 『日本上代史の一研究』, 中央公論美術出版, 1970.

集安市博物館, 『集安高句麗碑』, 吉林大學出版社, 2013.

카를 폰 클라우제비츠 著·류제승 譯, 『전쟁론』, 책세상, 1998.

한국고대사학회, 『신발견 '集安高句麗碑' 종합검토』, 2013.

黃壽永, 『韓國金石遺文』, 一志社, 1981.

3. 논문 및 기타

강문식, 「오대산사고의 守直僧徒 운영」 『東國史學』 57, 2014.

高寬敏, 「永樂10年 高句麗廣開土王の新羅救援について」 『朝鮮史研究會 論文集』 27, 1990.

高光儀, 「신발견 〈集安高句麗碑〉의 형태와 書體」 『高句麗渤海研究』 45, 2013.

孔錫龜, 「廣開土王陵碑의 東夫餘에 대한 考察」『韓國史研究』70, 1990.

孔錫龜, 「廣開土王代 遼西地方의 政治的 動向과 高句麗의 西方進出」『고구려 광개토왕과 동아시아』, 한국고대사학회 제25회 합동토론회, 2012.

孔錫龜, 「『集安高句麗碑』의 發見과 내용에 대한 考察」『高句麗渤海研究』45, 2013.

공석구, 「《광개토왕릉비》 守墓人 烟戶 記事의 고찰」『高句麗渤海研究』47, 2013.

耿鐵華, 「好太王碑 '辛卯年'句考釋」『考古與文物』第4期, 1992.

耿鐵華 著·李道學 譯, 「廣開土王碑 '辛卯年'句節의 考證과 解釋」『韓國上古史學報』14, 1993.

耿鐵華, 「好太王碑一千五百九十年祭」『中國邊疆史地研究』15-3, 2005.

기경량, 「高句麗 國內城 시기의 왕릉과 守墓制」『韓國史論』56, 2010.

기경량, 「집안비의 성격과 고구려의 수묘제 개편」『韓國古代史研究』76, 2014.

김락기, 「高句麗 守墓人의 구분과 立役方式」『韓國古代史研究』41, 2006.

金賢淑, 「廣開土王碑를 통해 본 高句麗 守墓人의 社會的 性格」『韓國史研究』65, 1989.

金賢淑, 「廣開土王陵碑文의 守墓制와 守墓人」『廣開土王陵碑文의 新研究』, 서라벌군사연구소, 1999.

金賢淑, 「高句麗 守墓制 研究의 現況과 爭點」『國學研究』26, 한국국학진흥원, 2015.

노중국, 「백제의 영토 확장에 대한 몇 가지 검토」『근초고왕 때 백제 영토는 어디까지였나』, 한성백제박물관, 2013.

盧泰敦, 「5세기 高句麗人의 天下觀」『韓國史市民講座』3, 一潮閣, 1988.

盧紅, 「吉林集安發現高句麗時期記事碑」『新文化報』2013.1.15.

武田幸男, 「高句麗廣開土王紀の對外關係記事」『三上次男頌壽紀念東洋史學論集』, 三上次男博士頌壽紀念會, 1979.

武田幸男, 「廣開土王碑文辛卯年條の再吟味」『古代史論叢(上)』, 1979.

朴性鳳, 「廣開土好太王期 高句麗 南進의 性格」『韓國史研究』27, 1976.

朴性鳳,「高句麗 發展의 方向性 問題-南進發展論의 民族史的 再吟味」『東國大學校開校八十周年紀念論叢』, 1987.

朴眞奭,「好太王碑文의 일부 疑難文字들에 대한 考證」『中國 境內 高句麗遺蹟研究』, 예하, 1995.

백승옥,「廣開土王陵碑文의 建立目的과 加耶關係記事의 해석」『韓國上古史學報』42, 2003.

浜田耕策,「高句麗廣開土王碑文の研究」『朝鮮史研究會論文集』11, 1974.

浜田耕策,「高句麗廣開土王陵碑文の研究」『古代朝鮮と日本』, 龍溪書舍, 1974.

山內昌之,「フーコー監獄の誕生」『歷史學の名著30』, 筑摩書房, 2007.

三品彰英,「高句麗の五族について」『朝鮮學報』6, 1954.

孫仁杰,「집안 고구려비의 판독과 문자비교」『신발견 '集安高句麗碑' 종합검토』, 2013.

宋源永,「金官加耶와 廣開土王碑文 庚子年 南征記事」, 부산대학교 사학과 석사학위청구논문, 2010.

徐永大,「高句麗 平壤遷都의 動機」『韓國文化』2, 1991.

徐榮洙,「廣開土大王陵碑文의 征服記事 再檢討」『歷史學報』96, 1982.

徐榮洙,「廣開土大王碑文의 征服 記事 再檢討(中)」『歷史學報』119, 1988.

서영수,「說林'-지안 신고구려비' 발견의 의의와 문제점」『高句麗渤海硏究』45, 2013.

양기석,「三國時代 人質의 性格에 對하여」『史學志』15, 1981.

余昊奎,「集安地域 고구려 超大型積石墓의 전개과정과 그 被葬者 문제」『韓國古代史硏究』41, 2006.

李基白,「中原高句麗碑의 몇 가지 問題」『史學志』13, 1979.

李道學,「百濟 慰禮文化의 史的 性格」『東大新聞』1981.5.14.

李道學,「永樂 6年 廣開土王의 南征과 國原城」『孫寶基博士停年紀念韓國史學論叢』, 知識産業社, 1988.

李道學,「高句麗의 洛東江流域 進出과 新羅·伽倻 經營」『國學硏究』2, 1988.

李道學,「磨雲嶺眞興王巡狩碑의 近侍隨駕人의 檢討」『新羅文化』9, 1992.

李道學, 「新浦市 출토 고구려 金銅板 銘文의 검토」『민족과 문화』 1, 한국민족학
　　　회, 1995.

李道學, 「광개토왕의 남정, 문화적 통일을 이루다」『꿈이 담긴 한국고대사 노트
　　　(상)』, 일지사, 1996.

李道學, 「廣開土王陵碑文에 보이는 戰爭記事의 分析」『高句麗研究』 2, 학연문화
　　　사, 1996.

李道學, 「古代國家의 成長과 交通路」『國史館論叢』 74, 1997.

李道學, 「廣開土王碑文에 보이는 地名 比定의 再檢討」『광개토왕비문의 신연구』,
　　　1999.

李道學, 「中原高句麗碑의 建立 目的」『高句麗研究』 10, 2000.

李道學, 「廣開土王陵碑文의 國烟과 看烟의 性格에 대한 再檢討」『韓國古代史研
　　　究』 28, 2002.

李道學, 「廣開土王陵碑文의 思想的 背景」『韓國學報』 106, 2002.

李道學, 「廣開土王陵碑의 建立 背景」『白山學報』 65, 2002.

李道學, 「加羅聯盟과 高句麗」『第9回加耶史國際學術會議: 加耶와 廣開土大王』,
　　　金海市, 2003.

李道學, 「高句麗와 百濟의 對立과 東아시아 世界」『고구려연구』 21, 2005.

李道學, 「太王陵과 將軍塚의 被葬者 問題 再論」『고구려연구』 19, 2005.

李道學, 「高句麗의 內紛과 內戰」『高句麗研究』 24, 2006.

李道學, 「광개토대왕의 영토 확장과 광개토대왕릉비」『고구려의 정치와 사회』,
　　　동북아역사재단, 2007.

李道學, 「高句麗의 夫餘 出源에 관한 認識의 變遷」『高句麗研究』 27, 2007.

李道學, 「百濟 熊津期 漢江流域 支配問題와 그에 대한 認識」『鄉土서울』 73, 2009.

李道學, 「'廣開土王陵碑文'에 보이는 征服의 法則」『東아시아古代學』 20, 2009.

李道學, 「百濟의 起源과 慕容鮮卑」『충북문화재연구』 4, 충청북도문화재연구원,
　　　2010.

李道學, 「百濟의 海外活動 記錄에 관한 檢證」『충청학과 충청문화』 11, 충청남
　　　도역사문화연구원, 2010.

李道學, 「고대 동아시아의 불교와 왕권」『충청학과 충청문화』 13, 충청남도역사 문화연구원, 2011.

李道學, 「高句麗 王號와 葬地에 관한 檢證」『慶州史學』 34, 2011.

李道學, 「고구려 광개토왕대의 전쟁 철학」『전쟁기념관』 75, 2012.

李道學, 「廣開土王代 南方 政策과 韓半島 諸國 및 倭의 動向」『韓國古代史研究』 67, 2012.

李道學, 「馬韓 殘餘故地 前方後圓墳의 造成 背景」『東아시아 古代學』 28, 2012.

李道學, 「'광개토왕릉비문'의 역사적 성격과 특징」『博物館學報』 23, 2012.

李道學, 「榮山江流域 馬韓諸國의 推移와 百濟」『百濟文化』 49, 2013.

李道學, 「界線으로서 韓國史 속 百濟人들의 頭髮과 服飾」『백제 하남인들은 어 떻게 살았는가』, 하남문화원, 2013.

李道學, 「신발견 고구려비의 예비적 검토에 대한 토론문」『신발견 고구려비의 예 비적 검토에 대한 토론문』, 고구려발해학회 제59차 정기발표회, 2013. 2.22.

李道學, 「高句麗 守墓發令碑에 대한 接近」『韓國思想史學』 43, 2013.

李道學, 「三國統一期 新羅의 北界 確定 問題」『東國史學』 57, 2014.

李道學, 「『三國史記』의 高句麗 王城 記事 檢證」『韓國古代史研究』 79, 2015.

李道學, 「三國時代의 儒學 政治理念에 의한 統治 分析」『韓國史研究』 181, 2018.

任世權, 「廣開土王碑의 研究」『國史館論叢』 74, 1997.

松原孝俊, 「神話學から見た'廣開土王碑文'」『朝鮮學報』 145, 1992.

주보돈, 「高句麗 南進의 性格과 그 影響-廣開土王 南征의 實相과 그 意義」『大 丘史學』 82, 2005.

鄭求福, 「'집안고구려비'의 眞僞考」『한국고대사탐구』 18, 2014.

정호섭, 「廣開土王碑의 성격과 5세기 高句麗의 守墓制 改編」『先史와 古代』 37, 2012.

趙法鍾, 「廣開土王陵碑文에 나타난 守墓制研究」『韓國古代史研究』 8, 1995.

조법종, 「집안 고구려비의 특성과 수묘제」『신발견 고구려비의 예비적 검토』, 고 구려발해학회 제59차 정기발표회, 2013.2.22.

鄭杜熙,「廣開土王陵碑文 辛卯年 記事의 再檢討」『歷史學報』83, 1979.

集安文物局,「吉林集安新見高句麗石碑」『中國文物報』2014.1.4.

千寬宇,「廣開土王陵碑文 再論」『全海宗博士華甲紀念史學論叢』, 一潮閣, 1979.

川崎晃,「高句麗好太王碑と中國古典」『古代國家の歷史と傳承』, 岩波書店, 1989.

황윤정 등,「中 지안서 고구려 비석 발견돼-"고고학적 사건"」『연합뉴스』2013. 1.16.

황윤정,「제2의 광개토대왕비 새로 판독한 내용은」『연합뉴스』2013.1.30.

문성재,「제2 광개토대왕비 가짜일 가능성은?」『중앙일보』2013.2.6.

배영대,「고구려비문 '정묘년' 수수께끼 … 중국 왜 공개 안했나」『중앙일보』2013. 3.13.

허윤희,「무덤은 말한다, 발해의 진실을」『조선일보』2009.8.26.

※ 본서의 출전은 다음과 같다.

1.「광개토대왕의 영토확장과 광개토대왕릉비」『고구려의 정치와 사회』, 동북아역사재단, 2007.

2.「廣開土王陵碑文'에 보이는 征服의 法則」『東아시아古代學』20, 2009.

3.「廣開土王代 南方 政策과 韓半島 諸國 및 倭의 動向」『韓國古代史研究』67, 2012.

4.「광개토왕비문'의 역사적 성격과 특징」『광개토태왕릉비 원석정탑본 공개와 박물관 학적 활용 방안』, 제27회 박물관학 학술대회, 2012.12.18 ;『博物館學報』23, 한국박물관학회, 2012.

5.「高句麗 守墓發令碑에 대한 接近」『韓國思想史學』43, 2013.

6.「廣開土王陵碑文'에 보이는 '南方'」『영남학』24, 경북대학교 영남문화연구원, 2013.

7.「廣開土王陵 守墓制 論議」『東아시아古代學』41, 2016.

찾아보기

• 이도학 李道學

　경상북도 문경시 가은읍 출생. 한양대학교 대학원 사학과에서 '백제 집권국가형성과
정 연구'로 박사학위 취득.

　연세대학교와 한양대학교 사학과 강사를 거쳐 2000년 2월부터 현재 문화재청에서
설립한 4년제 국립대학인 한국전통문화대학교 융합고고학과 교수와 한국전통문화대학
교 역사문화연구소 소장으로 재직 중이다. 그리고 한성백제문화제 추진위원회 위원장
을 맡고 있다.

　동아시아고대학회 회장, 한국연구재단 전문위원, 문화재청 고도보존중앙심의위원회
위원, 충청남도 문화재위원, 대통령표창, 한국전통문화대학교 문화유산대학 학장, 일
반대학원 원장 역임.

주요논저:『삼국통일 어떻게 이루어졌나(2018)』,『백제 도성 연구(2018)』,『가야는 철
의 왕국인가(2019)』,『분석고대한국사(2019)』,『무녕왕과 무령왕릉(2020)』등 저서
27권. 「『삼국사기』온달전의 출전 모색(2017)」, 「삼국시대의 유학 정치이념에 의한 통
치 분석(2018)」, 「고구려 건국 세력의 정체성 논의(2020)」등 논문 243편

새롭게 해석한 광개토왕릉비문

초판인쇄일　2020년 7월 17일
초판발행일　2020년 7월 20일
지 은 이　이도학
발 행 인　김선경
책 임 편 집　김소라
발 행 처　서경문화사
주　　소　서울시 종로구 이화장길 70-14(204호)
전　　화　743-8203, 8205 / 팩스 : 743-8210
메　　일　sk8203@chol.com
신 고 번 호　제1994-000041호
ISBN　978-89-6062-225-8　93910
ⓒ 이도학 · 서경문화사, 2020